# 文化形成史と日本

*Kurozumi Makoto*
黒住 真——[著]



東京大学出版会

Historical Formations of Culture and Japan
Makoto KUROZUMI
University of Tokyo Press, 2019
ISBN978-4-13-016039-1

# まえがき

本書がとらえるのは、生きて気持ちをもって行為し関係において働く人の、人間としての基礎的な事態である。この事態は、普通の生活上の何時も何処にでもある事実である。誰もが意識しなくても知って活動する事柄としてある。ただ、ここでは、そこにある認知や生き方の本質が何なのかにより向かいとらえようとする。その考え・態度は学問としては哲学や倫理学に近い。また対象としては、思想文化の形成史についてである。すなわち、その基礎的な人の関係する構造から、何程かの物事の「かたち」がさらに形成されている。しかもその人は人間としてはきわめて多数であり、それぞれ形づくられた気持ちを持っている。そこに大抵は「文化」が形づくられ「思想」が孕まれてくる。その基礎的な様相を知りたいのである。

その文化・思想の形成は、基礎的な様相をとらえるならば、どのような出来事だったのか。それはまたどのように歴史的に変化したのか。本書では、こうした基礎により向かおうとする考え・態度から、思想文化また歴史をあえて振り返って知ろうとする。そして関係する物事とその世界、その内容さらに変容を知りながら、最後に日本に踏み込んで、列島における課題を見出したい。ここではまず、第一章以後に先立って、少しだけ事柄や用語に向かい合い、本書をある程度でも位置づけておきたい。

＊

そもそも人は、生きているとき身体としての「かたち」をもっており、そこから（みずから）ある人となり、また（似ているが別の）ある人たちと、また何らかの物と、何らかの事において、関わっている。そのような人間・物事との関係にあるのが「自分」である。またその関係から、さらなる物事との関係が、交流や所有を帯びて成り立ってくる――そのような動的な世界の中に人間は生きている。その際（少し育つとやがて）人は（みずから）身の中にさらに「こころ」を持ち、そこに何らかの気持ちや考えそして記憶や想像などをもつ。また、身の内外に交流する諸々の「言葉」をもち、そこから「物事」をとらえ所有し道具として用いもする。そしてまた自分がどのような人間といるか、どのような場所にあるか、どう動くかなどをも理解し行為し実践するようになる。

そこにある物事は一体どのように具体的に（事柄として）成り立つのだろうか。すでに何程かの物事の／身体としての「かたち」「世界」などと述べた。振り返ってみると、人間は、どんな人も、大抵、完全に元来の自然自体ではなく、「かたち」付いた物事の中で生まれ、生きている。そしてかたちある物事や人間たちと交流しながら、内外や周囲を帯びた世界を何程か「形成」するが、そのかたちにまた「散逸」があり、また「移動」がある。こう見るとそこには――漢字を先立たせると――「形」（かたち）をめぐる作業があきらかにある。その形をもった物事の交流・作業が、事柄として習慣と結びつきながら、またさらに他の人々・物事とも関係しこれを形成してゆくのである。しかも、そこにある「形」は一つだけでなく多くあり、個々にまた全体として、数としても拡大があり縮小がある。いま拡大の方を見ると、形づくられたものの質は、差異がありながらもある程度同様であり、それが歴史性を帯びながら物事として大きく広がっている。そこにある物事の同様な大きなまとまりを、人間は振り返って「文化」ととらえまた歴史とともに「文化史」と呼んでいる。

こうした人間の文化的な活動の中には、先に「その際」と述べたが、大抵は身において「こころ」を持って思う気持ちや考えそして記憶や想像などの物事がある。いまとらえた「形」（かたち）をめぐる作業には、多くの場合、関係する人々の――また漢字を付すと――「心」（こころ）におけるいくつもの様相が思いとして含まれている。それが屡々文字によって記録されてもいる。その人間自身また物事に含まれている思いもまた、形成・散逸されて何程か形づくる言語世界をもなしている。この言語には背景があり文脈があり、内部に何程か表し出そうとする文体や主張（文献）があり、さらには、何程か世界観さえ描き出し、それがまた歴史性を帯びて状況や時代を担ってもいる。ここにある「心」のまとまりが「思想」また歴史とともに「思想史」である。

いま大きくは二つとらえた思想と文化だが、両者はどう関係するのだろうか。先の段落では既に、思想について、文化的な活動の「中に」ととらえ、身の中の「心」（こころ）に「含まれ」といった。ただし、それだけではない。それは動的なものであり、また屡々言語によって記録されてもいる。するとまず先立って思想が懐かれそれが翻って文化を「形づくる」こともあるだろう。これは重要な文献による影響を見るとよくわかる。だとすると、文化と思想と、文化史と思想史とは、歴史的・世界的な擦れがあり、思想がたとえ後であるにせよ、大掴みに見るならば、相互作用のうちにあって形成されているのである。

そしてまた気を付けるべきことがある。それは、こうした思想・文化が、何かを形づくり描き出すとき、まずは「物事から」また「物事に」であり、そこに「世界」があって、またそこに形成・散逸があるのだが、そのような動きまた世界は完全に無限なのだろうか、どこまでも拡大して万有になったりあるいは縮小して皆無になったりするのだろうか。

この点、いま、完全に無限、万有・皆無などととらえた在り方について、ただ「無限」「全」とまとめておく。この「無限」「全」は人間自身の文化はもちろん思想であっても、仮想・想像として少し在り得たとしても、根本的には在り得ない、と本書では考える。これは難しい特別なことではなく、思想や文化はどうであれ、結局「世界」としての「物事によって」位置づいている、からである。そこから、たとえば時間として、何程かの因果関係を見出しうるし、また空間として諸々の物事がそれぞれやはりある。これに対して人間にとって関係が全く無いことが全く有ることがあるだろうか。そのようなことは、当の人にとって完全にはあり得ない、と考えられる。

人間が物事を何程か形成・散逸させる文化といった世界は、明らかに人間自身の営みである。そこにいま、無限、皆無、仮想といったことも少し在り得た、ともとらえうる。ただし、それが根本的には在り得ないのは、生きている人間にとって物事・世界の根本は、具体的には、存在としての天地・森羅万象でありその歴史によって成り立ち位置づいているからである。これが先に、結局「によって」といった事柄である。それが、現在ならば環境とも呼ばれ、本稿でもすでに元来の自然自体といった物事その世界である。朱子が天地と結び付け「所以然之故」といった全体である。それに対して人間がどれほど関係するにせよ、それは人間の世界ではない。それはいわば根拠なのであって、人間だけが全てであるがごとく考えるならば、傲慢であるか間違いである。その意味で、世界の根本は、無視し見落としてはならない前提のような物事として人間に立ち現れる事柄だといえる。

そしておそらくその前提・根拠といった物事から、思想・文化における「意味」も基本的には事柄と結び付いて出て来る。もちろん、想像が神話や物語を描き出すし、根拠なくさらに幻想さえあるかもしれない。ただ、文化史また思想史は、最終的には、文化となっている具体的な物事の歴史であり、そこに含まれあるいはそれを形づくる思想の歴史である。文献や物語はもちろんのこと、仮想や幻想さえも、そこにある事柄として位置づくだろう。このような位置を持つ／持とうとするがゆえに、文化史また思想史の「意味」が人間にとって在り得る。また「学問」たろうとするとき、その意味は位置あるがゆえに、「真理」でもある道程なのだろう。だから本書の働きも、たとえ不十分であっても、真理を求めての運動であるほかはない。そして、いま意味、学問、真理などといったが、「日本」は、そうした歴史性を帯びた思想文化の意味や活動が現れ出る、位置への問いが発生する一つの重要な焦点なのである。

＊

本書は、そこで以下のように把握を進める。人間は、生きて働いているとき、心をもちそれぞれ人としてある。その人の想像や思考の運動は言語的にどのような物事なのだろうか（第一章「人称的想像力と基礎的な働き」）。その人間は単なる物ではなく生命をもつ。そこからどのように虚無とは違った関係が具体的に形成されるのだろうか（第二章「人間関係形成の仕組み」）。またそこには課題が現れ出ており、生きた人間は、関係しながら社会性や集合性を帯びて広がった世界における支配や平等や公私において、そこに霊性や言語また中庸が見出されるが、それは戦いの乗り越え、根本的には調和・平和への方向である（第三章「人間的営為から平和へ」）。では、その人間の能力・徳性を身心に踏み込んで具体的にとらえる。元来、人間は、形而上的でありながら天地に位置づく融即律におけるものであった。その位置、現れ出る地図・方向をとらえる（第四章「人間における徳の諸相」）。

第四章までの把握を背景に以後、さらに世界・歴史また近代にも踏み込む。人間にとって物事は、大体は単に観念でも物体でもなく「形」（かたち）としてあり、完全には分からなくとも自然を背景にしての意味が明らかに孕まれている。それがゲーテがとらえる形態である（第五章「自然と人間の形態また世界史」）。ただ、近代になると、出版を始めとして文化が拡大して近代的な個我や人間的組織の拡大がはじまる。近代文化によって根拠を喪失すると共に、近代以降、あらためて人間性の問題が要請されることを見出す（第六章「近代文化における人間の変容」）。それは日本においてはどうだったろうか。「思想」という用語が近代日本では、宗教とも関係して形成され、それが国家中心化に結び付けられるが、その環境と関係する再構成の二〇世紀後半に生まれているとする（第七章「近代日本における「思想」への問い」）。では、その「日本」にはどのような形態があり課題があるのか、この点に踏み込み、そこにある象徴や反省をとらえる（第八章「思想文化の方法と「日本」」）。最後に第九章では、あらためて大摑みな文化史をとらえ、そこに環境ともいえる天地（コスモス）観のもとでの可能性の充実があり、それが個人的な完成・幸福だけでなく、元来は産業につながる人間的な営みの位置・方向でもあるとする。それは人間の営みの天人相関的な完成に向けた働きであり、その再把握の課題が「日本」に発生しているととらえる（「文化史から見た完成の形態」）。

以上はいくつか触れたにとどまる。さらに対象をめぐり具体的に読み込み、また検討していただきたい。そのことで本書が、人間における思想文化やその歴史を、またその日本における課題を、あらためて再考する手掛かりになれば、と願っている。

# 文化形成史と日本――目次

## 第四章　人間における徳の諸相……85

## 第七章　近代日本における「思想」への問い

# 第一章　人称的想像力と基礎的な働き

## 一　人称の言葉と物事

「人称」（person）という言葉にはじめて出会うのは、たいてい外国語を学ぶときである。人はその漢字において、物事の言葉を人を中心に分けて数え上げ、一・二・三人称またその単数・複数などという。その言葉《ことば》には、その対象また内部にとらえられる物《もの》や事《こと》があって、その様子やありさまを言葉が現している。だから言葉は、ただの記録ではなく、人や物事をまさに指しており、それがまた人称的な分類・枠組みや働きである。この側面も入れて考えるなら、人称は、たんに言語使用においてだけでなく、まさに人間が物事を種々に対象としてとらえ、これと向き合う際のカテゴリーでもある。人称は元来のひとが事において物・人と出会い世界を体験する場合の様相となり結節点となっている。

鈴木孝夫氏は、一・二・三人称の詞をそれぞれ自称・対称・他称というべきだとしている（『ことばと文化』岩波新書、一三四頁）。この自・対・他という一括した広いとらえ方は、物事の「立ち現れ方」を如実に示すという意味ですぐれている。ただ、ひとはこの三つを体験するにせよ、様々な物事の現れ方・消え方・関わり方をさらに持つのだし、ひと自身が様相を転じてそこから別の世界が開閉・生滅したりしさえする。ひととその言葉からの意味、その実践や表現は、とても様々な生成であってそれは見落とせない。とはいえ、たとえ大きな展開があっても、それはひとが人・物・事に出会う「形《かたち》」からの出来事であり、そこに自分たちの人称が含まれている。だとすると、その人称から物事をとらえることは、基本的に大事なのだろう。

いま意味、様々などといったが、人が懐き現し出す物事のなかには、美しいものや真面な真理があるだろう。だが、それだけでなく間違いや妥当でない力や宣伝さえ含まれて来るかもしれない。実際、鈴木氏は言語学から用法の分析だけでなく良くない社会への批判をも含めた仕事をされている。また「人称的世界」の思考を哲学とする坂部恵氏は、理性だけでなくさらに不安をもとらえそこから世界・精神史を位置づけている（両氏の著書参照のこと）。こうした広がりや歴史があることは大事だが、ひとの物事はそもそもこれを言葉と結びつけて考えることから始まっている。

だから、そこにある言葉の根ともいうべき人称を消さないでとらえることには、基礎のような意味があるだろう。逆に人称性を問うことなく、元来は生きる人間によって形成された言葉の示す「ものごと」をただ状態・事物とだけとらえるなら、それが観念だろうと物体だろうと意味があるだろうか。それだけなら意味を欠如するのではないか。そもそも「ものごと」をみずから「考え」てそれと見出すがゆえに、それは「意味」をもつのではないか。そこで、ここではまずは先立った人称とその関係する具体的な物事の基本と意味をとらえることから始める。歴史的・社会的な状態もそこから追ってとらえたい。このような考え方を方向として持つことをここで想像力・働きと称しておく。

## 二　一・二・三の位格と徳目

人称について実際に例を引いて考えてみよう。ひとは、誰かに真面目に接し、その人との間で内容のある言葉をちゃんと聞こう言おうとするとき、「かれ」との関係を、いろんな媒介をへるにしてもより「直接に」持とうとする。つまり「あなた」との関係でそれを行おうとする。ここでは明らかに、三人称だったひとをまさに二人称——私・汝——関係にもたらそうとすることがある。それだけではない。関係はもっと深まり、相手とほとんど一心同体たろうとすることさえあるかもしれない。だとすると、そこに人称性の合一があり、さらに一人称である——こうも考えられる。するとここには、人称をめぐる三・二・一の方向を持った働きがある。

いや、いまとらえた方向は、少し大人になって「ひと」が「ひと」とが分かれてしまった後のことであり、その働き・流ればかりではないその逆もある、とも考えられる。たとえば、小さな子どもとその親や仲のいい兄弟姉妹などは、元来かなり一緒であった。それが段々に人生とともに分かれるのかもしれない。だとすると、先の三・二・一に対して、これは一・二・三である。これらを考えると、人間はこの二つの流れの間に違いはあれ大抵いつもいるのかもしれない。

確かに、生まれ育つのは、一から二・三へだし、結婚するのは三から二ないし一へだろう。また社会的な物事はまずは三を中心にした様相の展開なのだろう。ただ、その社会的な活動にあっても誰かと一緒でいたい、それが必要だというのは、三からの二ないし一だろう。あるいは、老いて亡くなるのも三だけではない、二ないし一へではないか。ともかくそこに人間にとって、ひとをも含む物事の分類される位置があり、それが「位格」(person)とも称されたのだろう。人間は人生においてそのいくつかの分類により関わっている。また人称性の三つは場面によって違うが、どこか物事において結局繋がっているらしい。

ところで人間にとってその「一」は一体何なのだろうか。ひとは生きて物事に意味を見出している。その一は、活かすことでありだから徳目でいうなら「愛」なのだろう。すると、先に元来といった物事の生まれ育つありさま(一・二・三)は、まず愛、合一があって、段々分かれてそうばかりでないことに結局なる、それを見出したのだといえる。だとすると、その「三」は一体何なのだろうか。事柄が意味ある物事だったら、いま段々分かれてという三人称から見出されるありさま（三・二・一）は、徳目としては分類としての「義」・「正義」なのだろう。そしてこの愛と正義二つの徳目は、具体的には、何程かいつもしばしば重なってもいる。完全になるとよりそうかもしれない。「完全」と述べたのは、物事の完成あるいは万物すべてとの関係といったことである。それは古代中世までの東西の思想におけるコスモス（宇宙・天地）観では位置づいた中心性として徳目が「聖」とも称される。物事の意味も従来はこうした構造と関係していた。ただ、現代ではこの位置・意味がとらえられないことが多く、あらためてこれを知っておいていいと、わたしには考えられる。

## 三　完全に向かう意味と形

生きて意味を見出す、分かれる、重なる完全などと述べた。意味を持つとき、ひとは物事と関係して実感したり考えたりしなければならない。ただ、実際の物事がすべて考えると判って意味づくわけではない。まったく完全ならあるいは決まってしまうなら別だが、大抵の物事は何時何処でも判らないことを含んでいる。人間自身当然そうだし動物はもちろん植物や鉱物、あるいはまずは動かない、ないし決まった動きしかしないような物事や地面でさえそうである。けれども、人間はあらゆる物事を判ろうとし関係し働き続ける。そして何らかを何かとしてさらにとらえ続け、そこに学習・習慣や認知がある。

そのひとの働きは元来は何であり、どんな中身なのだろうか。そもそもひとがある程度元気であれば、そこに何か前向きの状態や欲求があるのではないか。またひとが物事を言葉や表象に関わらせるなら、そこに記憶や想像などが含まれているだろう。こうした気持ち・こころの働きには、元来は思考があり、欲求であれ感情であれ、種々の分類とその結び付きをとらえることがきっと可能だろう。いまはその詳細な分析や諸概念には入っていかない。ただ、このあたりをめぐり先立って本論でまず「想像力」といったのは、思考と欲動との対立、主語と述語の違いなどといった二分化にいま入らないで「形《かたち》」をとらえようとするからである。決まってしまう枠組みに入らず物事をよりそれぞれ形づくろうとしたい。この立場は近代だと「構想力」といったもの（三木清・カッシーラーなどの把握）に近い。

ただし、いま気持ち・想像・構想などといったこころの働きは、そこにつよいのが思考であれ情動であれ、それが「よい形」に向かうとは限らない。そうでない場合、それが無意味である場合、ひとはその意味をあらためて「批評」しそれを「批判」する。批判するよりもう決まった体制であるようだが意味を自分がもう持てないと思うなら、例えばさらに懐疑や絶望といったことさえ発生するだろう。これは意味が「壊れる」ことである。

対して何か前向きでよい形に向かう場合、完全に判らなくても想像し構想するとき、そこにいい意味での規律や法則がとらえられ、また徳目がさらに見出されるだろう。そのように展開する場合、たぶん物事の本質や根底への人称的な「信頼」があらためて見出されないでもいい前提のようにあり、そこから物事がいい形・方向で発見されているのだろう。こうした「形」は根柢においてたいてい人間の基本的・習慣的な活動や生活に結び付いており、その生の形態を「祭祀」とみることもできる。祭祀は現代では宣伝かもしれないが、元来は生活そのものに結び付いて持続する。まずはそのような具体的な基礎だととらえたい。

意味が見出される場合、人称については、一の側に愛を、三の側に正義を、二の側に信頼を、完全な中心に聖を、位置付けたが、人間の関係は大抵は、どちらかに入ってしまわない間《あいだ》にある。たとえば、何かの縁である程度一緒だったとしても、だからといってただ相手と一体になってしまうのではないようにすることも多い。そうしたことのため、面と向き合うか、飲食をするかしないかなど、行為・ふるまいの在り方を選ぶ。ここでは、自他を同化してはしまわない仕方また形態をも考えているのだろう。これは三人称としての「かれ」をあえて余り二・一の「あなた」

「わたし」にしようとはしない・できないことだ、といえる。

さらに「あなた」を「かれ」にし、のみならず離れて遠い「距離あるもの」とすることもある。これは二人称の者が三人称に、時には全くの三人称になることである。ただ、全くの三人称がまた全くの二人称に結びつくこともある。これは聖をとらえ宗教を考えれば理解できるだろう。このあたりの相互の重なりは体験というほかない物事である。

距離からさらに「無縁なもの」にすることもある。これは二人称の者が三人称のみならず無人称になることだともいえよう。ただし、このことに対する応対もある。たとえば、多くのひとが年末年始にたくさん年賀状を交わす。それは、そのような「三・無人称化」の方向にならないために、あらためて「互いの二人称化」をはかっているのだろう。

## 四　関係における共鳴する意味、目覚めの様相

一・二・三の人称には流れ・関係・現出の場面などがある。ものごとの意味が見出され判断や感情が形成・持続・伝播される際には、諸種の人称の現出や消滅がまさに関わっている。そのことを古来の思想家はよくとらえていた。たとえば、ひとは自己中心的になると、他人のことをつい「物扱い」してしまいがちである。だが、そうではなく「人扱い」すべきだと聖賢たちは説く。孔子は「終身これを行うべき者」として「恕」＝「己の欲せざる所は人に施すこと勿れ」をあげたという（衛霊公）。イエスは「己の（人より）欲するところを人に施せ」と語ったという（マタイ7：12）。これらは後に道徳的行為の「黄金律」とされる。それは、いわば《人称性を侵害しないように／実現するように行為せよ》と述べるもので何時何処にも基礎だといえる。同様の考え方は、より正否論理的であるがカントの定言命法にも含まれている。

人称をめぐるこうした思考や実践は、元来は「聖賢が言ったから」「学術の権威によって」「特別の悟りによって」初めて可能になるといったものではない。卑近な「譬え」にもわかるように、人称的な想像力や行為は、いわば言葉の原義における「常識」「良識」として生活世界のうちに働いてあり、またそうして継承され、またそうあるべきものとされて来たにちがいない。愛・仁・義・信なども、「おもいやり」「つつしみ」のように比喩されるとき、人間の通常の知恵・ふるまいに育まれる元来持った可能性のようにもとらえられたのだろう。

しかし、そうはならないことも多い。たとえば関係が深すぎまたは頻繁すぎる交誼が翻って桎梏になることもある。ひとはそこに「とりこまれてしまう」のが「いやなこと」となり、それが反転、近接が反発を愛が憎を生む、といったこともある。そこでは、まずは「正負の陥穽」がある。これに対しては、その悪循環に巻き込まれないような冷静さ・公平さがやはり三人称化によってもたらされるべき、と考えられる。この方向・意味において、「一人称への合一」は結局は「全き三人称」とも結び付いており、人間はやはりその両方の間に生きている。しかし、もしもそこに「全き三人称」が無いなら、相克や悪循環はあっても、合一は位置づかないのではないか。

さきほど「一」を述べる際に、一緒とか一体、自他の共同、愛などといった。また人生と関係づけて、幼年期は一から二・三へ、また老年期は三から二ないし一へだといった。だとしても、子どものときでさえ親との一致・合一が少しでも本当にあったのか容易にはいえないだろう。まして大人だと、一致・合一が関係において本当に成り立っているのかは、見かけはともかく実際はより簡単ではない。人と人との関係には「深くて暗い川がある」ともいわれる。さらに、人の生における時期が特に死に向かうとき、より離脱・孤独があると共に、関係にはたしかにより「深くて暗い川がある」だろう。

ただし、これは特別なことではない。人称の生成をめぐって興味深いのは、比喩さらには誓願に繋がるものとして、無・非人称化されたものが見出され、そこからあらためて三ないし二人称が立ち現れる場合があることである。たとえば孟子は、井戸に落ちそうな幼児を見るとひとははっと胸が衝かれて救おうとする、それは子の親と仲良くしたためでも郷党から誉められたいためでもない、と述べている（公孫丑上）。イエスは、盗賊に半殺しにされて倒れていた旅人を、立派な聖職者や学者は見て見ぬふりをしたが、卑しまれたサマリア人は手当てし宿につれていって看病させた、という喩話をあげ、その強盗に襲われた人にとって「誰が隣人か」と問うている（ルカ10：25–37）。

どちらも、通常の利害や表立った習慣や権威名声とはちがう、むしろそこから消えるものに一・二・三人称をまた意味を含め見出している。あるいは、人称的な営みの排他的な内閉を三人称ともなる存在者がむしろ開き及ぼす。そこに惻隠の心（仁）や愛がある、と説いている。

## 五　天地の共鳴と空・反転・多人称また受動的持続

そもそも人称性にはさらに共鳴また反転があり、また多人称ととらえられる次元がある。たとえば、荘子の「胡蝶の夢」は、現実と夢との自他の反転ともいうべき様相をとらえている。これは幻想というべきかもしれないが、そうばかりではない。「胡蝶の夢」は、共鳴をめぐる「実在の反転」といえるかもしれない。そこから実在観を変えたり、先の完成自体を実在として啓示や仮身をとらえることもありうる。そもそも天人相関、梵我一如、大宇宙と小宇宙の共鳴といった互いを映す様相は、西田幾多郎『善の研究』に二度指摘されている哲学や宗教の根のようなものとしてインド哲学や宋学にもある。新プラトン主義もそうなのだろう。問題は、こうした構造を背景に、どんな仕組みや動きが絞り込まれるかである。また人称の在り方は、論理的には、まずはより主体的・主語的なものをとらえたものだろう。だが、物事が判らないものでもあるのだし、にもかかわらず共鳴・反映といった次元が奥の方で出て来るのならば、それは一体何なのだろうか。

この共鳴、現実と夢、自他の反転といった物事は、言葉としては多人称性を生じる。主語がさまざまな物に投影するような働きが、「歌」や「物語」に見えることを藤井貞和はとらえ、これを「ゼロ人称」ともいう（「ゼロ人称と助動詞生成――物語／和歌の文法的動態」）。多人称やゼロ人称は、結局は「空」や「聖」といった概念を連想せざるをえない。和辻哲郎は超越性をめぐって「空」をとらえ、またこれに対して「無」「通路」といった言葉をさらに用いた（『続日本精神史研究』『日本倫理思想史』ほか）。和辻はある位置づいた全体のような世界を見出すのだが、それが彼の日本論では何かへの受動的な持続する構造にも歴史的になっている。

空であり通路でもある受動的な共鳴の次元は、想像力と結び付いたらどうなるのか。和辻の場合、本居宣長を好むからか、その通路は日本の天皇論に結び付けている。ただこの空、無といった構造が何なのか十分とらえられていない。ならば、物事ははたして一体何なのか、何によって位置づくのか、何に依存するのかが、さらに問題になる。そもそも、いま多人称、ゼロ人称と空を関係づけたる際、従来は、聖に見えるようにこれら万物を成り立たせる完全性やコスモス（天地・宇宙）といった構造があった。天人相関、天地人というように、人と物事が位置づく世界が前提のようにあった。ただし、近現代になると、それが無くなり、翻ってむしろ思い出すべきこととなっている。

かつて、人称（person）すなわちペルソナは、言語的にも人称詞に親族名称や方向指示詞が用いられることが示すように、父・母・子であったり友であったりし、またコ・ソ・ア・ドでもありうる、それは生活し生死する領域やその彼此の中に含まれている「人称的世界」である。ただそこには、その悪循環にならないための浄化や聖が位置としてあり、聖賢の言は、そこから、ひとが作り出しまた継承してきた物事をあらためて「目醒ませ」「及ぼす」ことを説いている。こうした覚醒観は、コスモスと聖などがとらえられる前提のような世界観と関係に拠っている。

こうした視点からは、確かに、子どものときの一からの体験、その様相が当人の後の人生に繫がり、それを後に求めることで、その人生を結局は広く意味づけようとする。ただし、その世界は歴史を帯びており、もう見えないかもしれない。人間はもう罪びとそのものかもしれない。だとすれば現在、人称も物事もはたして真面に位置づいているのかが人にはさらに問われる。

## 六　関係における欠如した意味、離脱・孤独・社会的空白

先立って一・二・三といった三つの人称性を意味と結び付けたが、いま「三・無人称化」などといったことは、その意味が無いことにすら関わっている。懐疑や絶望にふれたが、これらはまだ関係や意味があっての物事である。そうではなく、もっと推し進めて意味の無さに入っていくとどうだろうか。そうなってしまうならば、おそらく、天地はもとより生き生きとした時空が失われ、ひとはいわば物化した世界に至るのではないか。かかる「三人称の先」には、物化なのか無化なのか、大抵は生きていない物事が現れ、さらに物象化（reification）が生じる。むろんこれらは物事に帰する意味での無ではない。このあたりを辿りながらさらに問題としてとらえねばならない。

そもそも「二人称の先」はどうか。先に一人称への合一また愛を見た。もしもそうなって、それがよい物事なのであれば、それは人を支え合い育むものなのだろう。またそれが妥当な物事なのであれば、また三人称における義とも結び付いてくるだろう。これが先に愛と正義について「完全にはともかく具体的には、何程かいつもしばしば重なって」いるといったことである。

人称には様々な働きがありまたそれぞれの生成や陥穽がある。人称をめぐる想像力が求められるゆえんである。けれども、人称をめぐるのびのびとした思考や実践は亡失させられることがあった。その亡失・空白を考えるには、人称の基礎的な論理だけでなく、そこに加え見るべきものがある。たとえば、孟子にとって、幼児を見つける心を忘却するのは、たぶん戦国の世における利害争奪の心・ふるまいだった。またルカ伝で、旅人を見捨てさせるのは、共同

体や律法と結び付いた権威の自己保存的な力だった。一般化するなら、「ひと」を見させなくするのは、エゴイズムや権威主義だといえようか。だが、現代においては、それらは簡単には乗り越えられないきわめて媒介的なつよい展開をしている。

現在の社会システムや客観的な知識・技術は、世に受肉している「人称としての者」（自己）を極度に単純化してただ論理的な実体か機能かのようにとらえる。その作業は、世界を物理等の界面に投射する。そこには、たしかに情報の物理的な妥当性もある。そこで作られたものは、ある局面は厳密で面白いかもしれないが、きわめて「限定的・抽象的な世界図式」による。それを人々が具体的に生きる生活世界に対して単純に適用してしまうなら、大きな問題がある。なぜなら、それは、人々が培って来たひとを元来ひととして扱う感覚・知恵・わざを失わせるのみならず、人と人とが向き合い・やり取りしつつ生死しているという事実自体を忘れさせ、情報知によってそれらを抑圧することに結果しかねないからである。そこに発生する主・奴関係は反転しても解決ではない。のみならず、そこからは、かえって無意識の形で、種々の人称の陥穽から統御できない暴力が噴出することもある。全体的な種々の在り方でのこの状態の背後には、失調した意識されない人称がある。

## 七　人称性からの共働による回復

人称を位置づける元来の「一」は、もっといえば人間にとって連帯であり協働態でもあった。それが宗教的には「アジール」（asylum）といわれる社寺・教会を中心にした連関でもあったのだろう。その一はまずは血縁性や家族性によって産み出され、近代だと国家的な公共が担いもする。が、それだけでなく、より本質的な「一」が必要なのだろう。実際の一は、（社寺・教会を思えば判るだろうが）完璧なわけではない。ただ、おそらく信じられる完全な「それ」によって、位置付けられ意味が与えられる。これは、先に「全くの」三人称がまた全くの二・一人称に結びつく、宗教などといった事柄の形態である。

ひととして個人として、一端諸関係から離れていわばそれ自体に入っていくとき、まさに二人称的な他者が一対一的に現れ出て、そこから「反転して」また三人称的な展開が協働的に広がることもある。仏教における往相・還相あるいは横超といったこともそれである。このような展開をもった「一」があるし、また求められているのである。

先の「黄金律」の場合と同様、こうした物事は、儒教では消極的ないし生成維持的、キリスト教では積極的ないし革新的といったニュアンスの違いはある。しかし能動であれ受動であれ両者とも、たんに私的利害や公的権威名声に固着せずそれを突破するところに、人称的関係の生成を開き、そこに意味を見出す点は軌を一にしている。

これに対して、近現代になると、人間の社会的組織に権力やエネルギーが結び付き拡大することで、人称が忘却され、のみならず宇宙・天地など従来の枠組み自体が位置を失い始める。西洋の場合、カントに象徴される批判がより万物に向けて重要になると共に、ヘーゲルに見える弁証法と称される大きな知の展開が正負結び付いて展開する。そこに資本主義が結び付く支配が拡大する。ならばどうするか。おそらくその暴力を反省して考え、物事をあらためて位置付け直すことが求められるのだろう。

人間は、支配を革命等で反転するだけでなく、天地自然の中での人間的「驕り」をより無くして思考すること。互いの差異違いを含めた議論や外部認識の中から対話によって物事を決めていく開かれた思考が重要なのだろう。それが社会や公共をも形づくるのだろう。そしてそこに生態学や環境論を位置としてもった物語（narrative）がひとびとにとって大事になるのかもしれない。

## 八　万物との関係と近現代の課題

現代の情報は、想像また思考の拡大と壊滅の両方を実はもっている。実際、人称は、拡大と忘却の働きをするが、そのままでは位置を欠いた失調をもたらす。しかし地球化することで、遠くのひとの現場や肉体を近くに媒介し、内の者と外の者とをつなぐ人称媒介の働きを大いにもっている。そしてこの場所にあって、物事が本当の意味をもって位置づくことが大事といえる。

現代的システムにおいて人間は、たとえば権力・勝ち負けといった自己目的に帰するのではなく、みずからを環境により位置づけるという形態化（エコロジカル）に結びつける本当の目的や課題を、自分自身また組織においてもつべきである。人間は、こうした現代的な可能性に向けて、自分たちをもつべき本当の人称性と出来るだけ関係付けねばならない。

こうした課題は、現在、おそらく外に物化した三人称的「公」と内に閉じた一人称的「私」の間に、人称的な想像力の領域を開き、これを本当の物事とその真理に関係づけることである。それは論理的には、哲学の宗教とも関わる社会的な形といえる。人間は、先に往相と還相といったように、「あなた」への向かいからまた「かれ」を見る、ひととの「かれ」はまた「あなた」たちである。こうして万物は「あなた」ともなる。人称はこのような関係の拡充を担うようである。

古来、「ひとを知る」ことは知恵の始まりだと考えられた。人にとって考えることは、自身また社会・万物での、意味付ける関係の根に関わろうとすることから来る。その基礎を知ることから歴史を帯びた物事が発生・展開する。そうした基礎をもって知ろうとすることは、現代でも、いな現代だからこそ、いっそう重要である。先立って位置づく、求められているといった「一」は、従来、血縁や種族であり人類全体でさえあっても、実際の天地・宇宙において意味付いていていた。ただ現在、その意味が危ういのであれば、物事をあらためてその元来の宇宙に反省を持って位置づけて見出すこと、それに向けて具体的な関係と社会を形成すること、それが想像する人間に求められているに違いない。

# 第二章　人間関係形成の仕組み――東アジアを視野に

ここでは、人間が「関係を形成する」ことによって出会う論理とそこで生じる課題をとらえ考える。人間の関係は、家族や共同体にあるだけでなく、政治・社会・経済・科学・政策などの諸分野にも個々に広く含まれ、それらの分野内部でも種々の課題を生じる。ただしここでは、それらの分野に立ち入るのではなく、そもそも「人が自己や他人、人々、他の生命等にどう対処して関係を形成するか」といった基本的な問題を扱う。つまり、生きている人間にとってより手前の基礎的なものごと、当の人間が交流の中でいかに具体的に経験を形づくるのか、その内容についてである。

人間の関係は、交通や社会が発達するほど、いっそう便利さを生む。しかし広がり便利になればいいのかというと、そうなればなるほど、関係の内実はいっそう見失われる面もある。ただ、そもそも関係の「元来の在るべき意味」が無くなる訳では決してない。

人間そのもの、関係そのものは、過去においてもすでに種々に問われ考えられてきた。西欧でそうだが、それ以外の地域においてもそれは行われてきた。そこには時代・地域の刻印がそれぞれある。とはいえ、人間的な経験自身に踏み込んでいくと、物事とその把握や認知が根柢のように普遍的である場合も少なくない。本論は、そうした内実を知るべく、東アジア・日本をも含んだいくつかの過去の思想の例にふれながら、上記の課題に入っていきたい。

その際、方法的態度として、手がかりとする対象への向かい方について述べたい。本章では、対象とするものごとがもった歴史的社会的文脈はむろん尊重したいが、しかしそれらを発生の文脈に戻してしまわないようにしたい。そこに収斂するより、むしろそれを現代の私たち自身の関心の地平とつき合わせ、その対話のなかから、できるだけ一般的な考察をこころみたい。そこから解決ならずとも、反省や将来への導き・あるべき像といった実践的手がかりを求めたい。対象を大事だと思うからそう在りたいと考える。

# 一　人と物——前提・要請となるもの

## (1)「物化」と忘れられた「ものごと」の明示化

わたしたち人間は、まず何か「もの」に対して「こと」としてある。そしてその「ものごと」に関係する。ものごとは、当の人間に対して、ほとんど余り関係できず「閉じている」こともあるが、何程か「開かれている」こともある。前者を漢字で「秘」「私」というなら、後者は「開」「共」「公」などである。人間はその両方に関係している。本論では、その在り方の基礎というべきものをとらえる際に、前者（私・秘）に入り込んでいくより、前者をある程度知りながらも後者（公・公共・社会等）に向かう人間をよりとらえたい。

その際、最初に見出したいのは、関係する「もの」についてである。考えるべきは、人間の「関係」が本質的に問われるのは、「もの（物）」ではなく「もの（者）」だ、ということである。「もの」をある実質的な様態であり勢いやかたちを帯びたまとまりだとする。それに漢字の「物」と「者」とをしばしば付す。ここでは言語的に、より述語また「事」（状況）に繫がる形態を「物」とし、その中でより主語また人に繫がる人物を「者」とする。これは言語一般の用法と必ずしも一致しないが、「人」（ひと）の事物への関与をよりとらえ分別するため、あえていまそうする。

　そして考えてみると、ただ「まったくの物」しか存在しないなら、関係はあっても問題にはならない。そもそも「関係」が問われるのは、何らかの「関心」を、事物さらに物事に対して抱くときである。そこには、「もの（物）がある」だけではなく「もの（者）がいる」。その後者をわたしたちは物事の根のようにみずからとらえて働いている。その事柄を消さないでとらえることが大事だと、ここでは考える。

　「いる」ときそれは大抵、生きて動くものである。そのとき、「関係」が問われる可能性がまさに生じる。またその「もの」をいかに尊重するか否か、といった問題も生まれてくる。ただし、「物象化」といわれるように、いま指摘した「関係」を離れた運動もある。それをここでは後に「空白」とも言っている。しかし、いま先《ま》ずとらえたいのは、それ以前にあるだろう基礎をめぐってである。

　いま、生きて動くといったが、要するに、「生命《いのち》」が（歴史的にでも）あってはじめて人間の関係がある。それがまったく無ければ、人間にとっての関係はなく、いかにあればといった問題も解答もないのである。生命が「もの」のどこにもないなら、より簡単に廃棄することも出来よう。とはいえ、「尊重」「廃棄」などとすでにいったが、そこには価値づけがもはや当然含まれてくる。

　もちろん、それが生きていなくても、食べ物、さらに宝石、重要な資料など、大事な価値あるものもある。売買もあり先にふれた物象化もあるだろう。ただ、どうであれ、その価値づけも結局は、生きたまた生きている人間にこそ拠《よ》るものである。その「もの（物）」ではなく「もの（者）」から、その関係や形成が出来ている。ただし、より形成された「もの（物）」が、それ自体動的で主語的な「もの（者）」であるがごとき反転も、人間からさらに生じる。これがまた問題なので、この場面を次にとらえる。

　いま「反転」と述べたのは、翻っていえば、私たちの歴史や経験において、世界が――自己や他者が、生命として

「いる」「もの（者）」ではなく、ただ「ある」（まったくの）「物」になること、いわば「物化」（物象化）が、決して少なくはなく、大いにあることである。

たとえば、政治的な全体主義や専制であれ、またもっと卑近な「小皇帝」「帝国」的な形であれ、絶対的な主体・権力が成り立つとき、これに対しての人（他者）は大抵は逆に客体化・道具化されて「物」となってしまっている。

ただ、おそらく人間が誕生・発生したとき、動植鉱物たちと同様に元来持っており持とうとする生き物をめぐる地平がある。生活において妙に扱うとしても、その地平はあり続けている。これに対して、私たちが「人を無視する」とき、その人は机、壁や立木、石、ないしそれ以下になっている。まして、世界が一種の機械的なシステムのごとき様相を帯びるとき、あるいは経済力や金力に取り憑かれているとき、自己や他者は、数量としては残ってもそれ自体はいわば物化して、息づいた「もの（者）」の感覚は失われていく。すると人間は、実質を失い価値をめぐる答えが別様に決定される時空に囲まれ、そこに入り込み続けることになる。

「物化」というとき、最初、自己だけが「もの（者）」であって、他者・世界が「物」となっている。が、やがて自他がひとしなみ「物」となっていくようである。だが、後者においても、そのシステムの背後にじつは種々の個的・共同的自己（者）が忍び込んだ在り方をすることが少なくない。また前者においても、そもそも自己が自己であることは、他者との関係において形成される面を本質的にもっているから、他者を物化することは、じつは必然的に己をも物化していくようなアイロニーがある。そこに倒錯や不充足の回路を生ぜざるを得ないのである（ヘーゲルが「主人と奴隷」の弁証法でパラドクスを指摘したように）。こうしたことは、人間としての関係する論理・倫理自体の、不成立あるいは歪曲の次元に人を遭遇させている。しかしそれは翻って、その成立の条件を人みずからに教えてもいる。

この考えは、「物」の世界やその構造・論理がないと言っているのではまったくない。たとえ物が究極的に観察者と連動するような在り方をしているとしても、明らかに、人間の働きの直接性から自立した物の世界は「それ」としてあるだろう。が、そうであってもなお、人間はその何か価値ある「物」を、ただそれとしてではなく、人間の在り方や行為と結びつけながら、元来の関係する世界を構成している。「もの（者）」については、なおさらそうしている。だから、人が生きるためには、ましてよく生きるためには、その物や者に人間がいかに結びついていくか、その仕方に無自覚であってはならない。

ところが、近現代の文明は世界を（者ではない）物のあり方としてとらえ、その認知が人々の中に浸透しているので、人々はしばしば前近代の人々以上に、物の客観主義にとらわれる。そしてその分、元来の図式を忘却し、人として作る認知や技能を失って無意識に陥ることになる。だとすると、その無意識を「動かしているもの」、ときには刺戟や宣伝や力のようなもの、それは一体何なのだろうか。

「もの（者）」や「物」を人としてどう定位するかは、人々が古来から日々、様々な「生き方」として構築してきたものであった。しかし現代においては、多くの物があふれるがゆえに、また多くの者があらわれ・人間が技術的に拡張するがゆえに、もつべき地平や図式と技能との関係は、いっそう想起すべきまたさらに問いを要する問題になっている。別言すれば、近代化によって「社会」「公共」といった場面がとても拡大する。そこに組織化された関係がありそこでの判断や生との関係が、ただ形の持続のみならず制度としての重要さが生まれる。そこに忘れられているがいっそう問い進めるべき領域が存在しているのである。その領域に、人間がみずからしっかり踏み込まず関係の足下からの形成が無いなら、まさに問題である。

## （2）関係における超越・根源——「もの（者）」により／のため

よく知られているように、カント（一七二四〜一八〇四年）は、「人格」を「物件」と区別し、人格としての人は目的として扱い、ただ手段化してはならない、と述べた[1]。カントは人間はすべてあらゆる場合に人格だと述べている訳ではなく、物としての側面も伴っていると考えている。が、人間は、つねに同時に人格であって、その本質をめぐって彼はこの命法を述べたのである。

カントのこの「人格」の概念は、自己自身および他者を、何らかのシステムや自己によって操作的に扱い切れない――つまり「物」となし得ない――根源性・超越性をもったものとしてとらえている（「人格の尊厳」）。他者は自己に回収し切れないものであるが、自己もじつは上のような意味で当面の自己に回収し切れるものではない。「人格の尊厳」はそのように自他ともにもつものである。それは、従来の思想的伝統と関連づけていえば、人の命（いのち）というものが、自他によって容易に操作できない、そしてそれと関連して何らかの超越者との結びつきや働きかけによる、あるいは根源的なものからの生産による「たまもの」として受け止められてきたことともつながっている。(2) その意味で、カントの「尊厳」は、遡れば、古代中世人や民衆が生命というものをめぐって感じたであろうヌミノーゼ（畏敬）的な直感を母体に持つともいえる。

ただし、彼は、過去の物語り的な脈絡を捨象して、「個々の人間一般の尊厳」を「理性」あるいは「悟性」と関連づけ、その脈絡をかかる「人格」に対する実践的規定として取り出そうとする。つまり、人間たる「もの（者）」の生命としての超越性・根源性を、彼なりに定義した極限的項目とその扱いの問題としてとらえ直したわけである。この人間一般への問い・規定を含む「論理」をいま「倫理」とも称しておく。

上の命題においてカントは、倫理的行為は、当面の自他やシステムに回収できない個々の人格を「目的として」なされるものと考えた。他方、行為を発動するものについては、種々のニュアンスはあれ、カントも、人格の「意志」によると考えている。だから、結局ここでは、関係すべき行為は、「人格によって」「人格のために」行われることになっているといってよい。行為が「人格によって」「人格のために」行われるということは、ここでの文脈に置きなおしていえば、生命としての「もの（者）」がある根源性・超越性をもったものであり、関係する行為は、基本的に

「者によって」「者のために」行われるものだ、ということである。

## （3）「者にかえす」営みとしての倫理とその徳

ところで、カントが、人間を「つねに同時に」人格として扱えと言ったときに、彼は他方で人間そのものに「物件」が伴うことを認めてもいた。このことは大変、重要である。というのは、人の行為は、そもそも「物を」そして「人の物を」扱うことを伴うのみならず、さらに「人を物として」扱うこともしばしば大いに含んでいるからである。カントが性行為を互いの体を「使用する」ことだと捉えたのは有名であるが、彼にとっては、そのことと人格としての扱いは両立しうる。否、人格としての扱いに結局、還流する限り、他者がかく対象的「物」であることは認めたのである。とはいえ、彼のこのエロス論はやや奇妙な論理ではある。(3)

ただ、そこまでとらえ考えなくても、たとえば、人に何かを「委任する」（何かをさせる）行為の中に、人を手段として使う側面が含まれていることは明らかである。そこで、私たちはそれに対して、謝意を表すなり報酬を払うなり、別のときに自分が代わりに何かするなりして、その「使用」をその人自身の「目的」に還流するものへと回復しようとする。対して、もしそうした「回復」が無いのであれば、それは委任が前提ないし要請する次の作用を欠くゆえに、それは一方的な命令やさらには奴隷的使用に転化することになる。

こうしてみると、人の行為とは、人の物化を絶えず生じつつも、しかし、それを「人へと返す」経路を伴うことによって、倫理的であることをつねに保持しうるものであり、また、そうでないことによって倫理的でないものへと転化していくものだ、と言わねばならない。そしてこのような「ありうる」可能性・蓋然性の領野に対して、人の「あるべき」「望ましい」選択が行われることから、人において認知や徳性が生じ・また問われることになる。ここには単なる個々の関係に収まらないいわば社会的形成が含まれてくる。

関係する項目を簡単に列挙してみる。それが生命としての「もの（者）」（カント的にいうと人格）であるゆえに、「物化できない」ものであるという点では、対象・自他をある威力として感じて己に拘束や覚醒・促し・自己保持等のかたちをもたせる「敬」系列の徳（敬・畏敬・尊厳・礼など）が生じる。また対象や自他を生命・人としていっそう積極的にいわば「人化しよう」とする側面では、その「もの（者）」の生の目的を成就しようとする「愛」系列の徳（愛・仁・慈など）が説かれる。さらに、そうした在り方やその複雑性の認知をめぐって「智」や「賢」が、また（まずは「敬」さらには「愛」と関連しつつ）上記の「回復」をめぐって「義」系列の徳（信義・義務・正義など）が説かれる。他方、そうした諸徳を実質化し客観化するということをめぐっては、習慣としての「礼」、命令としての「法」そのほかが説かれることになる。

以上は基本的ないくつかに過ぎない。が、それらがいかに人の内部・態度・行為に養われまた結合するのか、そのことによっていかに「もの（者）」が「物」ではなく文字どおり生として存在・持続あるいは形成するのか、それが人間的論理・倫理をめぐる問題域を構成することになる。

## 二　人称の認知と関係の形成

### (1) 自己・対面者・第三者とその間の交換

「物」を伴いながらも「物」とは異なるものとして構築される「もの（者）」の領域、そこに社会また公共が発生する。その局面は、個々の倫理からの形成物だが、個々の関係に収まらない、ある形づくられ続ける運動態だといえる。だから、そこには会合もあり、議論や対話もあり、またそれが必要である。ただし、いまはその内部にすぐに入ること以前に、「もの（者）」の在り方を腑分けすることからそこに接近してみたい。

「者を物ではなく者とする」ところに立ち上がる場合、[4] その物や者の認知は、人称性の把握と関連している。そもそも、人にとって「もの」の人称性がどれから始まりどう析出するのかも問題である。しかし、こうした発生問題はさておき、ここではまず「私」（自己）を基点として考えてみる。

私たちが言葉を何かに掛けたり掛けられたりする場合、一人称としての自己が、他者に――二人称としてのあなた（たち）に、また三人称としてのこの・あの者（たち）、物（たち）に向かって発語しており、またそれらからの発語を聞いている。最も簡単な平面的モデルにすれば、より生命としての実感をもつ自己が、同様に生きた者として向かい合う者、そして第三者、人々、そして者として感じられない物へと広がる、人称性の次元のいわば同心円状の構図を描くことができる。これはふつうの言葉でいえば、関係の「親近」「遠疎」であり、それゆえこれはたんに存在論的なものではなく、主体的な界域の濃淡（グラデーション）でもある。

ただし、以上の一・二・三人称は、さし当たり水平的な（垂直性を不問にした）次元にあらわれる人称であって、実際の人の人称把握は、垂直性を帯びることがあるし（言葉ではそれが敬語になって表現される）、のみならず内容量が行き交うダイナミックなものともなろう。古来そこには、父・母、親、子、友（朋、とも＝共）など、様々な含み・働きをもった「位」がとらえられている。行論を簡単にするため、いまはそれらに深入りしないが、これらも重要であるということは指摘しておく。

ところで、当然忘れてはならないのが、言葉や行為が向かう相手としての二人称や三人称の他者は、それ自身、一人称としての自己でもありうるということである。「ありうる」というのは、その在り方は相手自身にとってはそう「ある」かもしれないが、自己にとってはそれは直ちにそうではなく可能的なのであり、したがって、そうあるべく認知や行為を選ぶことで倫理的にそう「なる」ということである――このことは論理的には相手にとっての私についてもそうである。そして、この人称的な交換をどう受け止めるか、この者が自己として働いているということを認め、そこから来る何らかの促しや要請を感得するかどうかが基礎的な課題としてある。

## (2) 人称的交換の非均質性

人称的交換を認めるかどうか、これにもとづく働きを起こすかどうか、またそれがどんなものか、世界のものは人にとって均質ではない。「三人称の物」(純粋な「物」)に対しては、むろん一般的には人はそれを「もの(者)」とはしない。しかし「三人称の者」(かれ、彼〔女〕(ら))は、それが人とされる限り、そこに人称的交換は起こりうる。が、それは間接的で、直接は見えない、いわば顔のない者、知らない人である。たとえ会ったとしても一過的な(行きずりの)会い方であって、そこに人称的交換はしばしば起こらないか深いものとしては起こり難い――技術や表象の媒介がないのであれば――。これに対して、「二人称の者」(あなた(たち))は、直接的対面的に「会う」者であって、交換が起こりやすい。まして会うことが頻繁で、会う者として関係が定まっているような場合は、その働きはいわば「親身な」ものになる。

「目を合わせる」「顔を合わせる」「挨拶する」ということは、それを人間として受け止め、対処を起こしうる／起こすべきものとして位置づけることである。そこに人称的な交換を発動することは、その者と出会うことで、それを「生きる者と認め」、それを「生かす」、またさらには「共に生きる」(生を共有shareする)ということに展開する。そして交換が互いに期待できることは信頼を、生への志向は共感や愛を、また先の「回復」は正や義を形成する。

これに対して、そうした交換関係の生起から「去る」「離れる」「距離を置く」とき、人はその者との関係を三人称的なものとする。それは、関与をいっそう希薄なものにし、さらに無関係な物の関係へと引き下がっていくこともある。しかし、その距離が壊滅をさけて、また二人称的なものへととらえ直すことも逆にありうる。そこにある共生

(share) は、記憶やイメージの世界であり、壊滅か形成か、微妙な末端なのである。

距離を置きさらに壊滅に向かうとはどういうことだろうか。たとえば、「挨拶もしない」とは、それを者と認めていないことである。それはただ風景であるというだけでなく、者でない物の世界に突き放そうとしているのである。そこから極端には、その者を「者としては死んでもいい」「死ぬべきである」とするような認知や行為の方向もありうる。(愛の反対としての) 憎しみ・(義の否定面としての) 処罰・(死による応対としての) 犠牲など、「何かをいっそう者とするために別の何かをいっそう物とする」といった在り方もある。[5] こうしたマイナスの方向は、「親しい」一・二人称的な関係であれば起こらない、とは限らない。物が者となり、三人称的者が二人称的な親しい対面性に入るがゆえに、その期待値ゆえに、物化がいっそう起こる、つまり「親しく近づく」がゆえにいっそう憎むとか、いっそう避けねばならない、といった働き方もある。

こうした正負の認知・行為のなかに、人はいつも生きて不断にこれを実践している。しかも、むろん他者は自己でもありうるわけだから、こうした働きの世界は、多元的なものであって、しかもただそう「ある」というより、縦横無尽な交換・産出作用によってそのように「する」「なる」ものとして、複雑に形成・破壊し続けているわけである。

## (3) 複雑なまとまりとしての自己

ところで、やや議論が後戻りするが、一人称自身についてはは人称的な認知の働きはどうか。人称的交換はここでは自他が同一であるがゆえにいわばすでに「成っている」のであり、それはもうあり得ないのだと一応はいえる。しかし、実際の状態においては自己は完全に同一なものではない。たとえば、人は自己のうちに二人称や三人称の者・物の認知を取り込み、それをある程度浸透した自己のように扱い、それらがまさに一つの自己として自立してくることがある。また元来自分自身のうちに属し他には由来しないと思えるものについて、それをめぐって内部感覚に尋ねたり、内心に耳を澄ましたり、自問自答したりする。そこにはまた別の自己の要素がいる。あるいは、人は自己を現在のみならず過去や将来に認知してこれを想起・想像したり対話するなどのことを行っている。あるいは、現代のように物の浸透した世界では、自己をいわば物から組み立てられた人間機械のように感じるとらえ方は拭いがたいものとしてある。

このように自己には様々な諸次元が訪れている。だからこそ仏教で、自己を業や縁起の働きにおける「五蘊」としてとらえ、自己は諸要素により構成される習慣であり、重層性や輻輳性また時間性・歴史性をもつものとするのである。(6) 仏教の業論や十界論がとらえるように、自己は過去からの蓄積の上にあり、また幾重にも構成されるものである。自己に感動を与える種々の物語りが教えるように、自己は過去からの語りやイメージによって、また将来への像や言葉の投企によって、動かされるものでもある。

こうした複雑性をもった自己自身において、では交換の働きは無いのかというと、そうではなく、自己においては、二人称との関係に較べても交換の働きがいっそうあるし、また人はそれをまさに行おうとしているといえる。というのは、自己のことはまさに人事《ひとごと》ではない。人は「自分の事」を気にかけ、できれば自らに引き寄せて解決や充足にもたらそうとする。だからこそ、自己はひとまとまりのものとして自他によって一体視され「もの（者）」となっている。このような意味で、自己は種々の多様性や時には異和を孕みながらも、しかし自分にとって「最も近く親しい者」である。そこで、ナルシシズムはもとより、他を無視した一種の自己絶対化もここでは容易に起こる。とはいえ、否定面からいえば、最も近く親しいものであるがゆえに、それは翻ってまた最も不愉快な嫌悪すべきであったりもする者である。

# 三　私と公また社会としての公共

## （1）「与り方」としての公と私

では人の関係形成において、単なる自他関係だけでない「社会」としての「公（共）」は「私」とどう関わっているのだろうか。

ここではまず、「公（共）」とは「物事にあらゆる者が与るさま」だと定義しておく。たとえば、行為・営みや物（施設）が、特定の誰かだけではなく広く人々の利益や使用のためであることは公（共）的であり、また情報がどんな人も知りうる状態になることも、公になることである。これに対して、「私」とは「物事に特定の者だけが与るさま」である。家の中で夫婦親子で食事することは、通常誰もが与るものでないという意味で私的である。生殖はよりそうだろう。また、個人間の友情・友誼もその間だけに成り立っていて私的である。ある人から誰かある人だけに届き、他に知られない手紙は「私信」である。しかし、その個々の手紙も、広く同報流布されるのであれば、それはもう私信とは呼ばず、さまざまな人々へと「公にされた」ものとなる。

近世の荻生徂徠は「学文は公儀の勤とは違て、畢竟内証事」と述べているが（『政談』巻之四）、これは学問は結局「自分一人で（限られた者だけで）する仕事だ」という意味である。これは私さらに私秘でさえあるだろう。しかしその学問も広く人々に関わる場面に取り用いるなら、もちろん公儀となる。なお「公共」は、事に与る者たちが互いに同位・双方向であるような「公」のことである（後述）。ただ、公と公共は種々の局面でしばしば重なってあらわれるので、以下でも便宜上ときどき両者を混ぜ用いる。

私的・公的とは、このように、物事への人の与り方の狭広をとらえた概念であるが、それはさらに言えば、世界に投げ込まれた人にとっての、関与や所有をめぐる内への閉ざしと外への開き――「私」とは物事が自分（たち）だけの内（身内）に限られ・閉ざされ、「公」とはそれが限りを持たず外に開かれている――という対比でもある。この閉じたものと開かれたものは、主体間の認知に即していえば、当然、先の「近親―疎遠」にも重なってくる。また私・公は、より一般的に、存在のあり方の特殊 particular と一般 general／普遍 universal、論理における特称 particular と全称 universal と関連づけることも可能だろう。言語構造に投影して西田哲学風に、主語面と述語面という連関に結びつけることもできるだろう。

私・公の概念は、particular/universal と同様、「対になった概念」である。そして、これは論理でありさらに倫理でもあるから、存在を問うて最初や最後にどちらかが実体として在る／無いといったものではなく、人々の実践の過程における要素であり、とらえられた切り口であると言わねばならない。実際、歴史的にいっても、ひとは公という自分たち以外の者による関与・所有の可能性に出会ってはじめて私という閉ざされた関与・所有を意識したのであろう。また、日本史では、私（たち）だけの物事としての「内証」が感じ取られるとともに、他方これに属さない界域としての「公界」がとらえられている(7)。

したがって、人の生きる現実においては、公の「あらゆる」にはじつは限界があり、私の「この／その」にも不介入・分割の停止がある（individual な個体としての人とは、分割しないというある公的設定なのである）。公の「あらゆる」の限界は、（たとえば「公儀」「奉公」がそうであるように）より広い界域から／外側から見れば、特定の、すなわち私的なものである。つまり「公である」ことは、これを超越論的に見直せば、私とその形式が宿っており、それは実は誰か限られた「私」によって「公とされている」のである。「私」（たち）の「この／その」という特定性も、その者に即して／内側の経験に踏み込めば、たとえば「私」が「自分」（ある地位、ポジション）と置き換えられるように、公的なものを受け止めながら定まっている。つまり「私である」ことも、者たちの広い「公」の働きを俟って「私となっている」。しかも、ある「私」は、ある公による仕切りを外せば、じつは内外に様々な私や公をもつ者である。仏教のように、者は「縁」による形成だとみれば、それは当然のことになる。

私・公がこうして実践的にとらえられる際、その「与る物事」そして「物事への与り方」には、いろいろな様相がある。十分にはとらえ得ないが、たとえば、仮にカテゴリー分けすれば、属する、享受する、用いる、行う、決める、知るなどがあり、その与る事柄によってその権能が各々異なっている。また、上にすでにふれたように、どんな物事が具体的に公であり私であるかは、人々の葛藤をも含んだ実践のなかで定位され続ける。だから、公私の内容についての「仕切り」は、状況、歴史性・社会性によって様々である。

たとえば、現代中国の「公司」は、会社・企業などをさし、その際の「公」には人々の「寄り合い」の意味があろう。イギリスの public school の public も、いわば「共立」学校である。しかし、現代日本では、「公」は「官」（とこれを羽翼するものとしての政）に関連づけられ、学校における「公立」も、（「国立」「官立」と区別する場合は地方の）行政府が与るものである。ただし、明治初年には、地方によっては「民間」に適当な「私立」学校があれば「公立」は不要とするような、つまり public school に近い考えもあったのである。[8]

近世から近代への日本では、国内がまとまり統一すればするほど、官僚機構、政治組織、国家組織が「公」の究極となり、公を「天」によって或いは「私」たちみずからの定義によって規定するものと見る視点は相当希薄になっていった。この外縁的・上位的な統一の事態は、大きくは、島国としての正統の意識化の弱さや内属観からくるともいえる。たとえば、「私」が日本語で個人の自称として用いられるようになったのは、中世末といわれるが、その私は、近世以後、成立している「公」に対して「奉仕する私」とされる傾向、上位依存の動向がつよい。また「公」「公共」は、元来は、天・天地のもとにあったが、近世半ば以後は、当の状態たる権力や権威と結び付く傾向が生まれる。

近世における学校はもとより、信仰でもあった講・学校などは、近代においては、人間的な集団や公衆の領域として自立するよりも、国家に収斂させられていく。

かかる「世俗化」においては、神・仏あるいは天地などの超越・根源が段々見失われ人間の生活のみならず生死自体が国家に収束させられていく。私がいっそう個人を中心にイメージされる一方、そもそも国民国家が私と直結する公であるかのように「想像」される。そこに社会的事態を欠いたまま、個人と（日本）国家といったセットが浮かび上がる。ここには、親族の小家族への収斂、個人の析出、社会組織の国家への依存があり、国家と私をつなぐべく形成されたメディア・教育を始めとする新しい媒介のシステムが空白の上に展開する。

とはいえ、地方《ぢかた》や民俗・反公害など地平そのものをとらえる／とらえ直す運動もある。二〇世紀末の現代になると、人々の私的な組織にトランスナショナルな公的次元が「親しい」ものともなる。これらはより新しい情報・交通の媒介によって可能になっている。

## (2) 人称性と私また社会的公・公共

ここでは社会組織に入り込むのではなく、私と公を、人にとってより具体的に感得される人称性に関わるような問題として考えてみよう。この場合、事は、物事に与る際の「他者との関係の仕方」に関わっている。

「私的」関係の基本は、先の一・二人称やその連鎖における、限られた者の身心やそのイメージがまさにパーソナルに関わる場面にある。このような場では、認知（利害関心）や行為が密接に結合して親密な「共同性」が生じ、関係充実、認知／行為内容の蓄積・生産が行われ、また内外への対処も「中心化」「積極化」することができる。個々人の睡眠覚醒・食事さらに創造や学芸であれ、男女や家族における人の生産（生殖）・養育をはじめとする基本的なライフサイクルであれ、また社会関係における緊密な作業・判断・決定・享受等であれ、それらはこの特定化されて閉じた在り方が十分あって初めて可能になる。

私的なものは、こうして人間的な欲求・生産や創造の根底に関わっている。私的な領域が、ある程度、その在り方や働き方を不問に付してさえなお「守るべきもの」とされるのは、それが者としての人間の根源的な能産性や人間的生の基本に、その生き生きとした個性に深く関わるからである。それゆえ、私的なものは、創造的な自由、親密な共同の場として、法的には基本的な権利、宗教的な秘蹟の場ともなってきた。「私」の欲求や自由、それを可能にする環境は、先に述べた「者の尊厳」に関わるものであり、原則的には、抑制されてはならず、むろん破壊されてはならない。

とはいえ、その私が物事に「与ること」があまりに特定的あるいは決定的であれば、物事は他につながっているから、その私的な内密性・部分性あるいは専断や独占は、他や外との関係に問題を生じてくる。それは他や外と無関係な宇宙を成してしまうか、その独占によって自他に対して否定的となり、倫理そのものを食い破ってしまうかもしれない。ましてその私の位置が公的なものであれば、後述のように「公の私化」を結果するだろう。そのような私欲や自由は当然、抑制され、その位置は場合によっては破壊されねばならない。

これに対して、「公」的とは「あらゆる者が与る」ことであった。「公」的な物事においては、通常の私的関係とは違った媒介・場において、かつて出会わないような他者に出会い、その行為、情報や価値が私のもとに集まる。また私の発する働きが、その媒介された場において他者たちに広がる。公においてこのように「人々」の出会いが可能になり、それが蓄積・敷衍することで、人は元来の関係ではありえない新しい交換による行為や生産の可能性を開く。

公は、倫理的には、「三人称的なものが関与者として現れる」ところに生まれる場である。そのような現れの展開をたどってみると、

（a）それまで認知されないか、認知されても「無関係な者・物」、「利用する物」であったものが、
（b）「三人称的な者」として倫理的領域に参加する、またそれがより広い複数性を帯びる、
（c）それ自身の内に一・二人称関係が認められ、その者の「目的」の充実が可能になる、またそれがより広い複数性を帯びる、
（d）それと己との間に一対一の（平等で双方向な）一・二人称関係が認められ、その交換・交替が形成される、またそれがより広い複数性を帯びる、

といった流れが考えられる。この流れは、先の自己を基点とする同心円モデルでの人称的交換が、いわば逆の方向、外・他者（たち）の側から内側に関与し、その地平の掛け合わせにおいて、最初は位の差があるけれども、最終的には（d）＝より同位性をもった多元モデルが生成していく過程としてイメージできるだろう。「公」は、そうした「他者からの流れ」に棹差し、そしてそこに生成される、「すべての者」をあらしめ・働かしめる次元・地平として（いわば述語面として）現れ・表される。過去の思想において「公」がしばしば「天」「天地」などとして語られるのは、そうした次元を表象したものであったといえる。

その場合、その公と私との関係は、（少なくとも東アジア思想の伝統中では）公が「天」に擬えられるように、しばしば水平的次元だけでなく垂直性を帯びている。また公はしばしば具体的な他者に投影される。たとえば、公が私にとって「お上」ととらえられるのは、その公の次元自体が特定の「者」としてとらえられ、しかもそれが単にここその人々ではなく、多くの人々＝私たちを束ね、その物事への与り方を差配する親・胴元のような存在となっているからであろう。政治的支配者が固有名に「公」を付し、その営みを「公儀」などと称するのは、そうした差配者の役割を示している。

このような「公」を帯びた上位の他者に対して、個々の「私」は当然、従属する位置に立つ。そこには命令がありまた贈与があるが、それは、適切な援助からばらまきやポトラッチ、収奪のための資本投下まで、支援・養育・庇護・支配・強制が微妙な形で絡む。(9)またそうした関係が血縁・地縁・勢力などにおいて固定または交替して動く。子に対して親が必要なように、育つ者に対して育む者、氾濫破壊する者に対して命令者、また集う者に対して主宰者は必要である。個々の現実の局面において人称には「位置」があり、倫理的行為は一様ではありえない。だが、それにしても、この人称的関係は、先の流れでいうと（b）（c）にとどまる。

人間が根本的にそれぞれ尊厳をもっている限り、人称関係は、結局は、庇護―依存、収奪―略取、命令―服従ではなく、根本的には同位のものになっていかねばならない。そこで先の（d）への転換まで考えるならば、「公」に積極的に与る者は、「誰かだけ」ではなく、またその者は上（かみ）でも公（きみ）でもなく、並立的な人々としての「共／朋」（とも）であるということになる。その際イメージされる「公」とは、「天」だけではなく「天と地」を併せた大きな包摂（超越・根源）のもとでの、より多元的・双方向的なネットワークとして開けた社会的次元ではないだろうか。(10)こうした同位の並立・連帯の在り方まで含意するならば、「公」は（上位者に収斂するのではなく、者たちの同位的な参与であるという意味で）あらためて「公共」として定義され、そして公共論や社会的組織を語る必要がある。

### (3) 公・私における〈相克〉と支配の競争

公（共）的であるとは、言い換えれば、視野に入らず・忘れられ・物のようになっている（過去・現在・将来）の生命を、生命さらに人間として扱うことである。その意味で、公共的とは「者たちのより広い共生・参加」であり、この点で「特定の生の充実発展」である私的営みと区別される。しかし、公（共）的であることがそれ自体で／必ず／直ちに「すべての者それぞれにとってよき生」となるとは限らない。その問題は、公（共）的であることと私的であることが〈相克的〉になる局面に端的にあらわれる。

私的であることの他との相克面については、たとえば誰か（たち）の私的な専断や独占（いわゆる独り決め、内輪決め、独り占め、人の無視・排除など）が、他の者たちに対してその生の場を揺るがし押し殺す・損害をもたらすといった事態がありうる。がそれと同様に、「公（共）的な」つまり多くのあるいは支配的な「もの（者）」の営みが、その「あらゆる者」の内外における個々の者の私的な営みの充実に対して、圧迫や侵害をもたらすことも当然ある。

権力の集中を説いた韓非子（前二三四年頃没）は「自ら環する者を私と謂ひ、私に背くをこれ公と謂ふ。公私の相い背く……。今、〔公私を〕以て同利と為す者は、察せざるの患なり」（五蠹）と述べている。韓非子は「公私の別」をたびたび説くが、それは公私は「異なることがある」というのではなく両者は「背く」ものだ、というのである。衝突を生じないならば私をそのままあらしめるというのではない。私の氾濫を抑制するに留まらず、私は公に対立しうるものとして公にまったく回収されねばならない、と考えられている。

こうした場合、人々を者の数に入れ門戸を開く公共性が、かえって高権威や勢力を帯びて格差を孕みつつ関与・動員の論理となり、少数者に圧迫を生じるものに転化している。あるいは（これを「公共性」の様相としてとらえるのではなく）公共性に依拠しながら「公」がそうなっているのだという言い方をしてもよい。いずれにせよ、韓非子だけでなく、国家主義・植民地主義であれ、市場万能主義・大衆的な全体主義であれ、およそ権力や資本や勢力による収奪や圧迫は、公益や公共の安寧を僭称しつつ行われる。このとき「私」は、しばしば公共の成員として「仕立てられながら」「収奪」される。家康が言ったと伝えられる「百姓は生かさぬように殺さぬように」という諺は当時の統一者としての「公儀」の「公共政策」の姿をよく示している。しかしその場合、「私」にとっては、（プラスのことをしてくれないまでも）せめて、者の数に入れられない方が、つまり放っておいてくれる方が、その者の生が守られるのである。かかる公共性はたいてい私をそこに「囲い込む」。そして「公」は、そのことが公益を上げる所以であり、それがまた「私」のためなのだとしばしば語る。しかしたとえその局面があるとしても、いつも本当にそうであるかどうかは疑わしい。「私」が、それ以外の世界、他に「開かれた余地」（それ以外の「公共」）に与る可能性をもっていてしかも現在を選ぶというなら別である。しかし、その可能性を知らずそこで生きるほかないようになっているのであれば、「私」は自由を奪われ・圧迫されているのである。

先に挙例した公私相克のうち、最初の「私」による相克、つまり「放恣な私」「横暴」の場合（A）は、特定の私がじつは無限化・普遍化しているという意味で「私の公化」といえる。そして今述べた、「収奪」「動員」「公高私低」等の場合（B）は、普遍的であるべき公がじつは特定化しているという意味で「公の私化」だといえよう。だが、この両者は「私が公を／公が私を」のどちらであれ、じつは「支配する」という同じ構造をもった二端である。この両端は、しばしばAかさもなければBというように、無媒介・無形成のまま、どちらかに転換する形で鏡像のようにセットになっていることが少なくない。

また、「私」への抑制・圧迫は、人間的には、大きな創造的展開のバネになることもありうるが、しかししばしば知性や感性を萎縮させ、内外に恨みや憎しみを、またそれと裏腹な執着的愛を蓄積する。それは、自他の間に〈味方―敵〉的な分裂と物化を生じ、またそれが自己の内部および自他相互に再生産され続けることがある（反敵論）。これに対して、かかる二元対立への固着と自閉ではないテーマこそが、東西の古代倫理思想において、暴乱（過）と抑圧（不及）を避けて恒常的閾値を求める「中（道）」論となって発展しているものである。

### （4）公・私における〈相生〉と世話―依存

これに対して、私的と公（共）的とが歩み寄って〈相生的〉になる局面もある。福沢諭吉は、先のA―B的「支配」（福沢の言葉では「権力の偏重」）が江戸時代はもちろん維新後も日本社会の病理だとみる。すなわち政府をはじめとする権勢が民に対して圧迫的に向かって人々をして従わしめるが、しかしその服従する人がまたみずから横暴なまその支配された権勢を追い求めている。これは野蛮ないし半開的で非社会的な（「人間交際」＝社交を知らない）ものである（『文明論之概略』）。これに対して福沢は「独立」を説くが、それは覇権を握れとか徹底したリベラリズムを主張しているのではなく、私の「活発にして自由の気風」はかえって「交際」を導出し、全体としてはさらに公をも活気づけると考えているのである。

商売をする場合でも、人は智恵をもって長い視野での「平均」を見れば、暴利の追求をしない方が合理的と判断するものである。だから「私」は、決して抑圧すべきではなく、むしろ伸ばすべきであり、ゆえに「私利は公益の基」であり「私の利を営む可き事」なのである(11)。こうして福沢においては、私が活気をもって切磋琢磨することが互いをプラスに並立・相乗し、かつ公とも協助し合うことになる、そのような在り方が可能だと考えられていた。これは、論理的には国と国との間にもそう展開される。このような「社交」が国内にまた国対国に形成されていくことが「文明」だと福沢は考えていたのであろう(12)。

しかし、公と私あるいは私と私における相克と相生の問題は、ただ、相克が無ければよく、相生があればいいといった話にはとどまらない。たとえば、主従・贈与（パトロン／サーバー・クライエント）関係のように相生的在り方のなかには、公私・自他における「位」が固定したり、それが「共依存」となってそれ自体、内部に閉じた私となってしまうこともある。たとえば、日本史上、カミは「上」であるとともに「守」「頭」であって、頭目、守護者を意味した。それは恩を与え、守り・庇護・安堵するとともに、これを享受しその関係に属する者から忠誠を調達するものでもあった。それがもっぱら強制された支配の結果であるというなら話は簡単である。しかし、歴史上しばしば見られるのは、忠誠がむしろ下から上呈される現象である。言葉はわるいが、「奴隷が主人を要求する」のである。近世の一揆は、反抗運動というよりは、多くは主君に対する誓願運動であった。これは、近代における「甘え」（土居健郎）、さらには「自由からの逃走」(エーリッヒ・フロム)といった問題とも無縁ではない。先に相克面における「囲い込み」を指摘したが、これは微妙なあわいで相生的な在り方につながっている。上位者もまた下位からその支配を「求められて」いるかもしれない。

そもそも「寄生」すること、「依存」することは、倫理的に否定・軽蔑され、あるべきでないことだろうか。人はつねに誰にも恭順しないものとして自由であるべきなのか——答えは簡単ではない。ただ、問題は、特定の関係への依存、それが自己を押し殺してしまい、あるいは他を排するようになる場合である。

相克が分裂の循環から抜け出せなくなるように、相生は依存の循環から抜け出せなくなる可能性がある。そのことが、それ自身の生にとって、またそれ以外の生にとって、「もの(者)」を伸長させず、さらに癒着や破壊さえ生じるのであれば、その内部に閉じた生は、たとえどれほど「睦まじい」ものだとしても、「者のために」「者によって」形成される考えには、合わないものになる。たとえば、戦後日本には、政治界であれ学界、経済界であれ、あるいは家族であれ、長く「恩顧主義」が浸透し、内部的に癒着した相生関係の体系を厚く蔓延らせた。が、それは、目の前においてお互いの間にだけ甘い毒キノコを世界から奪って親密圏の中で食べ合っているようなものである。それが内外の収奪や破壊と結びついていることを自覚しないと、反転、世界は荒んでいくだろう。

## (5)人と物事における多元的平等

だが、贈与関係の様相には、このような支配との癒着形態には必ずしもならない、人間の世界に必要で望ましいものも少なくない。たとえば、子ども・弱者・学習者・相談者・被出資者等との間には、主従関係に近いものがあるといえるだろうが、それは必ずしも支配ではなく、また支配ではないものとしてあるべきものであろう。その場合、「親」にあたる者たちの保護や支援は、それが無い場合に起こる破壊を抑止し、「子」となる者たちを保証して力づけ育成するものである。援助する者はそれをある限りにおいて自分の「責任」として担うのである。

ただ、人と人はそうした様相を孕みながらなお、根本的なところで、人称の同位性（つまり者の尊厳）を前提している。したがってその間の倫理的作用は、たんに一方向的ではなく相互的に立ち上がる。だから、その関係のただ中で、しばしば、被援助者から援助者が、子から親が、弟子から師が、「与えられる」のである。そして、その「与える―与えられる」「助ける―助けられる」関係は、親の方であれ子の方であれ、決して固定すべきものではなく、結局、者の出立・自立を志向すべきものである。したがって、ここでは、「与えられた者」は、同様に、自立して「与える者」ともなるように、そのような形成に向けて方向づけられるべきである。その意味で、保護・支援関係は結局、「その者による」「その者のため」のものであり、その「もの（者）」と伝わる「物」が「ものになる」ことを通じて、「その者」がまた「別の者」に対して、同様な交換を広げていくべきものなのである。(13)

ということは、少なくともこの構造においては、結局、「誰か」が「誰か」に「与える」、「誰か」が「誰か」を「助ける／形成する」ということでは結局はないと言えるのである。言い換えれば、人々は、贈与・支援や形成をめぐる複雑な、つまりは公共的な流れの「一端」を――一端だがしかし決定的に重要な「契機」を、ある時・ある縁において互いにたまたま担い・行っている。それは決定的なことであるが、またそれだけのことでもある。

そこに生起するものは、「一方的に話すかそれともまったく話さないか」「保護・干渉かそれとも放任・無関与か」といった二分法においてではなく（そのどちらにおいても実は生まれず）、むしろ相互作用において、また（如上の関係の変化・形成に向けての）適切な分節化・方向づけにおいて、結果的に生生するのであろう。このような在り方に関して、おそらく、ソクラテスは「技術は教えられるが、徳は教えられない」といい、自分の営みを「魂の世話」であり、ただ「産婆」なのだと言ったのではないだろうか（メノン他）。たしかに倫理的内容としての知恵や愛は、人がもつものではあるが、しかし誰かの所有物でその所有が転移するといったものではない。むしろ知恵や愛自身が人々を介して伝わり受肉し生まれ育つのだ、とそう言いたくなる。また真理や美を創造した者は、そのためにどんなに苦しんだにせよ、それは「誰かわからない者」から貰ったもので、また「わかってくれる者にならず誰にでも」あげるのだ、とそう言いたくなるのである。

理想的には、以上のように考えられるのだが、しかし、実際にはそんなことばかり言っていられない。というのは、そうしたことが起こる背景は、むろん人格の関係のダイナミクスだけでなく、「物事」の側の在り方が関係している。つまり、何かが生まれるためにはいわば下部構造としての物事の条件があり、そこに人の苦労と腐心があるからだ。たとえば、先の〈相克〉は、配分可能な財・選択（オプション）の数量の希少性ともかかわり、〈相生〉は、その数量やプラスの複雑さの増大ともかかわっている。そして、「豊か」になることでゼロサムではなくプラスサムになり、プラスサムになることでまた豊かになるという循環がある。しかしこれとは逆にマイナスサムへの動き、すなわち「貧すれば貪し、貪することで貧する」という循環もある。この両者は、二元対立的にセットになっていることも少なくない。つまり「富める者は、ますます富み、貧しい者はますます貧しくなる」（マタイ13：12）というように。重要なのは、「誰か（たち）だけ」が貧富のどちらかに特定化（私化）するのではなく、「あらゆる者」が富む者であるということである。二元対立的な構造がもたらされる在り方ではなく、その中間的な、多元性がどこまでも保持し活性化するような共生を、「公」ではないものとしての「公共」またその形としての「社会」は志向すべきなのである。

「豊かさ」は、人の「与る物事の」また「可能性の」「豊かさ」ととらえるとき、たんに財の問題だけでなく、権利と自由の問題ともなる(14)。そのような豊かさが、「特定の者たちだけ」であれば、彼らがたとえ「内部において」公共的あるいは民主的であったとしても、それはその「外部」を含むより広い者たちの地平においては、「独占」「私化」以外の何ものでもない。しかし、それでも「公共」が、全称する者の外延について、可能な外部に向けてどこまでも問いを続けるのであれば、その「社会」は、統整的な理念として自らの限界を問い直しつつ道を探求するものとなる。

ただ、それは位置のないものではなく、包摂（先述、三節二項）においてある。環境はそこに形成され持続する方向を与える。

## 四　公共・社会倫理の形成

### (1) 私的から公的へ

あらためて足下から見てみる。私・公・公共・社会は、人称的交換としての倫理の次元に現れて、さまざまな道徳の様式や項目を析出する。最も身近なものはまず、私と二人称的「この人」との「私的な」関係において働く。ただしそうした対面的関係だけでも、実際はいろんな様相をもつ「人間関係」として分節し、それぞれ様態を生み出しつつ社会的に広がっている。

儒教や東アジアでは、そのカテゴリーとして、周知のように、親子・上下・夫婦・兄弟・朋友など「五倫」を数え、そこでの親・義・別・序・信などを説く。それらの内容はここではもう繰り返さない。だが、注意しておきたいのは、そうした関係にあって人々の個々実際の行為の基礎においてまさに生成しているが、従来の倫理学で必ずしも反省的にとらえられていないモラルの流れである。すなわち、対面的諸関係のうちには、親愛・信義・情誼・恩・孝・和解など、情愛や財等の内容を贈与・蓄積・返報してその継承的展開を図る互酬性を帯びたモラルが流れている。その根底には当然、対他的でありながら種々の「位」や「分」を帯びた人称間の交換が働いている。それは、人の役割的な位置、債権／負債となるストック、人間的な愛着や犠牲などの位相を孕みながら、互酬的な贈与によって人や関係を保全・生々しようとする。

現代でも、親子や上下・友人関係において、何かを「してもらう」「してあげる」、世話を「する」「される」、物を「おごる」「おごられる」、「お返しをする」「される」。そのさい誰かに対して「済まない」と感じたり、あるいは余計に贈与して少し善行を積んだかのごとく「満足」したりする。あるいは「仕返し」してやろうと思ったりする。こうしたさいの倫理感覚には互酬的交換があり、正義や愛の基礎となるような動きがある。まったくモダンな関係と思われる場合でも、たとえば、もらった私信を第三者に見せる場合、個別的な限られた親しい交わりの中に新しい誰かを加える場合、そうしてよいか関係者に尋ねる。それは、その者との間で内側に限られた情愛や利益あるいは情報を、他に漏らすことで彼／彼女に損失を生じないか、そして期待された「信義」を欠かないかを配慮するからである。ここでも、やはり相手に対する対面性が働いている。どれほど公共空間が拡大しようと、否、むしろ拡大すればするほど、こうした個々の「守られるべき」部分は存在し続ける。というのも（公的次元との関係上の「仕切り」は前述のごとく変化するとしても）、私的とは、まさに人間が具体的な心身をもって生きる生活世界の保全・生成という、根本的な重要事につねに関わっているものだからである。

しかしそれでも対面性は、第三者（たち）と関わって公的な場に踏み込んでいくとき、問題を生じうる。その互酬的贈与がどれほど手厚いとしても、それが直接よく出会う「馴染みの者」だけに行われるのであれば、それは parochialism（局地根性）や cronyism（縁故主義）となる。そうした態度が、「あらゆる者」の物事たることが問われる公的次元に「のさばる」ならば、それはますます「人々」を裏切ることになる。

あるいは、その私的関係の範囲内に、侵害や暴力が実はあるのに、それを対面性が「かくす」ならば、たとえそれがある者に対して「倫理的」であるとしても（ヤクザ、贈収賄者間、組織内部の「仁義」「忠誠」「防衛」などのように）、公共性の側は、それを被害者を含む「人々」に対する非道だと見て、「それはあなた（方）の〈内部問題〉だから放っておく」とは言わないだろう。そして、その非道を私的倫理を越えて「内部告発」することは、かつてのように「守られる」べき私的関係を破壊し「信義にもとる」こととは捉えられず、むしろ他の様々な私的関係を保全するゆえんだとされるのである。

前者（「のさばる」）の場合は、公的次元に対して、私（たち）が、プラスのものを自己に専有しているのであり、後者（「かくす」）の場合は、同様に、他へのマイナスを無いことにしている。つまり、正か負か、大っぴらだったかどうかは違うが、どちらも「生のあたい（能い・値い）」の行方をめぐって、私的倫理の「閉じる」働きが、公的次元／第三者との出会いに踏み込むことにおいて、前者では「独占」を、後者では「隠蔽」を生じているのである。

先に公・私の間の「仕切り」「距離」ということを言ったが、そもそも公的次元／第三者との出会いがそこに無かったとしたら、そこには公的次元からの要求が認知として無いのであって、同じ行為でも（たとえば封建社会における縁故主義や内部暴力の当然視にみられるように）内部に組み込まれたこととして倫理的に問題化されなかったであろう。しかし、その公的次元に出会い踏み込んでいるがゆえに、第三者が問題になり、また、公・私の間での要求される仕切り・水準・度合いやその変化といったことも起こるのである。

そもそも「独占」や「隠蔽」といった事柄自体、あたらしい地平が掛け合わさって初めて起こるので、それが無ければなかった事であろう。そしてその地平がなければ「独占」や「隠蔽」といった問題自体あり得なかったであろう。したがって、それらが独占や隠蔽であることは、公的次元に照らしてわかるのであって、もとの私的倫理の内側からはとらえられない。第三者（たち）が広く現れる物事としての公的次元は、もとの私的関係とはまた違った様相を帯び、そこでは倫理がまた違った仕方で妥当する。公的次元に踏み込んだ考えが生まれ、要請されるのは、そのためである。

## （2）公的と私的の相互媒介

このように公的倫理と私的・対面的倫理とに違いがあるとすれば、では両者は別で無関係なのだろうか。あるいは前者があれば後者は不要なのだろうか。じつは、そうではない。というのも、先述のように、私的倫理は、人間が具体的な心身をもって交わり活動する生活世界の生成に直接に関わるものである。もしも公的倫理が、その生成への倫理的作用をすべて置き換えることが出来るならば、私的倫理は不要で公的倫理だけが重要だということになる。だが、おそらくそうではない。公的倫理と私的倫理は無関係ではなく、公的倫理があるからといって、私的倫理は決して「お留守になる」べきではないのである。

そもそも公共性また社会性とは、特定ではない者が事に与る地平である。そこでの行為は、発する者にとっては対面的にはすぐ「見えない／見えなかった者」に向けて働きを及ぼすもの、受ける者にとっては対面的にはすぐ「見えない者」から及んできてそこに「与る」ものである。その行為は、私的なものと無関係なのではなく、そのいわば最初と最後において、私的なものと結びついている。すなわち実践の過程をたどってみると、その行為は、たとえ直接には顔の見えない／見えなかった者へと向けられるのであっても、まずは「私の個々の何らかの者・物への働きかけ」に発している。そして、そこにたいてい何かの手段や装置が介在する。そして私のその働きは（たいてい何かの物に変換されながらも）、やがて「誰か」に及ぶ。その誰かは、見えない者からのその働きを、システムが介在し送り手の顔が見えないがゆえに、通常の互酬関係のように「有難がる」ことはないかもしれない。だが、そうだとしても、その人は少なくとも「その人の私において」その事を受け止めるのである。

社会的行為における「私」と「その人」は、結局は、間接的なままで、一対一的な対面は起こらないかもしれない（その可能性は多い）。だがそれにしても、その者を見えない／見えなかった私も、その行為を私の一・二人称から立ち上げており、見えない／見えなかったその者も、これを結局その者の二・一人称において体験しているのである。だから公共的行為には、いわば両端に私的次元がある。そして人は「直接目に見える」私的な生活世界の流れにありながら、そうした行為を「直接は見えない」公的地平のうちに投げかけ、そこからまたそれを私的生活のうちに受け止めている、と基本的にはいうことができよう。公私の地平は、インターフェースをもって間接的に変換され地球上に連関しているのである。すると、そこでの公・私はどのような関係であることが望ましいのか。

## (3) 公共における「悦ばしい私」と「支配する私」

公共性における私と私の間接性を乗り越えて、「私」がよりはっきりと現れる場合がある。たとえば、公共的行為が好ましい贈与としてあり、しかも「その私」と「この私」が出会った場合などである。すると、そこには不足していた対面的な関係での共感がまさに充実したことになる。しかしそのことがほんとうに「悦ばしい」「楽しい」のは、一方の私が「有難がらせ」て他方の私が「有難がる」というような一方向的な支配―従属関係の固定が生じないとき、すなわち、それぞれの私がそれぞれそれを生かすことを信じられる公共的な何かが媒介しており、そしてなおかつ私と私の交感が生じるという場合である。この場合、物事の公共性をもった社会は、元来の組合や寺社・教会あるいは生協のように、与るそれぞれの「もの（者）」、私にとって、（一節の言い方を援用すれば）「者にかえす」「者を者とする」ものであり、それぞれの私が交感しつつ互いに「活きる」在り方をしているのである。

ちなみに『論語』巻頭には「学びて時に之を習ふ、亦説ばしからずや。朋あり遠方より来る、亦楽しからずや」とある（学而）。前半では、道を習うことが、私が恢復され活きづいてくるようで「悦び」だと言っている。後半では、道を共にする対等な「朋」との出会いを「楽しい」と感じている。いずれにせよここでは、遠くの私がここの私と出会う交換が、義務の遂行でも恩義の決済でも何でもない、私自身や互いの私にとって喜悦になるという在り方が描かれている。換言すれば、そこでは、誰からのものでもない「純粋な贈与」が、人の位とは無縁に「道そのものに関わること」として感得されている。

そのようではない場合、たとえば宗教団体や、政治家、メディア、有名人などがよくするように、公共的行為をする贈与者の「顔」を露呈させようとすることがある。それは、（少なくとも筆者の私にとっては）不愉快である。というのも、それはじつは権力作用を含んでおり、その人の私のために公共を食い物にしており、また公共を使って別の人の私を食い物にしている、と感じられるからである。そしてそれに無意識なのは、ずうずうしいか愚かな感じさえする。だから、そのことに敏感な贈与者の場合は、贈与の「実」は行っても、「顔」を出すまいとしたり、さらには「名も無い」ことに埋もれようとするか、いずれにせよ、「私」を距離化し「自分を出さない」ようにする。そのことで権力作用をもたないように図るのである。

その反対に、享受者や受け手の方がその「顔」を露呈させることもある。たとえば、夏目漱石の『道草』では、大学を出て偉くなりいわば「公人」になった主人公に、ずっと離れていた昔の養父が「顔」を出して無心する。漱石はそのことの嫌悪感を描いている。あるいは、公共機関に対して食いつく住民や抵抗者が、まさに住民エゴや物取りとなるのは、私的な生活を守るためではなく、前提された「公」から（他の私がどうであれ）最大限のものを得ようとする「私」が露呈するからである。それは高踏的な人士が眉を顰めるゆえんとなる。

とはいえ、「私」や「顔」が出ないことが一般にいいというのではまったくない。本当に「顔が潰されている」場合、その顔は潰されたままではなく、正しく現わにされるべきである。人々が貧に苦しんでいるのであれば、「顔を出す」ことを、貧者は保証されるべきだし、豊かな者はそうしてでも人々を救恤すべきである。また、共同体や組織の「長」や「表」にある／立つ者は、多くの者たちを「代理する私」を持つのであるから、そのような「私」は、その倫理を務めまたそれがあらわにされる必要がある。こうした在り方の妥当性は、状況の複合性のなかから賢慮をもって判断されねばならない。「私」や「顔」が出るにせよ・出ないにせよ、問題は、「私が世間を食い物にし、その世間が（別の）私を食い物にする」という構造が生まれることである。

ところで、政治・経済・学問・科学等の営みは、直接の私生活を越えた次元を扱っている。その限りで、それらは明らかに「公共／社会的」営みである。しかし、それらを行う個々の者は、私的・領域的生をもっており、それは守られねばならない。私（たち）が自らの生をより自由に運営することは、それとしてあるべきだし、また人間の創造がそれなりの公共・社会領域に投げ入れられ、そこに生まれるものがまた他の人々の各々の創造へと戻ってくるまでには、無用な投機／投企が含まれている。これらの「遊び」や「無用」性を、人々は互いにそれぞれある程度保証し負担する必要がある。だが、それでも、その個々の営みの倫理が、まったく自己のことだけを図り、他の多くの人々の「私の生」の充実をまったく顧慮しないとすれば、それは問題である。まして、それが他の私の生を凌ぎ・破壊したり、「基地」「植民地」「消費地」の位置におくとしたら、その泥棒のような態度は間違っている。そのような経済・科学・学問等の営みも、やはり「私が世間を食い物にし、世間が私を食い物にしている」のである。

その組織は、たんに自分のものではないという意味で私を超え、また、生活世界を生かすという意味で私に仕えねばならない。その超越と内在の包摂する動きの中から、それは、上のような支配の構造に陥ることを避け、先の「悦ばしい」共和の在り方を志向すべきなのだろう。では、その場合、どんな装置や項目が必要／可能なのだろうか。

## 五　社会的道徳・世界

望まれる組織において物事は、私から発してこれを越える面と、越えたものからまた私へと戻る面と、その両面において働く。これはより具体的にいえば、個々の直接的な互酬性による対処に、より間接的な次元を踏まえた位置づけ（配分・構成）がいかに結びつくか、という課題だといえる。私は、人称的な共鳴や平衡の感覚をもとにしながら、個々の人を相手にするが、さらに「未知の・無限定な人」に向かう。簡単な例だが、人の見ていない車中や道端で、ゴミを散らかさず、忘れ物をネコババしないとしたら、それはどのようにしてだろうか。この場合、良きことは、個々の互酬的な関係における共感や義理の帳尻を超え、直接に返報が戻ってこないような時空に向け、見えない者（たち）を想像して行為が行われている。そうすると、

（a）最初の直接的な共鳴や平衡の感覚はたとえ無くならないにしても、そうしたものだけでは対応できないこの次元の行為は、人において何が動機付け、何が正当化するのだろうか。またそれが可能だったとして、

（b）この次元での処理をさらに進めるうち、その動機付けや正当化の在り方がさらに変わってくると、最初の一次的・二次的感覚が失われていく可能性があるのではないか。だとすれば、それをどうするのか。

という問題圏が現在考えられる。この（b）は、本章の最初に述べたことと関連するが、近現代人は、「もの（者）」をより三人称化しそれをも解消する無限の「物」の世界を描き出す。そして一方でこれを前景化しながら、他方で自己自身としての「私」や国家を中心とする肥大した「公（共）」だけを主権的中心的な「もの（者）」として主体化する。そこにおいて、改めてたんなる物ではなく欲望の対象となった物の再生産・再配分組織が運営されていく。その際、すでにあるそのシステムをどう営むかが問題であるし、またそのなかにあって、「失われるもの」を生活・教育・社会等においていかに回復するかという課題が生じるのである。だが以下では、この（b）ではなく（a）、すなわち人がもつ／もっていた、私性とつながっているがしかし違った営為図式そのものに、まず焦点をあてたい。その探求は（b）における「回復」問題のためにも必要なのである。

たとえば、かつて過去の人々にとって、天地・宇宙の「もの（者）」やその「理」「法」「道」等はいわば言葉や像として己に実践的に響き、またその認知は、自分自身の発見・陶冶すべき機能・器官（organ）――つまり「徳」の

問題としてとらえられていたであろう。

しかし、それらは、現代人では、身心から放り出されて忘却されているようである。私的関係における同種のものについても、同様である。だとすれば、私たちは、そうした資源（リソース）を、たとえそれらを現在そのまま生きるということにはならないにしても、より想起する必要がある。いま東アジアに展開した思想の例をすこし挙げて見ておく。

## (1) 仏教思想――脱自と生命

釈尊（前五〜四世紀頃）に始まる仏教のいとなみを特徴づけるのは、第一に、「もの（者）」の関係行為の繰り返しのなかに欲望の閉鎖的な循環を見て、そこから出離しようとすることである。これは人間的には、自己自身や二人称的な関係のもつ同一性・共同性を乗り越えようとしたいわば「脱自」の営みだといえる。その際、興味ぶかいのは、釈尊やその後継者が、者のその同一性・共同性に対してたんに否定するのでも肯定するのでもない「中」をとなえ、そこに感覚・認知や行為「正しさ」があるとしている点である（八正道）。これは、釈尊の脱自が、人をただ否定する次元を求めたものではなく、人間の種々の在り方・動きの中での公平（impartial）な地点を求めるものであったことを示している。その「中」において、その脱自は、この世界における主体とその実践の具体性のうちに着地してもいる。それゆえに、ここに正義はもちろん、智慧（「般若」）が伴ってくるわけである。そして、そうした地点において、生の互酬的連関が、あらためて「縁起」として再把握されたことも見逃せない。これらは「あらゆる者」を見定める地・理法として、当然、公共的・社会的な徳性につながるものである。

こうして釈尊の出離には、実践との緊張感をもちながら脱自的であろうとする批判的企てという面がかなりあった。しかし仏教の営みが、えてして自己を世と分離した非社会的な境位に止めようとする傾向またその反転をもったことは否定できない。二元的な分離には、逆にその裡面に反対物のカテゴリーが容易に取り憑くこともある。実際、仏教においても、観念論となったものが却って現実とたやすく癒着するといった逆説が歴史的に根深くあった。ということは、仏教自身としては、「中」にもとづき、実践における倫理や社会論・政治論等の具体相をよりいっそう形成すべきだ、ということである。

仏教を特徴づける第二点は、とくにいわゆる大乗仏教以後、文字通りの「あらゆる者」への共感・贈与衝動としての「慈悲」が強調されたことである。これは、第一の、認識の脱自化や正しさ・智慧の道とはまた違った、生への共感を深め・広げるという道である。そのことは、一面で、手元・足元の私や共同体の流れへの再受肉を意味するとともに、それだけでない、より間接的な者たちへの広い配慮の道を見出すものだということができる。人は脱自的である分だけ、却って「一寸の虫」にまで「たましい」を感じるのである。

この共感は、一種のプレ・アニミズム的な感覚を帯びて、山川草木から動植物人間、精霊・神霊まで、世界を諸々の生命に充ちたものとしてとらえる生命的な世界観に結びつき、そこでは互酬的な平衡感覚が、万象に因果が連鎖・応報しているというように汎化されることになった。そうした世界においては、人は個々の人に配慮するだけでなく、極限的にはあらゆる生命に配慮しこれに（直感的であれ）責任を感じる、ということになる。無限化された生命から贈与されて自己は生きており、自分もまた個々の者また諸生命に贈与していく、という生死・過現未をつらぬく連鎖が想定され、それが倫理的行為を導く。ここで物事は、いうなれば諸々の無数の生命間で社会的に働いている。

このような「もの（者）」＝生命の汎化は、「もの（者）」を理性や知を中心として人類であるヒトにしか（そしてさらには現界のヒトにしか）認めない近代西欧流の「人間中心主義」とは、視野を大きく異にする。後者では、現在の人間（と認められる者）に強く「もの（者）」の仕切りがある。それゆえ、その仕切りから排除される存在者は、圧迫されて文字通り食い物にされることになる。これは、〈諸生命の社会〉から見れば、まったく人間による私的な独占というほかないことである。これに対して、大乗仏教をはじめとする東アジア的生々観は、「すべての生命」につながる直感を開いている。[15]この地平は、人間中心主義を相対化し、人類のとどまることのない「私利私欲」の不当さに気づかせる。

とはいえ、この生命主義の人間非中心主義と主情主義は、それだけで端的に肯定できるものではない。というのは、それは「仕切り」を曖昧に残したまま連続させているから、「人間」内部の諸差別はかえって明確に問うことなく見過ごす可能性がつよく、人という「もの（者）」の幹事（steward）としての責任すらはっきりしない。したがって、それだけでは様々な「もの（者）」のありさまの「分析」すらできず、まして「保護」を戦うことは難しく、不正な現状の容認に流れる可能性さえある。歴史的には、仏教思想をふくめ生命主義からは、力への追随は起こっても環境や人権の保護運動が起こったことはきわめて少なかった。もとより生命は、微妙な条件のうちにあり、滅びやすく非力な面がある。だが人間の場合、生命主義は、システムや力と安易に癒着するとき、むしろ「制御できない動物」を作る可能性がある。生命主義が社会の「有機体」主義となって特定の共同体＝擬公共性を跳梁させ、しかもそこに「脱自的」に帰依する「滅私奉公」などの犠牲や死の論理が結びつくとき、それは止まることも反省することも知らない活動的な怪物となって動きだす。どう考えても、そこに理性や智恵の結びつき、これらと相俟ってなされる物事の具体的な形成が必要なのである。

ここで述べた生命主義のもつ、全体的な可能性という問題は、東アジア思想では、道家思想、日本国学など、自然主義（naturalism）や排外主義（nativism）に近似する思想が抱えているものでもある。また近代西欧思想の理性中心主義の裡面で見落とされているが動いているものでもある。それは、近代的な「システム」が欠くものを与えるがゆえに、たんに無視することは決してできない。そもそも、非直接的な他者への配慮をもたらす社会を内側から動かすものは、求めている「愛」の豊かさと広がりであろう。生命主義はそれを汲み上げているがゆえに力となる。それが重要であるからこそ、それをただ否定また肯定するのではなく、その正用を求め、誤用を注意する必要がある。それは先に理性といったように正義の問題になる。

## (2) 孔子の周辺——恕・仁・和・天

孔子（前五五一～四七九年）の言説には、実は意義深いものが多い。孔子は「恕」（思いやり、他者への忖度）を「終身これを行ふべきもの」「吾が道一以て貫く〔もの〕」としているが（衛霊公・里仁）、これは自己を乗り越えどこまでも人称を交換していくことが彼の基本となる持続的方法であったことを示している。ただ、「恕」は「貫くもの」であっても、それ自体が目的ではない。孔子は徳として「仁」を最も尊んだが、それが目的である。それは様々な人々の生の充実・幸福を配慮する徳である。仁は「生の徳」などとも言われる。それは孝悌などの私的な親近者への配慮とつながりながらも、これをそれとはまったく違った広い次元にもたらす。それはまさに「天」とも関係した人々への愛と配慮から現れ出る。

孔子は、広く者を配慮する仁を志向する君子を、もっぱら親近関係に生きる小人としばしば対比させている。そして、たとえば「君子は周して比せず。小人は比して周せず」（為政）、「君子は和して同せず。小人は同して和せず」（子路）などと述べる。「周」とは関心があまねくわたること、「比」とは物と物を比べあるいはその際に偏って愛着することをいう。この両者はそれぞれ和・同につながっている。「和」は多様な物・者の間のハーモニーであり、「同」はまさに同一性・共同性を意味する。この「周」「和」という理念・徳性は、孔子がまさに「様々な者において複合調和する」次元を志向していたことをよく示している。またそのような君子について「君子は矜にして争はず、群にして党せず」（衛霊公）といい、また『中庸』にも「君子は和して流れず……中立して倚らず」とあるように、君子は「周」「和」を持ち対立抗争を事としないが、しかも「中」をもって「立」つ、自恃ある主体的存在だと考えられていた(16)。

仁には、知・義なども次の徳として結びつけられ、またその習慣的客体化としての礼も強調されている。また、こうした諸々の徳や道と繋がるものとして、孔子の中で「天」とその「命」が浮かび上がって来ていることも指摘しなければならない。孔子の天は、「天何をか言はんや。四時行はれ、百物生ず」（陽貨）というように、世界を無言のまま生成運行するが、しかし君子の行為を促しまた省みさせる他者でもあった。

孟子（前三七二～二八九年頃）になると、徳としての仁義礼智信、内面性としての四端が分節化されるとともに、これを遵守して道を行うことに対して、「天」が「命」（承認・委託・使命など）を与えて決裁するといった空間がより想定されている。「天」の命という考えは、孟子に限らず、当時かなり広く行われていたらしい。古代の人々は、存在そのものに「もの（者）」を感じ一種の畏敬をもっており、物事をめぐる判断も、その感性・前提と結びつきながら、展開したことがわかる。あるいは、その発達とともに、超越者もまた要請されて立ち上がってきたのだ、と言ってもよいかもしれない。いずれにせよ、個々の互酬関係にも、またより拡大した「あらゆる者」の背後にもこれを司る神々・天やその理法が考えられていたわけである。

墨子（前四七〇～三九〇年頃）は、周知のように、儒家等の営為が宗族中心に傾いて権勢を帯び、世にとって公平さが失われ、抗争が生じることを批判し、「天下をして兼ねて相愛し、人を愛すること其の身を愛するが若く」することを説いた。が、彼が「天下兼ねて相愛すれば則ち治り、相悪めば則ち乱る」とする背後にはやはり「天」の命を考えていた（兼愛・尚同）。しかし、そうした天の判断の実質は、結局、民心としての一種の一般意志に帰する。こうした点が、孟子を始めとする「民本主義」的伝統になっていると言うことはできよう。別の指摘の仕方をすれば、中国を中心として東アジアには「均の理念」があってこれが社会・歴史に一貫して流れている、と言われる(17)。

こうして、私を越える次元をめぐり、仁・義・礼・智、中・和・兼愛・均といった志向や徳、また超越者等が見いだせる。その豊かな可能性を認めた上で、だがなお問題は残る。というのは、そうした「徳」がもっぱら為政者の「位」と結びつけて問われていた傾向が、少なくとも中世までは根強いからである。むろん孔子にとって徳の担い手である「君子」は、「位」とはひとまずは別箇の、人間的道徳の保持者である。それでも、「民は之れに由らしむべし。之れを知らしむべからず」（泰伯）というように、配慮し知る者と、これに依存するが知らない者という政治秩序が想定されていた。

すなわち、孔子も孟子も「民のため」のものだと真剣に考えていたに違いないが、しかし「民による」ものだとは、考えていなかった。それは全体をも知る聖人にも繋がる者の営みだが、民はそこまでは知らず配慮される者であった。この点が、儒教的な仁・愛にパターナリズム（父権性）の色合いを帯びさせるゆえんになった。ただ、さらに見ると、翻って道教の地平が流れてはいた。

### （3）伊藤仁斎の人倫、荻生徂徠の礼と和

そうした古代・中世的社会関係を相対化ないし総合する動きが、日本では近世以後あらわれる。その側面の代表者といえるのは、伊藤仁斎（一六二七〜一七〇五年）であろう。彼は、「此れに存して彼れに行はれざるは、仁に非ず。一人に施して、十人に及ばざるは、仁に非ず」と、仁が、特定者だけに注がれるものではまったくなく、広く人に亘るものであること、それが「畢竟愛に止まる」もので「一毫残忍刻薄の心無き」愛として、人を動かす徳の本体であるとする。しかもそうした公共的な仁や義を、特定の人の所有によるものとしてではなく、人々に広くひろがり、人々の営みによって協働的に生成持続するものとして描き出した。そして人々の「卑近」な生活世界（「人倫日用」）こそがむしろ高遠なものと共約する普遍性をもつもの（「天下同じく然る者」）だとし（『童子問』）、その誰もが行う卑近な日用の道を「天下公共の物」と述べている（『語孟字義』）。天下公共の物また仁・義はかつて為政者の徳であったが、

そこに聖を説くと共に各々の人のものになってきているのである。

仁斎が、京都にあって町人として公共性を、協働的に生生する天下また聖人の道徳として描き出したのに対して、荻生徂徠（一六六六～一七二八年）は、変動する江戸にあって社会（「世」「俗」）が、それだけでは制御できない複雑な形態をなし、時間とともに種々に変動していくものだと考える。そのために彼は、現在でいえば、社会科学にも通じるような世態・歴史の認識を発展させるべきことを説き、諸制度・通貨・経済運営・人事組織等をめぐっての政治社会的な政策を論じる（『太平策』）。徂徠は、人々一般に「相親相愛相養相輔相成」の生をめぐる相互作用を認め、その点で仁斎を継ぐが、さらに、為政者層に制度（「礼楽刑政」）に拠りながら治を行うべき「仁」「智」を求める。そしてこれら中層以上の人々の関係に、先の「和」を強調するのである（『弁名』『弁道』『政談』）。徂徠は、仁斎のように「人一般」の水平的次元の強調に止まらず、〈社会〉を意識的に扱うべき階層をより立てていく。だが、彼にとってその階層内での関係は、ヒエラルキッシュではなく、むしろ中層以上の士はそれぞれ仁・智ほかの公開された徳を聖人さらには天との関係にあって内面化すべきものとも考えたわけである。

## （4）現代における物事の変容

他にふれるべき多くの事柄があるが、別の機会に譲らざるを得ない。ただ、最後に現代という「世」に関わる問題に少しふれておく。

人一般に向けての歩みは、「枢軸時代」（ヤスパース）以来始まったと言えるだろう。しかし、それを構築すべき知覚や徳は、中世までは限られた人のものであった。つまり、「あらゆる者」のことを思考し運営する者は「限られた者」だったのである。これに対して、近世以後の社会の発達、社会的交換とその装置の拡大によって、その「あらゆる者」の範囲がいっそう拡大するとともに、その中心の周辺部から「参加」の動きが高まった。そうした外延の拡大と内包の充実＝主体化の過程は、現在でも地球上で波状的に進行中だといえる。また、この過程にあっては、経済・技術・法・倫理などの諸様式の変容はもちろん、知覚媒体の在り方の変化——したがって人間の使用器官の変化が関わっていた。近世以来盛んになった文字情報の印刷によって、従来は対面的にしか処理し得なかった知識や思考像が広く多くの人々のものになった。さらに一九世紀末以来、視聴覚に関わる表象技術によって、感性的知覚像が技術的に広く蓄積・生産・流通されるようになった。それらが人々の「動員」や「参加」に可能的手段を与えたのである。

ただ、印刷も表象技術も、当初は、そのコストが高く、権力・金力ある者やそれを集中した組織だけに生産手段が所有された。ひとびとが知性や感性を包含するわけで、物事への関係の外延はますます増大し裾野を広げた。しかし、その参加の在り方は一方向的であり、〈秩序化〉と〈中心—周縁〉性をいっそう高めさえした。その生産を行う「上・中心」に一部の者が登用試験・選挙等によって選び出され、多くの者は組織からの呼びかけと配分に従う受動的な仕方で事に与ったのである。しかしやがて、知覚をめぐる生産手段が低廉化し、その使用機会やリテラシーが増大・向上することで、その生産や流通は、より人々自身「のために」「によって」行われる様相を増した。二〇世紀半ば以後からは、そこに電子技術や情報化が介入し、社会的交換の流れは、秩序化／中心—周縁的なものからより多元的／ネットワーク的なものへと変容する動きが生まれてくる。(18)

これは、媒体を獲得することによる「人間の拡張」（マクルーハン）が、現代になるほど、より多くの人々において、また多面的な知覚に関わるものとして、起こっているのである。交通・印刷・電話・通信等の媒体によって人は、これまで見えなかった遠くの人々を見ることのできる視点を獲得し、そして彼らに対面的に出会い、身近に感じることができるようになる。また、かつての対面の仕方では限られた人の間でしか共有が可能でなかった経験や仕事が、利便な媒体の作用によって、より離れてまた多くの人との間でかなり時空を越えて共有することが可能になる。しかも、「出版」「放送」「報道」「放映」のように中心的一方向的な伝播だけでなく、さらに双・多方向、多元的な在り方が拡大する。これは、三人称的な者の二人称化がいっそう多元的に可能になり、知らない人の顔や言葉や状態がより見聞きし会話できるものになる、ということである。知らなかったことに認知が及び、出来なかった共感ができたり、閉ざされていた正不正が判るようになる。かく個々の人が人々や物事の隈々に「届きうる」ことは、人々がただ「組み入れられる」のではなく、それぞれ具体的に「知り」「行う」「作る」可能性が出てきたことを意味する。その可能性のもとで人は、うまくすれば、かつてのように「超越者」と関係する上位の援助や命令に拠らなくても、みずから遠くの様々な人のことを配慮するだけの知恵や愛をもちうるかもしれない。

とはいえ、この可能性の展開はただ楽観できるものではない。

第一に、それはある条件のもとで可能なのであって、その主体的条件が地球上にひとしなみに形成されているわけでは到底ない。たとえば、デジタルデバイドは世代問題であるのみならず東西南北などを始めとする地域問題でもある。そもそも、ある者たちのリテラシー向上は他からの収奪によって成り立っているかもしれない。民主主義も情報化も、少なくとも現在、地球的には極めてコストが高く特権的なものである。もちろん、だからそれを行うべきでないということではない。物事を独占ではなく非独占的なものとして拡充しなければならないのである。

第二に、上の可能性を実際に人々が所有できたとしても、それは実は「媒介された擬似的なもの」であるから、逆にそのことで「本当の」一・二人称関係が置き換えられ「実は疎外される」ことも大いに起こりうる。その「拡張」によって人が一見、擬似的に「万能」になったようでも、それはより具体的な身心の別の知覚諸層の忘却や鈍磨と引き換えであり、人は実は萎縮し歪んで失調しているかもしれない。だとすると、むしろ人を地上に再受肉させ、「身心」や「徳」を再構築すべき課題がまさに翻って生まれるのである（これは本節始めの（b）の問題につながる）。

第三に、上のような「拡張」的自由の可能性は、すぐ別の半面を孕んでいる。すなわち、この可能性は、反対に、「誰か」が私に関与してくる可能性でもある。旧来の一・二人称的な限定において「守られていた」ものが、開かれ・流出し、他者やシステムの掣肘を受ける可能性もここには開かれてくる。それが不正を暴くのであればいいが、場合によっては、守られるべきものが失われ、物事が（じつは私的な）それまでは無かったつよい力の作用により私から剝奪されるということも大いにありうる。それは、先の第二の失調とも結びつきながら、新たな暴力／悪の浸透域をも広げる。

こうして、「人間の拡張」は、人間の可能性拡大の肯定面だけでなくその否定面をも孕んでいる。それは、従来の社会や人間における「局限された中心」をもった上意下達的な秩序を、より分散的・感性的・民主的な「広い波」の中に組み直していく可能性を与える。しかし反面、それでも安定していた秩序の押さえを崩し、アナーキーな混沌や暴力に人を晒したり、逆により物象化したシステムの独占的管理を生むかもしれない。いずれにせよ、こうした可能的にあらわれたものを考えると、営為は、少なくとも、従来のように、自己と対象界だけを設定し、自己が一定の中心的器官や規範に合致するか否かだけを問題にするといった単純なものではありえない。

自己は、自身も複雑であるだけでなく、他者との在り方において、微妙な様相をもって形成される関係の場にある。そこにおける上記の可能性において、人間として、自己は、自身を多様な中心をもつ柔軟なまとまりとして再構築し、また他者を「多様に生きる」等位の対面者として扱いつつ互いに関係を展開する必要がある。自己としての私にとって大事なのは、したがって、他に対してたんに己を主張するか己を滅するか――権力的か犠牲的か、自閉か献身か、干渉か無干渉かのどちらかといったことではない。むしろ基礎となる「自他相関」的在り方において、身近な者はもちろん遠い者たちもすべて関係者として含む「互いの生」をいかに活かすべく構成するか、を探求するものになり、それがまた求められるのだろう。この要請は、人間の傲慢をも反省させる万物と関係するところに位置づく。

ここで述べた「可能性」「位置」は、地球における時空の在り方において、それまで疎遠だった世界が小さく身近になるということでもある。それは、近代に起こった時空の物理的な無限化・フロンティアの拡大が、こんどはまたコミュニケーションレベルで有限化に転じたのだとも言える。ここでは自己が向かい合っているのは、無限に広がった物理的世界ではなく、物でありつつ「もの（者）」（自己／他者）が生きる具体的な世界である。

そこでは、遠くに及ぶというglobal化が（ただそれだけではなく）近くになるというlocal化と結びつき、（少なくとも理念的には）両者が互いに双方向的に起こっている。その意味で、この変容はglocalと形容してよいものである。このglocalで自他相関的な新しい世界の可能性に依拠しつつ、新しい営為が要請される。すなわち、glocalな世界の考えからは、生じる力としてのglobalismに対しては、地域（locality）を強調して個別的（particular）な自己の生を保全・充実し、しかし、localism/particularismの占有と自閉に対しては、普遍性（universality）を強調してuniversalなもの次元を開こうとする、そうした「中」に立ってこれに基づく世界の形成が求められる。

現代社会においては、このような「中」が、（たんに観念的でも物質的でもなく、たんに他への献身でも己への自閉でもないものとして）分節化した「智慧」や「愛」の具体的な形態と結びついて徳の一つとなると考えられる。ただし、こうしたことも、むろん現代にまったく初めて起こったことではない。それは、じつは古来の思想において説かれてきた理想と現実の媒介の考えに含まれてきたもの[19]であり、あるいは思想の物語としては、天人相関（中国）や、媒介者としての菩薩・キリストなどの観念にも込められて来たものであった。ただ、現代的な時空の方が、そうした古代・中世の世界像にくしくも広く多くの点で類似してきたのである。

## 註

(1)「あなたの人格および各々の人の人格のうちの人間性をつねに同時に目的として扱い、決してたんに手段としてのみ扱わないように行為せよ」(『道徳の形而上学の基礎づけ』第二章の定言命法の第二)。なお、厳密にいうと、「人格(Person)のうちの人間性(Menschheit)」というように、カントは人格と人間性(人格性、人類性などとも訳される)とを分けている。本章で「人格」とか人間の「本質」などと言っているのは、じつはカントでいえば「人間性」である。しかし煩瑣を避けて行論では、この間にある意味の位相差には立ち入らない。

(2)「命」は、古来しばしば、超越等を感じさせる存在者からの「授かり物」であり、またそれを掛けて人が物事を企てるものであり、そこにそうした存在者からの「使命」が宿るとも考えられた。そしてそこに加わった余儀ない限定は「運命」ととらえられた。

(3) この奇妙さは、性を一方で極端にまで他者の物化としながら、かつそれを人格的なものと再結合させる、その赤裸々さと理想主義が同居している点にある。が、このことは、カントが人間の自然的欲求を結局は「利己的な」「個体の働き」と見ているところから来る。またこうした際のカントの構図では、自他の身体が、まるで力をもったしかしロボット的な物であるかに感じられているような節もある。

(4) そもそも人間の経験にとって世界は「物がある」と「者がいる」とどちらが先なのだろうか。たとえば幼児にとって、果たして世界に(物理的な)物があることの方が(倫理的・生命的な)者がいることより先なのだろうか。あるいはじつは後者の方がいっそう経験的に先立ちあるいは際立ち、前者はその後に析出するのかもしれない。なぜなら彼らは、回りの物と共に物理的に出来ているとしても、まずは生命の中から生まれるからである。が、いずれにせよ、人は「もの(者)」の世界にだけ浸って生きることはできないし、「物」の世界だけでは倫理的であることができない。

(5) 共生ではなく物化さらには死を志向する「犠牲」は、それがみずからの意志であれば(キリストの贖罪や仏教での捨身のように)自己の贈与としてひとつの「愛」(善)の極北になるが、他者をそうするのであれば「スケープゴート」であって、倫理的には「憎」(悪)の極致になる。ただし、ニーチェのルサンチマン論を引かずとも、実際の人間においては、この二つはうらはらに結びついていることもある。その意味で、こうした極限形は、プラスとしてもマイナスとしてもとるべき図式ではなく、むしろそのことが何なのか注意すべき事柄なのかもしれない。

（6）　こうした「東アジア的」自己の豊かな射程に比べると、自己を非分割な実体としてみる伝統に棹差すデカルト流自己観は、人間をきわめて限られた局面でとりあげて、そこから世界を単純に構成する。それは功罪ともに甚だしい。

（7）　網野義彦『無縁・公界・楽（増補版）』平凡社、一九八七年を参照。

（8）　福沢諭吉は、「市井に属する者」による「民間」の学校を設けることの重要性をつねに説いていた（「京都学校の記」明治五年）。また明治十二年の「教育令」では、「町村人民の公益たるべき私立小学校あるときは、別に公立小学校を設置せざるも妨げなし」としている。以上、『教育の体系』（日本近代思想大系6）、岩波書店、一九九〇年、二五、二六、七二頁。

（9）　パトロン—クライエント関係について、小林正哉『政治的恩顧主義論』東京大学出版会、二〇〇〇年を参照。

（10）　ヒエラルキー的ではない人間のリゾーム的な関係、ネットワークの可能性を理論的に跡付けた仕事として、今田高俊『意味の文明学序説——その先の近代』東京大学出版会、二〇〇一年を参照。

（11）　「私の利を営む可き事」明治十年四月『全集』十九。ここで「合理的」と言ったのは、福沢自身の言葉では「其の利永続き」するような「巧み」のことである。カント的には、怜悧（Klugheit）ということになるが、しかし、福沢のそれは「我利」のための戦略というより、「正直は最良の策」というに近い。そうなるような相互の sanction や信頼の作用が前提されているのである。

（12）　福沢の語る私と私、私と公の両立性が、さらに帝国主義的世界への直面とも相俟って、結局、国家としての公に回収されたのだと見るか、しかしそうではない、あるいはそうだとしても状況的戦略であったと見るかは、福沢解釈の分かれるところである。なお、彼の「人間交際」論は、カントの「非社交的社交性」と対比考察する必要がある。

（13）　マイケル・ウォルツァーは、パトロン—クライエント的二元関係の固定に対して、次のように述べる。「専門の世話人と無力な被保護者という完全な二元主義は、民主主義にとって根本的な危険を招く可能性がある。もしもボランティア、組織作りをする人、貧しい者と老人の代表、地域の支持者、隣人、こうした人々による仲介がないのであれば。……投票、請願、デモと同様に贈与は市民の結びつきに具体的な意味を与える一つの方法である」（『正義の領分』山口晃訳、而立書房、一九九九年、一五二頁）。彼は、中間的なボランティアワークによって、この固定——それは貨幣や権力が媒介するのであるが——を実践的に乗り越えていこうというのである。この視点は当然彼の「複合的平等」の考えに結びついている。

(14) アマルティア・センの「潜在能力」は、客観主義的な形でとらえられてきた価値（利益や財）を「人の可能的な物事」としてとらえなおし拡充したものとも考えられる。『不平等の再検討――潜在能力と自由』岩波書店、一九九九年、また二〇一八年再刊を参照。

(15) これは現代の環境思想では、ディープエコロジーの立場に接近する。ディープエコロジーの諸相とその長短の位置づけについては、森岡正博「ディープエコロジーの環境哲学――その意義と限界」（伊東俊太郎編『講座文明と環境14　環境倫理と環境教育』朝倉書店、一九九六年所収）参照。

(16)「和」について詳しくは、拙稿「日本思想における「和」の概念」『地域文化研究専攻紀要 Odysseus』6号、二〇〇二年二月を参照。

(17) 山田勝芳『中国のユートピアと「均の理念」』汲古書院、二〇〇一年。

(18) 人の知覚の歴史的な変容については、本書第六章「近代文化における人間の変容」でさらに詳しく述べる。

(19) 理想主義と現実主義の相互媒介については、山脇直司「グローカル公共哲学の構想」（『21世紀公共哲学の地平』東京大学出版会、二〇〇二年所収）に示している。

# 第三章　人間的営為から平和へ――基本的な様相

　ここでは、人の「文化」を成り立たせる「思想」のうちとくに理性的に把握される基本的な論理たる在り方（哲学）また生き方（倫理）について、それが「調和」さらに「平和」へとどう関わったかを検討したい。すなわち、調和・平和をめぐって理智や倫理となる考え方がいかに存在するか、その方向をもつかもたないか、その基礎的な状態についてである。その事柄に先立って、まずそれに関わる人の「思想」また「哲学」「倫理」をある程度把握しておく（一〜四節）。そのことは一見、迂遠なようでも、平和をめぐる思想の状態・歴史をより深くとらえるためにやはり必要なことである。

　時代として、近現代・現在の状況にも時々ふれるが、あえて見出したいのは、紀元前数世紀に現れたとされる諸思想宗教の初期の枠組みについてである（五節）。ヤスパースが枢軸といったその時期、地球上、中国では春秋戦国・諸子百家、インドでは釈尊や六派、地中海ではユダヤ教・哲学など、後に普遍とされる可能性をもった人間の思想宗教やテキストが現れた。また、少し後の紀元前後に発生する、いわば大乗仏・菩薩、中東におけるイエス・キリストなどには、枢軸期のものを再定位する「人間の位置づけ」があり、それこそ「人間論」として重要である。そこでは過去・枢軸期に先端的に示されたものが個々の人一般に向けて広く深く現われることさえある。だから必要に応じてこれにも少し触れたい（六節）。

これら枢軸期・紀元零年ころは総じて「古代」と称されている。ただ、それは古く不用なのではなく、そこには調和・平和に関わってこれに向かおうとする思考や生き方の基本ともいえるものがある。そこには戦いがあっても、大きくは天人相関観があり、その環境によって物事が位置づいている。その状態を少しでもよく知ることは、交流する他の諸地域・時代の状態を知るためにも示唆が大きい。それは、人間性の位置と基礎に関わるが故に、意外にも、近代以後さらに将来のグローカルな人の在り方・方向を考察する手掛かりも与える。

問題をとらえるわたしたちはいま、東アジアさらに日本列島においてある。その日本は小地域ながら、地球上の諸問題を種々に良かれ悪しかれ集中して孕み、場所として興味深い。ただ、その把握については、いまは身を引き、後の章また別著に譲ることにする。まずは問題の基本的な姿をとらえたい。

調和からさらに平和へと向かう人間の思考や生き方をさらに遡ろうとするのは、そもそも私自身、その解体にさえ向かう問題を現在大きく痛感するからである。近世以後とくに近現代、人の生活を成り立たせる形態はより便利に拡大し続けている。それは、人間の欲求を満たすには十分でより必要だろうが、しかし人間たち自身の平和のみならず地球上の存在者たちに対しての調和をも見落とすことにもなる。その拡大は総じてみるなら、異様な状況・方向にすらなっていると私は思う。だとすれば、人間自身の物事の基礎をとらえ、そこによりよき人・物・状態を見出すこと、それはやはり振り返って現代人としての私たちの義務でもあろう。その際、近現代的な事態把握は後に譲り、ここではまずは、かつての思考と生がもった基礎的な可能性をいくつか把握する。そこから現在・将来への答えを少しでも見出すことができればと希望している。

## 一　思想とは

## 思想の在り方と東西の歴史

「思想」という漢語は、古来からある程度少しはあった。しかしそれが多く使われる用語になったのは、明治期以後である。その語の形成過程にいま深くは踏み込まない。ただ、触れておくが、当時、自分たち手元の営みについて、「哲学」（愛智）ととらえるモデルは、まずは西洋の近代さらにギリシアを主とする理性的な合理論にとどまっており、中世を知らない傾向が主流であった。対して、ある（日本における、また何処であれ哲学に収まらない・それではとらえ得ない）世の中の状態が追って「思想」と呼ばれ、その歴史（思想史）がまた見出されるようになったのである。興味ぶかいことに、日本では「哲学」より「思想」の方が多くの物事に関わり宗教にも関係している。

では「思想」とは一体何だったのだろうか。それをここで基本的には「（宗教性にも関わる）感情・知恵・意志などをふくむ思い＝意識」だとまず私はとらえておきたい。いまこの「思想」の語を用いてそこに見出された状態・歴史は一体どんなものだろうか。その大きな要点を、現時点からある程度指摘しておく。

いわば元来の西洋の思想史においては、かつて哲学は、人の営みを、その限界に関わる宗教性を帯びながら理知（ロゴス）ととらえる傾向が強くあった。それはやがて中世に向けて神学（信仰論）と関係し神秘主義ともなった。さらに専ら理知を中心とする人間の学になったのは、近代の現象であった。が、それでもなお近代哲学の多くは、古代中世的世界（コスモス）を背景に人の理知の働きとされる面があった。ただ現代では、それら（宗教・世界）も解体される状態が生じ、またそれをとらえ・乗り越えようとする動きも生まれる。(1)

これに対して、東洋日本での人の意識の働きは、理知ではそもそもどうも済まず収まらない世界が前提のように持続する。そこには理知（知恵）だけではないものの状態、その働きがいつも大きくあった。それはすなわち感情・感性また生自体に関わるものであり、東洋系の語でいえば、「理」ではなく「気」の働きである。つまり東洋日本思想史では、理知が無いわけではないが、少なくとも気や感性を無視しては、その歴史を到底十分把握できない。その状態を観念ととらえようと唯物ととらえようと、ともかく東洋の思想史では生気・活物などの用語が多く使われてきた。そこでは、近代においても、とくに神の解体が必要ですらなく、気は位置なきエネルギーか生命かのように各所で用いられ続けたのである。

## 東西の分野また交流

このような状況・歴史またとらえ方の違いが、「西洋」と「東洋日本」にはあった。がともかく、今ではもはや西洋・東洋・日本といった枠組自体、くずれくずされつつある。そして諸地域の、人の意識の在り方や働きについては、思想・思想史などと総称されるように（特に日本では）なっている。そこには日本思想、東洋思想といった分類のみならず、倫理思想、社会思想、政治思想などの分類がある。ここでも理だけではない人の意識の在り方についての関心や把握がある。

## 近代の特殊性を越えて

だが、理を重視するにせよ、気をとらえるにせよ、思想宗教史を振り返ると、さらにまた重要な事態に出会う。というのは、東であれ西であれ、かつての状態を振り返って見出されるのは、人の〈思い〉は、人が生きている限り、大抵はまったく「完全に解決した状態ではない」とみずから考えられていたことである。それは、神・仏などまた超越・根源が聖と称される「完全な主体／場所」であるのに対して、何ほどか関係する一般の「人の在り方」でもあった。この点は、近現代人の思想・哲学・宗教・学問が、ある絶対的な構造・状態・世界だけに収斂したり、孤独な主体だけに決定されてしまったりしがちなのとは違っている。

かつて人は、そもそも自身「人間」として、今現在何ほどか大きな可能性をもつが、しかし到底完全に解決してはいないという、意識・存在観をいだいていた。その限界を持つ状態をまた宗教性というならば、つまり限界・宗教性との出会いにおいて人間は存在していた。では、物事は全く判らないのかというと決してそうではない。物事は元来、より分類された位置を持ち意味を持つと大抵は前提される。そこに、宇宙・天地あるいは主宰、人間、動植鉱物さらに理・気などが言葉と共に位置づき、意味はそこから来る。そこにおいて生きる人が自ら懐く「思い」には、何ほどか「在り方」があり「学習」があり、自他や物事への「想像」の働きがある。人間において様々な時処・もの・ことが孕《はら》まれ、自他や諸関係によって、さらに超越者・根源者との出会いによって、人の営みとその内容が何ほどか構成される。が、ここでやはり注意すべきは、かく人の「思想」が形成され続けるにしても、当の生きる人々の在り方・働き方においてその状態は、全く完全ではなく全く不完全でもなかった、という点である。その中間にあるからこそ、人間には学習や想像があり倫理・道徳があり、それが現実化され続けたのである。

## 絶対ではない人間

これは、先述した思想の定義によれば、感情・知恵・意志などの思想が「限界・宗教性にも関わる」ことにも繫がる。これは物事としては、当の人の状態の限界に関わる在り方・営み（祭祀）のことで、それがかつてあり続けたのである。ヤーコプ・フォン・ユクスキュル（一八六四〜一九四四年）は、いわば内側から投影された「世界」を環世界（Umwelt）、これをも大きく振り返るのを環境（Umgebung）とする（『生物から見た世界』岩波文庫）。とすると、人間は世界内でありながらまた宗教性（祭祀）において世界を環境としてとらえ直す存在ということになる。

近代以前の人においては、人の状態は世界として天地（コスモス）であり、そこに理また気などがあった。だとしても、当の生きている人がその存在・存在者・言語によって常に完全に合体あるいは決定されているとは感じ考えてはいなかった。これは近代人が、しばしば自然のみならず人為があたかも完全であるかのような人間観・物体感覚を生きているのとはかなり異なっている。

## 二　倫理とは

さて次に問いたいが、人間が持つ「思考」とは一体何だったろうか。これには、様々な状態がありまた捉え方があるが、その基礎について少し把握しておきたい。実は本章ではこれを最初から人の理性による「在り方」（哲学）「生き方」（倫理）と記している。だが、それはもっと言えばどういうことか。ここでは「哲学」は別稿にゆずり、主に「倫理」についてとらえ考えてみたい。

### 生きる自他の交流・感応

「倫理」という語は、もちろん漢語として古くからあるが、それを背景にしつつ、近代以後の使われ方があり、またそこに洋語としての ethic などが関わって来ている。これを背景にしながら私はまず「（人の）生き方」とした。さらにいえば、生き方には、自他や諸関係による内容の構成があり、それによる自身／内外で行き来がある。その内容としては、行為あり言葉あり何らかの物がある。いま簡単にまとめると「生きている人が自他、物を行き来させる在り方」が「倫理」である。

このあたりを和辻哲郎は、「倫」とは「人間存在における一定の行為的連関の仕方」であり、「理」はその「行為の仕方、秩序」であるという。また改めて「倫理は人間の共同的存在をそれとしてあらしめるところの秩序、道にほかならない……言いかえれば倫理とは社会存在の理法である」とまとめる（『倫理学』）。和辻の論にはいまあまり踏み込まないが、ここでは「連関」「共同」「秩序」「社会」「理法」が、先立って現れている。

私は確かにそのような構造化があると思う。が、なおその前にまず「生」「自」「他」「状態」「物」などを押さえておきたい。これは別言すれば、生きる人の自他・人称的な在り方、その状態である。その自他はただデータではなく文字通りそれぞれ存在であって、共感するにしても完全に交換するものではない。その自他の交流と関係の現れ・働きが、人間にはある。

## 生と習慣・学習

もう少し改めて把握・確認して置きたいのは、人間には自他すなわち自身・他者（自身）の関係があるのみならず、それが「生」すわなち「生きている」状態だということである。そして、この生の問題は、ethic/ethos が古来そうであるように「習慣」の意をも含んでいる。すなわち、生きている人は、自らの行為によって、何らかの他者・他物との関連をもち、そこで学習し習慣とし、そこに自らの身心や行為の在り方を形づくる。誕生後のその営みが人生となり続け、自身の此の世・現在における自身を構造化しているのである。そこに時間・空間や自他・物の関係やその蓄積や解消があり、様々な超越・根源や世界がある。

重要なのは、人にとって現在は、先天（生まれる前から）の状態でもなく死後の状態でもない。その中間における後天（生まれた後）の営みとして、生きている人は自己形成し続けていることである。その「人為的」な営みが、その人生を形づくり・方向づけ、またおそらく他者のまた後代の人の（先天・後天的な）在り方にも関わっている。このような関係する「生の状態」をとらえておく必要がある。

## 究極の世界・宇宙

またその自他の生の状態から捉えられるものは何か。和辻が共同・秩序・社会などをいうことは判るが、自他の生の状態には、その構成において、そもそも自他の人称性があり、そこに感情や理法の働きがある。また、それがある状態・世界となり、また他の状態・世界ともなる。しかしそこにまた自他の人称性がある。

つまり、自他の人称的な関係は、個人のみならず集団においても、またある世界においてもある。それは、人間における自己・自己の世界に対して、他者・他界という問題でもある。また、C・S・パースなどが指摘する進化論的な多宇宙論にすら繋がっている。[2] 先にふれたようにユクスキュルは、動物たちの環世界は、大きく振り返って、環境として再見される、とした。この「環境」は、動植鉱物自然たちがそこに在って働くものだが、それをあえてとらえるのは、結局は存在者としての人間における世界把握の問題になるからである。

自他および世界（場所）の基礎的・限界的また超越的な働きは、人間にとっては、自然的存在、個々の自他だけではない。社会・組織の自他において、またそれらの世界・他界の問題として、やはり基礎的に構成され続けている。その他者・他界には、当然ながら過去・将来の存在・存在者がある。このあたりの、当の自他・関係・世界・時空をもさらに越える次元、それに関わる営みは、哲学思想史的にならば神学・神秘主義ということになる。が、こちらでいまそこに踏み込む必要はない。

ここに当の世界にいかに「無限」「進化」がさらにあるにせよ、少なくともいま必ず現在において、「天地」と称される場所があり地球があり環境があり進化があり、そこに人間・存在者たちが働き続けている。まずその世界内存在というべき前提を知るべきである。その天地・宇宙において人間には、人生があり生死があり、存在者たちにも存在と生死が方向づけられている。だから、人間は、その存在・存在者たちにおける最も「普通の状態」（ホメオスタシス）を当の時間をも越えてとらえ、そこから何をするかを決めることができる・またそうすべきなのだろう。それは大きな理念・筋道のようで実は人間に訪れる通常の生活また当為として「人倫日用」（伊藤仁斎）となるはずである。

次にこの当為・道徳の問題に入ろう。

# 三　道徳とは

## 述語と主語

人間の思考や倫理は、自他関係を基盤とし、具体的な物事ながらもさらに時空や存在において、宇宙論また進化論にまで繋がっている。それは結局、地球上の諸存在に関わる認知や当為にすらなっている。またその在り方・生き方（倫理）はまた、いわゆる「道徳」にも繋がっている。というのは、そこにある状態また当為の在り方が倫理だとすれば、そこで存在者たちが営む行為が道であり、価値を有するのが徳である（道徳）。倫理と道徳の両者はいわば述語・主語のように結び付いている。

人間の営みは、真善美などの価値に関わっており、その限界面が畏敬や安らぎになっているようである。それらの価値が存在者に所有されるとき、そこには彼自身の「徳」がある。けれども、徳・道徳の問題は、後に指摘するが、現代においては〈空白〉になっている。現代人が、主体として状況として、自身に所有しているのは、作られた金や力や情報であっても、そこに人徳はまったく結び付いてはいない（本書・第四章「人間における徳の諸相」参照）。

その否定的な問題にいま種々に踏み込んでいくことはできない。ただ、肯定面を見てみる。すると、大きな個々の状況をも越える当為として、世界には「調和」また「平和」がやはりあるようだ。位置付く倫理において、道徳の在り方として、生きている人間は「調和」に向かう。様々な物の位置と充実がそこにある。また対立と戦いからの「和解」を経て根本的な超越・根源からの平等を知る。「平和」はそこに求められ成り立ってくるのだろう。以下、その状態と道筋を把握するために、そもそも人間が持つ道徳の在り方が何なのかをとらえ始める。その状態と道筋を把握するために、そもそも人間が持つ道徳の在り方が何なのかをとらえ始める。

## 善・よさと人格・生命

先に、営み行為が道であり、価値を有するのが徳である、とした。まず徳からとらえ始める。「徳」は、価値の自己での所有・形成だが、それは所有されるにしても他者なき所有ではない。「徳」は、価値の自己での所有・形成だが、それは所有されるにしても他者なき所有ではない。徳は力となり勢いとなって他への働きをもっている。その活動には、何らかの「つよさ」や「いきおい」や「よさ」が有されてある。その価値をめぐって、しばしば真・善・美などといわれ、それら畏敬や感動をめぐって、人は働いている。いまふれたこの三つの価値把握を用いるならば、人の在り方・とらえ方としての哲学においては「真」があり、生き方としての倫理においては「善」がある。感情・情緒の把握や芸術においては「美」がある。

では、善・よさとは一体何なのか。それは「生き方」である倫理思想においては、概念としては「人格」にさらに「生命（いのち）」に関わっている。この点は、既に少しふれたが（前章「人間関係形成の仕組み」）、またとらえていく。徳は、倫理的には根本的に人格・生命に関わっているような勢いを持つ。だしても、そこからどんな行為・営み・世界が構成されるか／されないか、それは様々であろう。とすれば、そこにどんな当為がありうるのか、その倫理が当然、問題となる。

そして「調和」「平和」は、宗教と称される限界に関わる営みであり、そこに倫理・道徳の問題がある。そのことについて例えばカント（一七二四〜一八〇四年）は『道徳形而上学の基礎付け』（一七八五年）、『永遠平和のために』（初版一七九六年、増補版九七年）で問いを立てている。そしてその基礎にまず踏み込んでみると、そこには存在者としての人格・生命への畏敬・脅威・安らぎがある。そこにはまた人称的なあり方として「自他の共感・畏敬」があり、まのだろうか。
た「能動と受動と」があるらしい。「調和」からの「平和」もそこから立ち上がって来る。それは一体どんなことな

## 天地人と創造・進化

そもそも「徳」を懐く人とは一体何なのか。それを自他の状態や位置の問題としていえば、思想宗教史の近代以前においては、現在の当の自己・人間こそ／だけが存在なのではなく、むしろ人間は大きな存在におけるある中心なのである。この点は、現代人はあまり感じすらしないが、人間についての、天地人、梵我一如、宇宙の中心、マクロコスモス―ミクロコスモス、神の似姿、といった存在論・コスモス論として、東洋西洋思想史において大きく深く流れ続けている。そしてその流れに人間にとって「道」がある。

そこにはっきりした主体がとらえられるとき「創造」の概念がうまれ（例：旧約、アウグスティヌス）、近代においてはさらに「進化」がとらえられる。そして、世界・宇宙・梵・我などの語でもとらえられるそのコスモスをどんなものとするか、そのミクロ・マクロあるいは関係に、当の実際の我（自己）をどのように位置づけるか、そのことは宗教性と哲学また倫理の基礎テーマになり続ける。

が、いずれにせよ、その宇宙はすでに有機体としてあり、またその中心・先頭に空間のみならず時間を帯びて人はいる。そして創造・進化をいうとしても、存在しているコスモスの構造自体は、人の営為において解体してはいないというか、そのコスモスの構造を担うところにこそ人間の営為と道徳がある。もしもそのコスモスをも人間がさらに解体してしまうように創造・進化するならば、それは地球上の諸生物さらに自然環境をも巨大に破壊していくし、のみならず人間の当為・存在自体がもう成り立たないことになるだろう。

二〇世紀以後の人間による戦争や経済成長や環境破壊や原爆また原発を思えば、その位置ある当為なき人間の営み

は、そのニヒリズムまた威力において大きな問題を人間自身に生じている。その間違いは結局、多くの存在者たちの「調和」を無化し、彼らをまた自分たちを大いに解体・殺戮する。その自らの位置としての平和を知らない傲慢は、人間の「道徳」(=悪徳)の暴力的な働きですらある。もし、そうでない自分であろうとするならば、そもそも存在は何であり当為はどうあるべきなのか、あらためて人間自身の位置を知る必要がある。

## 四　状態と主体(自他)そして状況

では、人間にはどのような思想やその状態があり、また今後あるべきなのだろうか。まずは、人のまた人の思想の存在観ともいうべきもの――状態・世界、そこでの自己他者をもった人といった基礎的な在り方について、振り返ってまとめ四点把握しておきたい。このことは人の営みにより具体的に踏み込み、人の作為する平和に向かうためにも、必要なことと考えられる。

### 人間における自然と作為

まず指摘したい第一は、人の思想が構成するとき、それがやはり文字通り「作為」あるいは「人為」された「物(もの)」、すなわち、それは当の動植鉱物たちまた人間の「自然」状態を、何ほどか「越える」在り方としてある、ということである。むろん動植鉱物たちにも何ほどかの行為・作為があり営みを大きくやり続けている。また彼らが人の作為した自然状態においてさらに大変働くということもある。が、それでも彼らは自然状態を「あえて」越えはしていない。これに対して、人間は、自然状態を越える人為的・作為的な営みをあえて自らおこなっていく。またその営みが、ある自然状態へと更に結果することにもなる(第二の自然)。が、どのようであっても、そこに人為・作為的な営みが立ち上がり生まれ続けるのである。このような自然をも越える動きとしての人の作為・人為は、また創造・創発などと言われることもある。

ただ、その場合も、この自然を何ほどか越える創造・人為が、まったく自分（たち）だけの行為・営みという訳ではないことはまた重要である。たとえばアウグスティヌスは、「無からの創造」をいうが、それは人間の営みをいっているわけでは全くない。人はその神によるある被造物である。それだけではない。人の作為・人為においては、すでに多くの被造物が存在している。それらをまた、人間にとってのまったくの作り物・使い物にし、動植鉱物はもとより人間をも人間が完全に創造し利用するものだと投影するならば、それはおかしな近代的な取り憑かれた主体感覚である。

その主体においては、彼によって造られた物には、他者なく存在なく、むろん倫理そのものがない。しかしそもそも存在があり、多くの被造物があり、自然とそこでの人為によって作られるものがあり、その在り方がある。平和もまた被造物たちのうちにこそ、調和として平等としてあるのではないか。

平和のためにも、そこに人間的自己の完全な主体感覚があるなら、それが科学であり情報だというなら、それこそ批判されるべきだろう。要するに、人間には多くの他者が存在し関係している。人はまた物は、完全な主体でも単なる物体でもない。そこで問題はまだ完全に解決したわけではない。たとえ、天人合一を語るにしても、生きる人は神ではなく太陽でもない。人は天地においてこそ営みを続けている。

## 存在者たちの進化と人間存在・人格

第二にとらえておきたいのは、その自然を何ほどか越える動きは、時間性を帯び、「進化」にも結果している、ということである。確かにそこでは、ものには、進化だけではなく、退化や解体がある。その状態は全体としてどうなのか、更に人の在り方としてどうとらえるか。これらはまったく簡単な問題ではない。ただ、少なくとも、人間存在が諸々の動植鉱物たちを孕み用いながら、それらの中心において働き、そして先へと進み、そこに様々な在り方が更に開かれているということ、その進化はやはり確認できる(3)。

そのことは、人間がただ単にまったく完全に主体的で自由だということではない。少なくとも倫理的にはそうである。たとえば、人間は、諸存在をますます飲食し使用し利用する限り、その諸存在と一層関わり、その解体を特に手段としてさらに行い続けている。それを不当だとするならば、そこで人の営み、その状態について、人間「自身の み」ならず、諸存在との「関係から」当為が訪れるだろう。平和の問題もおそらくそこに関わっている。何ほどか、と述べたのはその関係から来る。

## 当為への問い

第三に指摘したいのは、もう少しふれてきたが、人間があえて自らある自然状態を越えるとき、それをどうするか、どうすべきかという問題、すなわち「当為」への問いがあらためて生まれる、ということである。その当為は、あらゆる状況に関わってある。とはいえ、それはやはり結局は（動植鉱物たち自身にではなく）「人間自身」へと問われるものとしてある。すなわち、何をどうなすべきかという「当為」への問い、自然状態をも越える営みへの問いは、結局は責任としてまた可能性として、やはりまた人間自身への問いとして戻って来る。

その当為が、まったく何でもない・どうあってもいい物事ではなく、やはり自他において第二の自然である「べき」ならば、その当為は、たとえ自然状態を越えるとしても、やはり次の自然状態を何ほどか目的とするものとしてある。ということは、その在り方・働きは、種々にあるにせよ、根本的には、自然・諸存在における単なる破壊ではなく、結局はそれらの「調和」が——ただの悪の均衡ではない生命による「恒常性」（ホメオスタシス）が——方向づけられている。「平和」という問題も、そのような人間のまた諸存在の自然的な在り方・方向づけに繋がるものとしてあるだろう。だとすれば、平和は、おそらく人間たち自身はもとより動植鉱物をも含む地球環境における調和にも、何ほどか関わり・方向づけられるべきものではないか。

従来の思想史の捉え方によれば、人の営みはしばしば「天地人／大宇宙―小宇宙」と捉えられてきた。そこにあって人はより自由だろうが、天地・宇宙に無関係な存在ではない。むしろ、諸存在・存在者たちを責任として担っている。人は最も自由であろうが、最も罪責をもつ。

## 価値と中間状態、状況

また第四に指摘すべきは、以上のような、自他の存在・状況に結びついて働く人間の営みが、ある価値に関わっているということである。人の当為は、いつも何ほどか「もの」に関わっているが、そこには価値を生じ、それに安んずる・それを畏敬するといった存在感覚がある。この価値をめぐって、思想史ではすでに触れたが、しばしば真・善・美などと言われた。その真・善・美はおそらく結局は存在への畏敬や安らぎから生まれているのだろう。いずれにせよ、生きる人々にとってその価値の働きは、完全に解決したものではない。だからそれはしばしば中間状態としてありまた決疑論（casuistry）としてある。だがそれは、元来は「いい加減」でも「その場限り」でも実はなく、自他における諸存在における究極性に関わって価値ある状態としてあるのだろう。おそらく調和・平和もそこに関わっている。

中間状態とは、別言すれば「範囲」「状況」において、また「歴史」において存在しているということである。「人間」は、動植鉱物をも天地宇宙をもふくみこれに関わる存在者だけれども、にもかかわらずある状態・状況と歴史においていて人格として存在している。価値への問いはそこで人間自身に懐かれている。

# 五　「人間」の律法と平和

以上、人をめぐる大きな枠組・基礎にふれ、人を位置づけて問うて来た。これからは地球上の諸地域にかつて現われた思想に少し入ってみよう。ただしその場合も、ここでは、最初にいったように枢軸時代周辺に限り、そこにある黄金律・戒律のようになったものにだけふれていく。そこにある律法は、ただ論理というより、実はそこに自他共鳴・共感しつつ行為し生かしていく、いわば基本的なリズムのような次元か、と私は思う。

## 東西二つの黄金律

先に人間の意識を「感情・知恵・意志などをふくむ〈思い〉」だとしたが、この「思い」の自他・関係における働きについて、『論語』では、「恕」を説く。すなわち、孔子は「終身これを行うべき者」として「それ恕か。己の欲せざる所は人に施すこと勿れ」と言ったという（衛霊公）。終身行うべき「恕」とは、思いやり――他者を配慮する、他者の気持を自己も持つこと――である。そして「欲」（意志・意欲）の働きについて、「自分がして欲しくないことを、人にもするな」という。ここでは、欲の能動的な働きを「するな」と抑える配慮として自他の恕（思いやり）が自己において受動的に説かれている。

これに対して、『新約聖書』では「己の欲するところを人に施せ」とある（マタイ7：12）。これは、「自分がしてほしいことを、人にしてあげよ」という意味である。この解釈は種々あるだろうが、私は、ここではすでに他者が（さらには神が）存在しており、彼によりしてほしいと求めているそのことを、自己は人（他者）にせよ、と言っているのだと思う。これは、「せよ」という点においてはとても能動的だが、しかしそれが他者から与えられている点ではそもそも受動的なものでもある。

この違いはなぜなのか。前者（孔子）は、家族などのある共同体を前提にしながら、その共同性を天下へと拡充するような方向（ただし「拡充」は孟子の語）をもっている。その自己・共同性が、いわば自分勝手な行動になることを、彼は抑えているのである。これに対して、後者（イエス）は、すでに共同体等から出離した自己がある他者に出会い、そこから戴く営みをまた他へといわば横に伝えていく方向をもっている。これは超越的他者からは極めて受動的であるにもかかわらず、しかし人間の行為としてはきわめて自由で能動的である。この両者の在り方また違いは、行為につよい影響をもつ。

### 平和への行為

では平和はどのように行為たりうるか。後者（イエス）の系統はいまはさておき、前者すなわち孔子およびその周辺を見ておこう。

東洋思想史において重要なのは、「和」と「同」の違いである。『国語』に現われ『論語』に語られるが、「君子は和して同せず、小人は同して和せず」（子路）とある。すなわちここでは、人の行為・営みを、共同・同一性へと収斂してしまうのではなく、人を要するに「多元的な調和」へと方向づけるのである。この際、ここでは人にとって、「天地」が「父母」に類比され、それが敬畏し懐くべきものとしてある。「惟れ天地は万物の父母、人は万物の霊」（『書経』泰誓上）とある。また自然状態からの人為的な営みが、『中庸』では「万物育す」が、『孟子』では「養う」となり、孟子の方がより上下的な捉え方になっている。彼が天との関係を強調することに関係するだろう。

が、ともかくここでは、天地自然から人格として「父母」があり、その能動・受動による作為がある。そして『中庸』で文章は「中なる者は、天下の大本なり。和なる者は、天下の達道なり。中和を致せば、天地位し、万物育す」

とある。天地自然からの働きがハーモニーを生じ、万物が調和し（「和」）正しく位置付き（「中」）育つ、とされる。これを徳としていうなら、「和」は愛、「中」は正義といえるかもしれない。そして『荘子』には「道……四時を調和し、万物を大和す」ともある。あらゆる存在者（「万物」）の働きにおいて「和」がある、あるべきだ、それが「道」だというわけである。この「物」はあらゆる存在者＝「万物」であり、むろん「人物」だけではない。

このあたりに見られる「父母」概念はむろん「男女」でもよい。ただ、位置や時間の差によって次の存在を何かつくる構造をもつとき、「父」「母」の概念になる。父母・男女、いずれにせよ、いまとらえるのは、生理・物体ではなく人間における在り方である。そして「天下の」というとき、「和」は「平和」への方向を持っている。

## 中・中庸・中道

なお先の『中庸』の能動・受動の両面は、また「過・不及」とされ、その両次元否定が「中」だともいわれる（朱子章句）。これはいわゆる「反対物の一致」でもある。「和」もそこから出て来る状態である。そして、このような構造は、アリストテレスの『ニコマコス倫理学』での中庸論にもほぼ一致している。ただし、そこで扱う存在者が何なのか——人だけなのか、万物を含むのか——私は詳らかではない。また、その先に「理」（ロゴス）の次元を説く点が、東洋思想史における「天地」「道」とやや違ってもいるようである。この「道」（タオ）は、いわば両性的であり、またそこでの道徳は、老荘などでは宇宙に働くものであって、後に日本で捉えられるような道徳ではない。

また、釈尊の実践においても「中道」論がやはりある。そして中庸論と似た構造をもつ。釈尊系統では、その中道において（さらに釈尊後により表現されるモデルでは）「四大」（地水火風）や「色」の次元を説き、そこから「空」を説く。人為の彼方・此方の捉え方が、先に「理」「気」「道」であったが、ここでは「空」なのである。

### 中―和と平等

ともかく、この背後には、有機体・生命的な存在観（活物観）がある。そこから中が説かれている。コスモスにおいて父母（男女、陰陽）両性、天地、また能動・受動などの可能性が人為となり、そこに「中」があり有機体的な「調和」や「理」「空」などがさらに方向づけられていることがわかる。そして、その人の在り方、その能動・受動は、より他者のより上位・下位からのあるいは対自的な位置づけにおいては、両者それぞれ「平等」だといえるだろう。天のもとで人は地にあって平等である。

すなわち、ここには存在者たちにおける「平等な調和」が基礎的には当為としてある。そして本当に基礎的な世界においては、それがあるのだろう。ただし、いつもそうあるわけではない。この有機体的な調和・平等からのいわば疎外が（おそらく人の営みから）生じる。そこで、その疎外からの和解や平等感が、やはりはっきり当為として現われる。それがよく見られるのは、関係における「戦い」や「怨恨」によってである。

## 六　状況と戦い、それを越える当為

### 怨み・破壊の応報を越える

人がある状態から破壊されていると感じ、しかも自身ある力を帯びているとき、その感情で所有する徳は、「怨み」「恨み」となる。これはいわば表の世界で現れるものとは違っている。いま「怨み」などというと、何か無茶な指摘をしているようだが、実はそれは人々の思想史において大きく広く流れている。とすれば、これを越える当為が何であるか、それが問題としてまた重要である。

先の『論語』では、孔子は「恕」（思いやり）を語りつつ、さらに「邦に在りては怨《うら》み無く、家に在りても怨み無し」（顔淵）という。要するに、家・邦などの共同体にあっては、自身また他に「怨」（うらみ）をもつことがあるが、それは「もたない方がいい」という当為を説いているのである。この「怨」に対する当為を、『老子』では、「怨みに報ゆるに徳を以てす」（徳経）とさらに積極的にいう。怨みに対しては怨みではなく、（仁義などの）徳によって応報せよ、というのである。また初期仏教とされる『法句経』では、ほとんど最初の項に「この世に於て、怨みは怨みによりてや熄《うら》むことなし。怨みを捨ててこそ始めて熄め。これ万古不易の法なり」とある。怨みを「捨てる」ことを為せという。その「熄む」が「捨つる」が一体どんな状態を方向づけるのかは、ここではまだわからない。が、その「怨みを捨てる」は「万古不易の法」だとさえ言っている。

以上、それぞれ、当為する方向・状態がどうであれ、「怨み」の働きが大きく捉えられ、それがただ応報し続けるような状態・悪循環を乗り越えること、そして怨みを解消すること、それが倫理的な当為になっている。怨む人自身にとっても、それに対応する人にとっても、その循環・応対の乗り越え・解消こそが当為なのである。

## 感覚の極限

怨みだけからは、悪循環が発生するのみならず、まったく自他の存在そのものの破壊すら出て来ることもありうるだろう。それらをどうするか、どう捉えるかはまた問題である。また、「恨み」は、朝鮮半島の思想史ではむしろ大きな行為・関係形成の可能性をもっているとさえいわれる。なお土居健郎は、このあたりを「愛」についての、もらう・与えるといった甘えの問題として、東西の思想宗教の人々に根源的に流れているととらえている。

あるいは受動的行為の彼方における「無為」（老子）、あるいは能動的行為における「汝の頬を打つ者には他の頬をも向けよ」（ルカ6：29）さらには「原罪」（無限責任）といった局面、それらもこのような道徳的感覚の極限と関係があるのだろう。

## 道徳の閉じ・開け――孟子と墨子また世界の再生

表の世界においても、以上の道徳感覚の限界という問題が実は現われてくる。たとえば、孟子は「憾《うら》みなからしむるは、王道の始めなり」（梁恵王上）と、大きな秩序においても「憾み」を越えた「王道」があるべきだ、という。すなわち、「覇道」は権力・武力による憾みの応対にのみに収斂するが、それを乗り越えた次元として仁・義〔愛・正義〕などの「王道」が成り立つわけである。

あるいは墨子においても、乗り越えるべきは「獨り其の身を愛して、人の身を愛せず」「獨り其の家を愛するを知て、人の家を愛せず」「獨り其の國を愛するを知て、人の國を愛せず」という自愛であり、それが不和・野戦を、また強者執弱・衆者劫寡・富者侮貧・貴者敖賤・詐者欺愚を生じる。これが「天下の禍根・怨恨」である。これに対して、仁者による「兼ねて相愛し交々相利するの法」があるべきだ、という（兼愛中）。相愛・相利による関係をこそ当為とすべきだ、というのである。

「愛」が、「自愛」「エロス」に収斂せず「仁」「慈悲」「アガペ」になるといった問題。これをベルグソンならば、道徳がいかに「閉じた」から「開いた」になるか、という「道徳的責務」の問題だというだろう（『道徳と宗教の二源泉』）[4]。ここには、人が関わる状況の「開け」があり、そこでの生の状態における他者問題がある。ただ、ベルグソンが最後に宗教をとらえているように、人間には限定がある。物事がどれほど開けるにせよ、生きている人間において、結局は地球があり、それを乗り越えるとしても太陽や月また星座ともなる形がある。その意味で最後に用いられる「天下」「場所」といった言葉と位置は無視できない。調和・平和もそこに方向また位置付けとしてあるのだろう。そしてもしかかる場所が無視されるならば、その傲慢さをこそ反省すべきである。そのことで地平があらためて再生し見出されるに違いない。

## 註

（1）『西洋哲学史――理性の運命と可能性』（岡崎文明他著、昭和堂、一九九四年）、『人間的な合理性の哲学』（伊藤邦武、勁草書房、一九九七年）における理性の歴史を参照。またその解体についてはニーチェを、乗り越えについてはベルグソンの「生の哲学」などを参照。

（2）『進化と自由』（R・コスロフスキ他編、山脇・朝広訳）の議論、またティヤール・ド・シャルダン（『人間の未来』）、ベルグソン（『創造的進化』）、パース（伊藤邦武『パースの宇宙論』二〇〇六年）などがこれを捉える。

（3）ベルグソン（一八五九〜一九四一年）は、『創造的進化』（一九〇七年）からさらに『道徳と宗教の二源泉』（一九三二年）を著した。大西祝またシュバイツァーも、彼らなりに状況に出会って進化をめぐる問いを立てている。それらをも含んで、現代的な科学と神学との関係は、クロード・トレスモンタン『現代科学にもとづく形而上学』（道躰章弘訳）が示唆大きい。またピアジェたちの『精神発生と科学史』（藤野邦夫・松原望訳）からも教えられる。

（4）註（3）にすでにふれた。ベルグソンの考えは、宗教をあらためて宇宙（天地自然）に位置付ける。その意味では中世に遡って現代を方向付けるものかもしれない。

# 第四章　人間における徳の諸相

## 一　はじめに

### (1) 身心における思考

生きている人間は何程か「身体」を持ちまた「心」において何かをとらえ「思考」しながら、何か誰かと交流している。そこにある根本的な身心に担われた「事実」が、托身・受肉（incarnation）とも称される。その身心を持って何かをとらえ考える人間は可能性・能力として徳を持っている。本章ではその生きる「人における徳」をあらためてとらえてみる。その把握を現在においてだけでなく、歴史を遡って過去に向かいながらその物事に出会って行きたい。

人の身心における思考や懐かれた徳、その人自身と他者・周囲の物事——その現れ方は、実は様々であったし現在のそれもまた同様である。今、深く個々にそれに踏み込むことはできない。しかし大きく見ると、自分のことであれ人のこと人類のことであれ、そこに私たちの現在・将来にもつながる大事な出来事がやはりあるようである。そこで、人の徳について、詳しい個別論ではなく、人にとっての思考に結び付いた身心の在りさまとその歴史をこそ問う。これは思想史（思想の時間・流れ）と称されるかつての思考の歴史としてあるが、その基礎あるいは内実を何ほどか出来るだけ見直したいのである。

人の思想の基礎・内実を問うとは、哲学（愛智）や倫理学に近い。それはまたさらなる心の在りさまたる信心や信仰（宗教性）にも当然繋がっている。こうした様相をいくつか見出したいのである。また、問う場所としては、ここでは東洋日本を主とするが、西洋にも時にふれる。ただ場所について振り返ってみれば、人の思想の根源において、個々の場所で早くから物事が分類されている訳ではない。もちろん経験において場が構造化され差同や分類も生じ、また自他の接触とそれぞれの形成が何ほどかある。ただ、そこにあるのは差異だけではない。人の（哲学的ないし信心的な）思想の内実は、場所の違いはあれ、時代として、古代中世においても響き合うものがある。近世には交通・戦いにおいて両者はっきりと出会い、現代では違いもあるが、より強く出会い善かれ悪しかれ結ばれつつもある。その様相をとらえることは大事だろう。ただし、ここではその歴史にはあまり入らず、まずは先立った物事の基礎をとらえることから始めたい。

このことは、その人自身のみならず、その経験・場所・関係の根となる問題でもある。複数の人の思想は、追ってより繋がりもし、また違いも形作られる。またその場所について、和辻哲郎はいくつか「風土」の差異を指摘した（『風土』一九三九）。ただそれでも、諸々の思想宗教は、紀元前数世紀の「枢軸時代」に、哲学、仏教、諸子百家等々、諸地域の地平を越えて何程か大きく共に創生している面があると、ヤスパースはいう（『歴史の起源と目標』訳本。原版一九四九）。また、（比較対象ではなく）超越者・根源者との関わりからとらえるとき、（諸地域・時期を越えて）「全人格的思惟」が「顕現」している、と玉城康四郎は指摘する（『東西思想の根底にあるもの』一九八三年、『仏道探求』一九九九等）。むろん、そこに大きな全体的な解を得るような「功徳」は私にはない。ただそこにある徳の托身された経験（体験）ともいうべきものを、東洋日本を中心にさらに学んでとらえ考えてみたい。それは現在のみならず将来の「人における徳」の問題として、おそらく私たちに必要なことでもあるだろう。

＊

　では、そもそも「思想」とは一体何なのだろうか。それをここでは、まず基礎的に「人の生命（いのち）がいだく感情・想像・思考などによる心のもの」ととらえておく。

が、だとしても、まずその「生命／いのち」とは一体何なのか。「いのち」は、生きているとき、当然、身にあって働く自分だけのもの、死んだら皆無で、「いのち」はもうどこにも何もないもの――そのように現代人は感じ考えているかもしれない。しかし、簡単にはいえないが、近代以前の思想史においては、「いのち（生命）」は少なくとも何時もどこかに誰か何かに有るもの、そしてそこから様々な営みが、出て来る・できるものなのであった。『古事記』でははっきりとした者たちを「命（みこと）」といい、漢学者たちもまたみずから「天命」という。人の営み（こと）がそこから出て来るのは、その「いのち」からだった。「使命」ももちろんそれに関わっている。しかし、現代人の多くは、「使命、天命、みこと」はもちろん「いのち」をもう物事においてあまり見ない、そこに関わろうとすらしないこともある。しかし、それでいいのか。人における「いのち」「使命」等は果たしてもうどこにもないのだろうか。

　先にふれた玉城康四郎は、この「いのち」を、東洋西洋思想史の「根底」において共鳴してあり、それが人に現れ・人が懐く、それに向かうことにこそ人の営みがある。人のなすことは結局「形なきいのちの共同性への実現である」と見ている（『ダンマの顕現』一九九五年）。ここには、やはりとても大事な事柄があると思われる。

　さて、思想が「人のいのちが懐く心のもの」だと言った。では「もの」とは何か。それは何程か実体としてあるようなものである。それが何でありどんな「物（もの）」なのか、これもやはり大きな問題である。だが、いまそこには立ち入って行くまい。ともかく、その心のものが、文字通り「もの」として実体化されつつ、営み・行為・言葉・文字等において、内外に表現されていく。それらが組織・構造をもち、複数の自分たち（人々）が心にいだく広義の「思想」となる。

人の思想が、何かの形（かたち）・在り方・現れ方をもつには、いのちをもった人自身の「経験」（体験・試み・認識）があり、また当然そこにはその人の時間がある。今あるのみならず、過去からの基本・蓄積として「記憶」「思い出」があり、将来への予想として「目的」「将来」がある。またその人の営み・行為には「間」や瞬間があり、あるいは「退行」すらある。また人の思想の経験には当然ながら空間があり、ものの「間」や「遠近」が文字通り身近にあるいは縁として、構造化されもする。そこでの人の「想像」（像の現れ・形成）は、たとえば「夢」としてあり、また人は想像をめぐって「祈り」「瞑想」すらする。これらは、いのちもつ人自身の現在のいわば「限界面に関わるもの」であり、そこに「信心」や「信仰」があり翻って世の人々の営みが大きく構成される。それがしばしば「宗教」と呼ばれる。

そのような「もの」は、私たちの身体の内にあって組織化されるだけでなく、また周囲のもの・世界のものにもなる。それら内外のものを私たちは、たとえば像により表象により言葉により具体的な物として「作り出し」「表わし」「行き来」させている。人の思想による「もの作り」には、当然、周囲あり時空あり世界があるが、それだけではない。それは自らの身体の内においてもある。「心」はもとより、物体化される組織としての「からだ」、その頭、顔、胸、腹、手足、それらの各所、身の内部においても、感情・想像・思考などの時間性をもった諸々の組織化と構造がある。そのような「思想」を帯びて私たちは文字通り「自身（みずから）」となる。その身体において私たちは「姿勢」をもち、たとえば顔や手や口のように各所において何かを「表情」「表現」しつつ他と関わり、またそこにおいて個々活動し生き死にしている。

その「自身」は、生きている限り、実は通常、まったく閉じた単なる個体ではない。その身は思想史で例えば七《しち》竅《きょう》・九穴《きゅうけつ》などと語られる（『荘子』等）。身には「穴」があり出入りあり、その内外において、多数の物事（もの・こと）を外から受け止め、内において懐き、自身を作り、また外に向けて何かを出し・表し・作っている。何かを食べ・懐き・捨て・孕み・生み、また何かを排除し・吐き出し、また自ら力・形をもち戦い、自らを固め・広げ・行為し、何かを表現し創作している。その自身は、種々の営みをし、何か「もの・こと」を表わしつつ、何程か生まれ・育ち・老い・亡くなっていく。

またその自らの身に懐かれた心・感覚は、他の自ら（他者）との関わりにおいてである。諸感覚を受動とみるか能動とみるかはともかく、他のなにものかとの関係においてこそ、自身・主体がある。「自（おのず）から」「自然」の述語的な働きはもちろんそうである。[1]「自然」を語った親鸞は文字通り、他力・他者との出会いからをそれを説いた。「自（みず）から」の主語・主体的な働きとして「自力」を強調する道元でさえ、それは多くの存在者たちに響きあうものだとしている（「わづかに一人一時の坐禅なりといへども、諸法とあひ冥し、諸時とまどかに通ずるがゆゑに……ただ坐上の修のみにあらず、空をうちてひゞきをなすこと、撞の前後に妙声綿々たるものなり」『弁道話』）。

まして「徳」については、自身に得られたものであれ、他にあるものであれ、それは「功徳」などといわれるように、「功」（いさお：効果・成果）をもって所有され、自他に働き響きあうものであった。このような他者・他界、さらに記憶・将来においてこそ、自己・現在がある。そこに先立った関係や世界また歴史がある――かかる前提は、現代人はもうもたないようだが、かつての人にとっては、そうではなかった。そこにある「いのち」の流れや位置を思い、まさに対する相手としての「汝（なんじ）」を敬畏すべきもの、徳あるものとする感覚は、前近代では、用語はともかく事実としてよくあったのである。

そこから自身は、例えば「三位一体」（父・子・聖霊）と称されたように基本的な関係においてある。また関係や位置についても、根本的に唯一性があるにせよ、人にとって得られたものが自身各所様々にある。例えば仏教では、六根（眼耳鼻舌身意）が清浄になれば、その身の個々のもの・感覚からそれぞれ多くの「功徳」が働くとまでいわれる（『法華経』法師功徳）。また、その訪れた表象は、顔が十一面であったり、千手であったりもする（観音）。あるいは地中海等では三面（トリムールティ）の原型を表すこともあったという。人に関わるものとその像は、大人のみならず女であり男であり、童であることも、また坐ることも立つこともある。身の像として何が訪れ形づくられるか、人々に関わるかは、思想文化において種々様々である（以上、山田英彦『異形の神々』一九七五年）。

ともあれ、振り返ってみれば、基本的には、ここには「自他」の、言語的にはいわば主語としての「身」があり、述語的な「状態」があり、「表現」としての「行為」「言葉」「像」等がある。そこには当然、人の在り方としての「事」、生き方として「道」（みち）がある。更にいえば、その身には、勢い・力などを帯びた「形」「姿勢」「態度」「能力」等がある。自身は、そこでは何か「ものを孕んで」おり、それがまた得て有する「徳」にもなる。これらに、時・処（過去・現在・将来）が可能性や方向をもって関わり、「世界」が様々に懐かれ・現れてもいる。

このような身の営みを、もちろん鉱物・植物・動物たちも、やはり個々たくさん「似て」行っているだろう。彼らの方が、人よりより大きな営みをしていることもあるだろう。しかし「人において特徴的なこと」があるようだ。それは、人の思想にとってやはり大事だろうから、まずいくつかとらえておく。

## (2)　人の身と心

人の特徴として、まず第一に指摘したいのは、生きる人が自らの身体のうちに、彼ら動物・植物・鉱物たちを物としてしばしばすべて孕みながら自らを構成している、ということである。人は、ただ単に鉱物や植物また動物ではなく、それらに種々に関わり、さらにそれらを持ち・抱き、なおまた食べ・排泄し身体に所有さえする。だからか、例えば人の脳は、たんに物であるのみならず、種々の動物に似た次元をも持つとさえいわれる。また例えば、近世まであまり肉食をしなかったかつての日本人は、植物的だったとも言われるが、近代になると、欧米人のように肉食をし、あるいは現代人は、せめて魚食さらに菜食に戻ることもある。そこには「断食」すらある。日本では、かつて長く肉を「断食」したが、その史実はおそらく稲作的な基礎に植物食の仏教が結合した生活が環境のみならず思想として大きく続き広がったためかと思われる。

ともかく、水であれ植物であれ何かものを飲む・食べることは、その「もの」の身・実（「み」）を摂取する（「いただく」）ことであり、他方でまた何か別のものを食べないことは、それを断食する（「いただかない」）ことでもある。人はそこで合掌／感謝し、精進（努力）する。食べるだけではない。広くいって人は、思想文化の根柢をみると、何かの人・ものに出会った時、しばしば合掌し御辞儀をする。それは「いただく」もの・ことへの感謝であり、「いただかない」もの・こと（辞退）への畏敬なのだろう。そしてその畏敬には、やはり「もの」の「いのち」への関わりがあるのだろう。

人において諸物の行き来と所有がある。そのことは、人が懐く自身の状態・在り方に何程か関わってもいるようだ。おそらく、人は自身すなわち身体のうちに諸々の物たちを各種・大きく孕み、あるいは懐かず、それらを「傾向」としてももつのだろう。そして、あらゆる諸物に関わってそれを有する、それら完全に存在する人は――その在り方や時間性は物語によって違っているが――ともかく「天地宇宙において、諸存在を抱いた何ほどか中心的なもの、あるいは独自なもの」なのであり、そのことは思想や宗教において大きな問いを生むことになる。

この点を、少しかつての歴史的な概念でいえば、東西の思想宗教史の根柢には、マクロ・コスモス（macrocosmos）とミクロ・コスモス（microcosmos）の対応・照応（corespondence）という「大宇宙・小宇宙」「ブラフマン・アートマン／梵我一如」「天地人」等が、いわば原型としてしばしばあり、そこに人が見出されている。この点は、忘れるべきではない。が、その原型がたとえあるにしても、人々は何ほどか歴史的にそこから発達しあるいはそれを解体させている。現在生きる人が、人というその中心あるいは最初／最後のものに、どう関わっているのか、関わらないのか。どんな世界にあって歴史を生きてきた・生き動いていくのか。それはやはりまた問題である。

第二に、いますでに思想といってきたが、振り返ってみると、人は、動植物たちよりもさらに一層、「思想」すなわち「感情・想像・思考による心のもの」を有し、それをより大きく表現し、構造化・時間化・無限化する。そして自らの地図・世界・歴史をつくっているようである。これは捉えてみれば、その身体の、脳を始めとする内の諸次元のみならず、さらにそれらが外に働く場所や風土・家・社会、また交通といった諸次元にも当然なっている。人はその身の外でも内でも、動植物たちとはさらに違った大きな「心の地図」を作り、またそれらにおいて種々の「像」や「言葉」を懐き・発し・表現し・動いている。

このような身は、当の狭義の自分の身体だけではない。身（み）は、日本語では、実（み）でもあり、「実ならぬ木には神憑く」という諺すらある。しかも人は、身屋（おもや、母屋）に住み、そこには表（おもて）裏（うら）がある（土居健郎『表と裏』など）。その身屋でも人は、思い（おもい）を内蔵・蓄積し、心（こころ）を懐き、秘密・内面をもち、外面をもって外に向かって、他に何かを表現してもいる。あるいは、『古事記』では、両性ならぬ独神や、他ともう戦わない事代主の神は、身を隠した「隠り身」（いわば他に秘され・隠遁・隠居した身）だといわれている。それらの身は「どんな物」だったのだろうか。

第三に、やはり動植物たちと違うのは、そのような人の思想の「地図」や「道行き」には、何か「わからないもの」にまで自ら「敢えて向かう」ような生き方があり、それに関わりつつ、自他の在り方をも「もの」として「敢えて対象化する」ような生き方（反省）もまたあることである。それらはまた人の活動としての表現にもなっている。そこには、思想の時空の、根源をとらえようとする営み（記憶・業）、また将来をとらえようとする営み（仕事・目的）

があり、またそもそも像や言葉による何かの表象・物語・学問（哲学倫理）・理論等の営みがある。いずれにせよ、これらは人としての自身の生の「限界」の「もの」「こと」に関わり、「敢えて」「行われる」営みであり、生きる人々がもついわば「問い」にもなっている。これらには、どうも人の「身」のみならず、その「心」が関わっているらしい。

　これら「敢えて」「行われる」諸次元が一体何なのか、その内容をすぐには何ともいえないが、ともかく、人の思想においては、動植物鉱物たちとは違ってさらに現れ・抱かれ・営まれるものがある。その限界面に関わる人の心の営みを、思想史においては、「無知の知」「無用の用」等の哲学あるいは弁証法などといい、また人が出会う「真善美」等の「価値」や、これらにかかわる「信心」だといえるのだろう。その信心における営みの本質をいま「宗教性」ともいっておく。「宗教」と称されるのは、社会的に構造化されたものである。「信心」（宗教性）を持ち、ある程度、嘘か本当か、人の世界において「構成されたもの」が「宗教」である。

　これら第二、第三は、人の身がその内に抱く、動植物鉱物だけでない「心」がもつ限界への働きであり、それは人が、自身をも越えて、敢えて自己・他者・世界に関わるものでもある。

　第四に、思想をもった人の身の営み・状態について、さらに指摘できまたそうすべきことがある。それは、そのような構造化・歴史化や限界にすら関わる人の身体の営みにおける「もの」が、ただ存在であるのみならず、何らかの意味をもち、力や可能性を帯びて自他や世界で働き、物事を形づくっている、ことである。そのような可能性・力による意義を、先にすでに使った「価値」という語で押さえておきたい。つまり、生きる人は、自らの身において、「価値」を敢えて懐き・孕み・作っているのである。その価値が元来、いつ・どこからあるもの、どうあるべきものなのか、それはすぐ簡単にはいえない。が、たとえば環境や物象化を見れば判るように、ともかく人間自身に結び付いている。その意味で、人は価値あるものを自ら可能性や能力として得て有し、そのことによって自他や世界に関わり働いているようだ。

そして、その自他の「身において自ら得て有する価値あるもの」、それを人の「徳」だと、ここでまずとらえておきたい。簡単にいえば、価値の、身における所有、いわば自身得有である。その「価値」については、先に「自他や世界に働きこれを形づくる可能性・力による意義」ととらえた。だとすると、「徳」とは、意義ある価値の力・可能性の自身得有ということになる。

自他や世界において働く力や可能性の自身の所有である「徳」は、当然ながら、やはり自他や世界、時間の限界にかかわっている。その自分自身からの無限と限界において、人の徳は、やはり「経験」としてあり、そこには蓄積・思い出（記憶・業）や予想（目的・仕事）をもっている。だとすれば、人は、そのような徳を、自他、人々、様々に孕み所有しながら互いに働いているのだろう。自他が何ほどか得て有している可能性・力としての徳——人は、それにしばしば出会い、それを感じ考え、それを自（みずか）ら、得て作り、互いにやり取りしながら、過去・将来に関わり生きようとして来たらしい。

また、その徳は、大抵は結局、当の人の徳のみならず、さらに信心（宗教性）をもって、限界を越えんとするものの有するものであった。だからそこに当然、「菩薩」の徳、「神徳」もある。そこで神仏に向けての人の「完徳」があり、また徳を所有する「聖（人）」がいて「聖霊」がある。これらに向けて個々の人の「心」「身」が関わっている。この近代以前においては、神や仏・菩薩の方が、本当の力・可能性（徳）をもち、人はそれに向けて徐々に徳を所有すると感じられていたようだ。近世ではそこに「天地」が位置付く。しかし、現代では、聖人なく人徳すらなくその位置ももはやない。ならば、得て有する徳、自身での価値の所有という働きは、どこにいったのだろうか。

# 二　人における徳とは

## (1) 身と心をめぐる人の営み・学習

以上、理智をもちさらに信や信仰さえもちながら、人の身また心が価値を得て有する営みについてふれた。そこで、身・心といったが、それが人々において、どのように内外、時空をもった営みとしてあるのか、その事(こと)は実はそう簡単ではない。たとえば、古来、仏教では、人のとくに過去からの蓄積を孕んだ営みを「身・口・意」(三業)に分けるが、「心」に抱かれたその「意」も、また身・物に関わって、遅かれ早かれ、内にあるのみならず、外に行き来するもの、響き合うものと感じ考えられていた。個人的であり、夢であってさえ、そうなのである。それは『源氏物語』など古代・中世の人々の世界にはしばしば見られる。またその身は、すでにふれたように、結局は当の人の身のみならず、仏の身ですらある。ここにある人の身が、自身は、価値を得て有するのであれば、それが、どのように働き、自分自身を形づくるものなのか、それが問題である。

価値を有する「徳」はもとより、そもそも「身」「心」の、またそれら「物(もの)」としての在り方(こと)」について、やはり簡単ではないが大きな問題がある。歴史的にみると、人々がより近代化していく際、「物」はよりいわば物体化され、「身」はそちらに繋げられ、「心」はそれとは違う次元に収められてしまう傾向があった(唯心論と唯物論)。そこにおいて、「心」「身」は、より二分化され、さらに、心はただ身の内に「内面化されただけのもの」「身の外に働かないもの」とされる傾向さえあった(「心の哲学」「宗教の内面化」)。とはいえ、心からの働きは、やはり大きなものがあり、それは大きな課題となる。それが一九世紀末からの心理学(Psycology)の再生や遡っての物理学の形成、これらは秩序の不安定さや宗教性の大きな動きにも繋がっている。

「心（こころ）」を、「プシュケー psyche」というとき、それは「（霊）魂（たましい）」でもある。「プシュケー」を「心」と訳すか「（霊）魂」と訳すかは、西洋の哲学思想史の解釈上で大きなテーマである。アリストテレスのそれについて、村治能就訳『デ・アニマ（霊魂について）』・山本光雄訳『霊魂論』があり、桑子敏雄訳『心とは何か』がある（なお桑子解説を参照）。ただし、「（霊）魂（たましい）」をラテン語訳「アニマ」にすると、それは本章の第一節での「思想」定義最初の「生命（いのち）」にもつながるようである。なお、そのアニマをアニムスと両性に分けて使用する場合もあるが（ユング心理学）、本書の用語「いのち」「プレ－アニミズム」（後述）では、まずその必要は感じない。

ところで心と身とを二元的に分化する考え方は、近代により強く起こるが、翻って見れば、西洋では「ピタゴラス学派の非物体的霊魂や心の観念を継承したソクラテスから始まり……アウグスティヌスを中心とするキリスト教思想家を経てデカルトに至る」とさえいわれる。それは「倫理的世界」の問題でもある（濱井修「心身多元論と自我の世界」『倫理的世界の探求』二〇〇四年より）。またかかる哲学が物と離れた観念の運動ならば、これを観念論史ということもあり得るだろう。

心身が二元か、あるいは心・身のどちらかに一元化され、あるいは習合されるか、あるいはさらに多元化されるか、といった問題は、やはり実は簡単ではない。それは、(1)人の身体（心身）の仕組の問題、だけに留まらず、(2)外的な世界秩序のあり方——現世秩序の二元化、あるいは一元化、多元化といった——にも、また(3)信仰のあり方——一神か多神か、グノーシス主義か、複合かといった——にすら、繋がるからである。

ただ、少なくとも押さえておくべきことがある。それは、特に「近代以前の」考え方では、「心」の働きは、ただ、内面ではない。閉じて内なる個だけでなく、心は身をも越えて「内はもろん外にまで有るもの・働くもの」と感じられていた、ということである。だからこそ（以前の）人々は、より祈ったり呪ったり願ったり、また有り難く思ったりしたのである。ここでは、身はもちろん心もまた、やはり時間性をもって自他に働く実体であった。心なるものは身にどこか常に結び付いている。それを分離してしまうなら、いわゆる観念と此の物事を分離するグノーシス主義的な二元論も生まれる。また近代以後は、イデオロギーや資本主義を始め、取り憑かれた観念の運動や反転する唯物論が生まれる。が、主たる歴史は二元化でもイデオロギーでもなく、超越や根源と連関する〈生死結び付く歴史〉においてある。

そこに媒介としての三位一体論や菩薩論が形成される。その詳細にはいま踏み込まないが、その結び付きにおいては、「いのち」の問題がやはり重要である。先にも少しふれたが、思想史の根底には「いのち」「生命」がある。それは歴史的には生命観さらに位置を求めて霊性史ともなる。このあたりを、いまプレ‐アニミズムといい、さらに「生命への畏敬」（シュバイツァー）ともとらえておく。人間は、みずから生き物としての人は、根本的には、単なる物体ではない。だからこそ、例えば、「活物」として「受容され、どうでもよいものではなく、忽にできぬ尊重（「敬畏」）すべきものと受け止められ」、「ヌミノーゼとして与えられている」。そこからこそ、人の思想が構成されているのである。

近世日本の荻生徂徠は、物を「活物」さらに「神妙不測」な「生」と捉える。この「活物」観は、近世にはよく流れており、さらに古事記等にある「産霊」観ともなって、近世後期から幕末にも上昇する。この「畏敬」すべき「活物」が、「産霊」なのか、そこからどのような現世秩序を構想するかは、また次の重要な問題としてある（この引用は、荻生徂徠（一六六六～一七二八年）の「活物」観の箇所による。黒住真『近世日本社会と儒教』二〇〇三年）。

いわゆる近代化ましてその戦争においては、敵対や上下がとらえられるとしても、こうした感覚自体、物事が位置を失いもう意味が見えなくなっている。そもそも、ヌミノーゼの語は、ルドルフ・オットー（一八六九～一九三七年）が「聖なるもの」に向かう根本感覚として第一次世界大戦期に敢えてとらえたものであった。おそらくその消滅を実感しこれを探そうと考えたのだろう。

近代化の問題はさておく。そもそも「人」について、おそらく近世以前により感じられていた重要なことは、当の身・心が有って・動く限り、生きている「人」は、やはりたんなる「物体」でもなく、また全くの「究極物／根源者」でもないものとして働いている、ということである。だからこそ、その人の営みは、当然、何ほどか「習慣」「学習」（学び・習い）に、また「教育」（教え・育ち）に関わるものだったのである。かつての東西の思想宗教史において、人とは、しばしば何らかの理念・在り方を自身に関わらせ、人からの教え、自らの学習を行い、ときに試みにすら出会うものであった。これらの学習における思考を現代人のつくった狭い学校・教育などでとらえては、人の世界にとってまったく不十分である。

おそらく、身・心を方向づける学びの営みをした修行の人・道元（一二〇〇～一二五三年）は、人の身心の「仏」への「学習」を二つに分け、「仏道を学習するに、しばらくふたつあり。いはゆる心をもて学し、身をもて学するなり」と述べている（「身心学道」『正法眼蔵』四）。そして身心学道における、(1)「心もて学する」については、万物・すべての心に関わる「菩提の道」を、(2)「身もて学する」については、「身にて学道するなり。赤肉団の学道なり」を説く（「身は学道よりきたり、学道よりきたれるは、ともに身なり。尽十方界是箇真実人体なり、生死去来真実人体なり。この身体をめぐらして、十悪をはなれ、八戒をたもち、三宝に帰依して捨家出家する、真実の学道なり。このゆゑに真実人体といふ」同）。この身またそれらを「如来全身」（『正法眼蔵』六五）だともいう。このような身心に、「学道」また「徳」が説かれたのである。

道元の禅は、(1)心から身に至る、のみならず(2)身から心に至る、道・徳を説いたといえる。この(2)の局面は、東洋思想史において、しばしば語られており、佐藤通次『身体論』（初版一九三九年、第二版一九四三年）、湯浅泰雄『身体論――東洋的心身論と現代』（初版一九七七年、改訂一九九〇年）、門脇佳吉『身の形而上学』（一九九四年）などが、それを示す。また精神医学者・土居健郎は、東洋・日本では、人は情動をとらえ、禅などを行い、執着（メランコリー）[2]をつよく摑まえる。しかしその「東洋人に多い身体化は高級な機制に属する」のだという。これに対して、西洋では「身体を悪魔のすみかとする観念」から「身体化」が「低級とされ」た、と指摘している（『土居健郎選集6　心とことば』解説・中井久夫）。つまり、(2)身から心へという局面が東洋思想史において可能性として大きくあった、しかし西洋思想史では(1)における心から身への啓示あるいは見下しが強かった、ということになる。

　ただし、土居が指摘もするこの傾向は、西洋思想史的には、プロテスタント・近代においてこそつよいものだったのだろう。例えば、ルター（一四八三～一五四六年）の主張する「信仰のみ」に対して、イグナチオ・デ・ロヨラ（一四九一～一五五六年）は、『霊操』において「愛徳」を見出す営みを記し、西洋の近代教育史・文化に「大きな影響を与えた」といわれる（『霊操』岩波文庫、門脇佳吉訳・解説）。ここでの「操（あやつ）り」は、ただ「信のみ」ではなく、身体からの教育・営みでもあっただろう。その局地は「心」というより、身体における「霊」であり、その「霊」をめぐる教育・営みであった。

　ただ、道元の身と心が学習によって最終的に出会った「悟り」も、ただ虚無や物体ではなく、「仏のいのち」との出会いであった。「この生死は仏の御いのちなり」であり、人は、「わが身をも心をもはなちわすれて、仏のいへになげいれて、仏のかたよりおこなはれて、これにしたがひもてゆく」ことがその当為・営みであった（『正法眼蔵』付巻・生死、傍点は引用者）。「仏の家」「仏の方より行われる」のが人の営みだ、というモデルは、玉城のいう「形なきいのちの共同性」に似ている面もかなりあるのではないか。

　そもそも、西洋をも含む深い歴史において「身体」は一体どうだったのだろうか。「悪魔のすみか」だったのか。しばしば、そうだったかもしれず、場合によっては、身から離れた「心」こそ「悪魔のすみか」となるかもしれない。だが、真面な信心をもつ人は、「無知の知」をいうのみならず、自他の身体に向かってたとえば「癒し」を行い「洗い」を行ってきた。あるいは「病」を解《ほど》いて来た。それは古代にあり、また近代においても東西の思想宗教史の根底にある。特別な宗教者はもちろん医療者さえも、そこに関わる者であった（エランベルガー『無意識の発見――力動精神医学発達史』一九八〇年、を参照）。そもそも病は、また癒し・洗いは、また他者の身体の問題に文字通りかかわるその中間者は、誰なのか、何の営みだったのか。癒しや洗いや治療によって、そこにある「徳」によって、人は生き返りもするとは、どういうことか。

「非物体的霊魂や心の観念」を継承したとされるプラトンも、「癒し」ではなく「育て」についてだが、人は、素朴なよい食べ物から、身体の育て（ギュムナスティケー）、さらに心の育て・教養（ムゥシケー）をなすべきだ、と述べている（『国家』）。この心身観は、その秩序観、宇宙観にもつながるものだった。そしてこの身・心の構成のうちに、人が有する「徳」もある。それは形而上学的な想起（アナムネシス）として訪れるから、いわば「心もて学する」ものである。しかしその育てや教養はいわば「身もて学する」ものでもあった。ともかく、そのような身との出会いは、プラトンだけではない。禅はもとより、西洋思想の根底においても、やはり元来はあるようだ。

ただ、身が、自身が、何だったのか、何であり・あるべきなのか。またその身心、両者の結び付き、道やその世界との関わり――それらが何なのかを自分や自分たち自身に問うて身心に担うこと。これは、やはり生きる人にとっての重要な課題であるに違いない。そこで、当人の身が得るものである「徳」の局面について、さらにふれていきたい。

## (2) 徳と道、いかに構成されるか

人としての私たちは、身をもち心をもって生きている。その自他の身心において何らかの価値に関わるものを、良かれ悪しかれ、自ら得て有している。徳はそこに関わっている。

その「徳」は、人の言葉が作ったテクストによれば、『礼記』には、「徳は得なり」「徳は身に得るなり」（徳者得也

「楽記」、徳也者得於身也「郷飲酒義」）とある。「得る」は、人が身に有するのだが、また機会などが恵まれ何かが出来ることだ、とも捉えられている（『新字源』助字解説）。「徳」は、やはり可能性・力などを帯びて「身に得られ」たものとされて来たといえる。しかも、身心が徳をもつとは、まったく個体に閉じたものごとではない。「徳孤ならず、必ず隣あり」（『論語』里仁篇）。徳をもつ身体は、他者に関わるもの、自他において行き来する身心であり、徳は、自身のものだが、他から与えられ・他へと働くものでもある。つまり、徳は関係や働きの中にまさにある。

だとすれば、それがどのような「世界」を捉えているのかが問題である。また、先に信心（宗教性）といったが、自他がすぐわかる訳ではない物事に関わるものである限り、その徳もまた信心と結び付いており、すぐわからないが超越的ないし根源的な存在者が、やはり徳をもつ。あるいはかかる完全な存在者こそが徳をもつのかもしれない。実際、後にふれるが、仏陀は「功徳」をもつ。あるいは「天」などの主宰者等が、実体としての徳として、例えば「理」「義」をまた「仁」「愛」をもち、それを人に与え、それを人が用いることもある。

思想をもった人の身体が、自他において、限界にあって信心をもちつつ、徳をもつ。そのさらなる状態、その内容や働きについては、やがてもっと具体的に述べよう。だが、ここでは、「徳」の「思想史」を「日本」においてとらえる際に人が出会う過去・現在ともいうべき問題を、一、二だけふれておきたい。それはおそらく、「日本人」が懐いて来た徳などの概念、その大きな問題、その認知や将来にも関わっている。

＊

「徳」という語は、日本ではトクという音（おん）をもつが、訓（くん、やまとことば）をそもそも持っていない。テクストとして『日本書紀』では多くの「徳」が使われている。しかし『古事記』ではそれがほとんど語として使われない。では、「徳」としばしば結合して使われる「道」はどうかというと、音はもちろん訓もある。ただ、その語がよく使われたか、というと必ずしもそうではない。

かつて本居宣長（一七三〇〜一八〇一年）は、「道」という概念をめぐって論争している。どんな「道」がいいのか、いや、そもそも「道」が日本には無いのではないか、という議論に対して、宣長は、日本では元来、道という語があまり使われないが、それは道を語り持ち上げる必要すら無く、そもそもそれが十分あったからだ、と述べている（『直毘霊』）。先に「道」を私は「生き方」と記したが、彼はそれをすでにもうあるのだ、敢えて言う必要がないものだ、言語以前の事実だ、というのである。また「徳」については、議論はそれほど行っていないが、彼は、「何にまれ、尋常ならずすぐれたる徳のありて、可畏き物を迦微とは云ふなり」という（『古事記伝』神代一之巻）。物に含まれている力・可能性を「徳」といい、それを尋常ではない大変なものとして有しているのが「神」である。宣長にとって、「徳」は、ものに所有されたものとして、道と同様にすでにあったものである。

このような宣長の道や徳のとらえ方は、〈道・徳の即自性〉ともいうべきもので、やはり興味ぶかく無視できない。彼にとって道とは、人の身体がただ日常的に歩き動いているだけのもの、徳も人・諸物において、まずは既に得られたもの在るものである。それらはともかく既にあって彼方から与えられているものである。

その「既にある彼方から」の在り方は、前近代の人においては限定としてよくあり、それは近現代人の現実感覚からは、しばしば理解できない。ただ、問題は、そこで言われる道・徳などの具体的な内容や可能性についてである。与えられるのであれば、どこからか、どのようにか。

宣長の場合、それは漢意（からごころ）を否定・排除・逆襲する自文化中心の秩序の構成と大きく結びついている。彼の道の即自性は、現実においては自己中心化と他の排除を強く大きく構成する。実際、宣長は、テキストを「選択」するのみならず、ときに他のもの（儒学はもちろん、上田秋成、従来の神道など）に対する、異様なまでの強力な戦いを行った。これは「生き方」としての「道」のみならず、その「徳」の在り方にもなるだろう。近代日本では、宣長の議論の所与性に儒教をも結合した「道徳」が構成され、それが専ら戦う、「閉じた限定」をもつ「国民」「臣民」のもの（「国民道徳」）とすらなった。これは、元来の道・徳が何であったか、それがある時・所の人においてどう構成されるのか、という問題を示唆する。

では、「道」や「徳」という語・言葉を振り返り、そこに少し入っておこう。語としての「道」は、少なくとも日本では、音のみならず訓をもっていた。だから、それはすでに手元の語になっている、といえる。しかし、「徳」は、道のような訓すらもってはいない。では、日本の人々の言葉、その内容において「徳」がまったくなかったのかといえば、そうではない。徳は、音においてよく使われた。それが訓を持たないのは、概念として表立つよりも、むしろ人々にとって、（道以上に）即自的な働きをするもの、そうすべきもの、だったからだろう。それは「彼方から」「既にある」ものである。この場所がたとえば「神の国」と称され、近代日本では「遠野」「地方《じかた》」「他界」などととらえられる。だとすれば、いわば概念化されない徳をも、思想や文化の歴史において見出すべきである。表立たない言語、それは良し悪しいずれであれ、ただ外化し不用なものとはいえない。それがあること、行き来すること、内に実はあるだろうこと、それこそが大事である。

そもそも「日本」は、しばしば島国と評されるような場所だが、その時処・価値自体、じつは固定的なものではなく、出入りをもち構成されるものとしてあった。だから「徳」も、即自的なものとしてあっただろうが、のみならず、外部の時処によって概念化されたものとの出会いもあった。その出会いは、排除ではなく、むしろ結合であった。否、そもそも、まったくのものの排除は結局あり得ず、結合こそが方向としてあり、徳ですらおそらくそうであった。実際、「徳」は、古代研究者が調べるように、中国古代のある時処においても構成され、さらに構成された概念となった。それらも何ほどか手元で響き合い、出入りしながら、日本でも思想文化史的に構成されてきた。だとすれば、外部のような徳についても、ある程度ふれる必要がある。

### （3）徳と道、現代における〈空白〉

さて、もう一点、現代の問題にふれる。先に徳を、人が「思想の身体」において文字通り「得て有するもの」その可能性・力だと述べた。が、そうだとすると、現在の私たち、人々は、得て有するもの・さらに作るものとしての「徳」を、自らもっているのだろうか。自他に見出しているのだろうか。

そもそも「得て有するもの」をここでよく感じ考え想像してみたい。現在の私たちは、価値を自他の身みずからに現れ懐かれ作られているようなものとして見ているのか。もし「身」を見るならば、美人かスポーツマンか売れっ子か。あるいはただ崩れ壊れるような「もの」か。また「得て有するもの」は、たとえば貨幣や経済や権力あるいは宣伝、そのようなもの、投影されたものではないだろうか。

だとすれば、その価値の得有・所有は、私たちの身体、その人自身からはもう離れている。徳はもう忘れられているようだ。もちろんそこでは人の本当の「顔」も「人格」ももうない。貨幣や経済や地位を得て所有することを「得だ」「損だ」といっても、「徳だ」「不徳だ」という人は、もういないだろう。しかし、その現代人がもったその感覚こそ、身体の孕むものをそして人や物を忘れてしまった、おかしな実体感覚ではないだろうか。近代における唯物論が批判するのもそれである。

このような実体化・物象化があるなら、現在、おそらく多くの人々・物たちの身心の徳は、もう忘却させられている。だから、翻って人や物を痛め・殺すかもしれないし、平気で売り飛ばし扱《こ》き使うかもしれず、それが平気かもしれない。しかし、そうではなく、むしろ人々が自（みずか）らそれに出会い、自ら身に得て有する「徳」があってこそ、人やものとの本当の出会い、互いの関わり、人としてのものごとがあるのではないか。またそこから経済も政治もあり、また宗教もあるべきではないだろうか。そもそも、「よい」「わるい」価値は、身心から離れたものではなく、人が元来、身において「徳」として担うもの、だから人々や物たちにおいて「責任」「役割」であるもの、ではないだろうか。どんな「徳」か、自身が他者がどのように価値を得て有するのか、どんな役割・責任をもつのか。それはつねに根本として人が得る物とその働きへの問いがある。

徳が、身が得て有する可能性・力であるからこそ、かつて仏教では「功徳」がいわれた。とはいえ、徳の力が常に人々において物たちにおいて、よいものだ、とはいえない。善徳・悪徳というが、徳にも善悪がある。が、それにしても、その良し悪しは文字通り、元来、人の身心の徳においてこそ、大きく動き働くものであった。しかし、現在は、そうではない。価値は良かれ悪しかれ、人の身体からもう離れ、徳という語自体、意味を失い〈空白〉になっている。もちろんその位格などはもうなくなっている。従来とらえられてきた徳、それとは別のものが、現在の私たちの身に得て有されているようだ。ならば、いま何が懐かれている「得」なのか。果たして身自体には、もう徳も位格も構成もなく、それは石や土たちほどですらないのだろうか。ちなみに、現代を「美徳なき時代」だととらえる人もいる（マッキンタイア『美徳なき時代』一九九三年）。

なお、勢い・能力をもって働くものが「悪徳」である場合を、思想史においては暴君として、夏の王・桀、日本の天皇・武烈あるいはスサノオが語られる（ただし武烈・スサノオにこの語は用いられてはいない）。また西洋思想史では、アウグスティヌスをめぐって茂泉昭男『輝ける悪徳』（一九九九年）、サディズムとしてマルキド・サド『悪徳の栄え』などが指摘される。力を得た徳は、人の在り方として、悪徳・背徳として、サディズム、ニヒリズムやヒロイズムにもなるのである。そして現代では、不動産業や法律家についてよく「悪徳」の語が用いられている。また、東洋では、理論・理念自体ではなく「勢い」が権力や文化を動かしている面が強く、これを歴史にみることもできる（フランソワ・ジュリアン『勢　効力の歴史』中島隆博訳、二〇〇四年、清水正之「「機」と「勢」の弁証法――「愚管抄」の歴史観」二〇〇二年）。これらもここでは扱えないが重要な徳の問題である。

ともあれ、振り返るべきことがある。かつて私たちは人として、どのような徳を頂き、得て有し、懐き・所有し・

作り、自他と関わろうとしたのか・しなかったのか。そのあり方、また限界は一体、何だったのか。——それらを知ることは、翻って、現在・将来の生きる人の「道」を、また人がもつ「徳」を、またその限界面との関係やその次元を見出すことにも繋がると思われる。徳が一体いかに位置づいているのか、以下その歴史と内容を、少し見てみたい。

## 三　人の徳と天地自然・無限なもの

### (1) プレ-アニミズムとシャーマニズム

徳が、得て有された可能性・力であり、それを「あらゆるもの」に認めるならば、そこに活物あるいは霊魂（生命体、「いのち」）を見出すことになる。これは、思想宗教的に、アニミズム（Animismus）あるいはアニマティズム（Animatismus）などと称される。ただ、その把握には議論がある。ここではそれに入らず、原型的な働きをとらえ、すでに用いたが、プレ-アニミズム（pre-animism）としておく。ここでは、「徳」への問いは根本的に人間に向かうが、その可能性や力は、人のみならず、動植物や鉱物、また天地自然のものたち、また限界面のものにおいて、得て有されていることになる。実際、一三世紀の朱子は、その『語類』で、たとえば、種々の動物たちの徳を語っている。あるいは日本では「酸いは梅の徳、甘いは砂糖の徳」（『大言海』）ともいわれる。もちろん、天・地などにおいても徳は発現する。仏僧は、仏の世界からの「功徳」を説く。あらゆる「もの」は元来何らかの働きをする可能性・勢い・力などとして働く「徳」を自ら所得・所有している。だが、すべての問いは生活する人間自体に向かう。

ところで振り返ってみるとき、かつて「徳」という語・言葉そのものは、一体何を意味したのだろうか。それは東洋においては、まずは形を表象する「象形文字」として表れる。白川静によれば、象形文字である徳、その傍（つくり）は、「直」と「心」であり、その意味は「ただしい」「こころ」である。それがやがてまた「外には人に得、内には己（おのれ）に得るなり」（説文・一〇下）とされる。それに「彳」偏（へん）を付したのは、「外に行動する意を示すものとして、加えられた」のだという（『字統』）。「彳」は（人が）道行く、歩くなどの意を表す部首である（『新字源』）。これらを踏まえ敢えて簡単にまとめれば、「徳」とは、ただしく（正直）また心に得るもので、それによって人が内の己から外の人へと行くもの、と古来とらえられて来たのだと、大体は言える。また「ただしい」（正直）の意味がそこにあるらしいことも、興味ぶかい。ただし、「徳」が語として表象されていくに際して、「心」「彳」（人人）は、後で結合されたことも指摘されている（加藤常賢『漢字の起源』一九七〇年）。すなわち、「直」に「心」「人々」が後々結び付いて現れるのが「徳」である。このことも、語の形成の流れを示すものとして、やはり興味ぶかい。

では、そのような象形文字を記し表現する人の「思想」、その語が出て来る大きな背景・内容は何だったのだろうか。白川静は、「徳」の字がもつ「目」等に、「呪力・威力」がいだかれ、そこから「呪術」が用いられたのだ、と指摘している（『字統』一九八四年）。プレ-アニミズムは、人の営みにおいて呪術となるわけだが、白川は、それがシャーマニズム（Shamanism　神懸り）ともなり、東洋思想史においては、殷代から日本へと連続した、とも指摘している（『呪の思想』二〇〇二年）。ただ、中国では次の周代から、殷代とは少し異なり、さらに論理的に表立った徳の観念があらわれる。シャーマニズムは、もちろん、中国や朝鮮の思想史にも大きな背景・根底において残っていった。これらも日本に輸入されるのだが、また後述しよう。

このような状況において、どのような「もの」があるのか。プレ-アニミズムやシャーマニズムによって万物に出会い、人が徳をもち道が感じられるとしても、そこにどのような「ものの分類」が、また「ものの在り方・とらえ方」があるのだろうか。もちろん、「分類」には、何かがそこに無い場合もあり、また多くのものの分類があったり、複数のものがそこに融合する場合もある。また、その「在り方」は、人とその生き方において表象（像）の構成や習慣・再構成、また何らかのものへの投影ともなる。ただ、そうであれ、そこに「徳」や「道」が見出されもするのである。

## (2) ものの分類と天地・父母・人

「もの」の位置と分類についてだが、まず諸々の「もの」は、文字通り「物」であるが、実は、その在り方・とらえ方自体が哲学思想にとって、大変に重要な問題である。例えば、カントにおいて「物自体」がテーマとなり、また追って物のとらえ方が、唯物論・唯心論などといわれる。東洋思想史では、漢語としての「物」がいかに現れ・使われたか、心や事とどう関わったか、といった研究もある（市川安司「朱子哲学における物の意義」『朱子哲学論考』一九八五年）。大きくは、中世以前の東西の思想宗教史において、「物」は、結局、それ自体またはそれに関わって、何程か「実体・主体があるようなもの」だった。そして、人にとって、物があり、その分類がある。その事実はどういうことだろうか。

まず諸物については、様々であり、プレーアニミズムを背景にしてか、文字通り「森羅万象」といわれもする。ただ、とらえ方・分類として、無視できないのは、「天地」「父母」あるいは「陰陽」「能動受動」であり、それが思想史の根底に何時からか、深く流れていることである。用語はともかく、それらは人にとって場所であり物事や生活の根本に何ほどか必ずあるからだろう。

また何らかの物に関わって、土・水・火・風などの「四大」あるいは木・火・土・金・水の「五行」さらに「空」なども分類として東洋思想史においてある。そのうち「四大」は、東西の思想宗教史にさらに流れ込み、やがて人の身体・性格のとらえ方（粘液・多血・胆汁・憂鬱）ともなる。これらは、やがてカントが男女両性においてとらえるものでもある（『美と崇高の感情に関する観察』）。それら「物」のとらえ方、諸概念たちは、表れたり、そもそも表されず無視されたり、さらに一層分類されたり、融合されもする。

「四大」「五行」はともかく、まずは「天地」「父母」であるが、これについては、その内容を、更にインド思想に振り返って見てみよう。古代インドでは、しばしば「天地両神」がとらえられ、「リグ・ヴェーダは天神をディアウス、地神をプリティヴィーと称す……万物の父なる天、慈母なる大地の観念……その根元はさらに古い時代にさかのぼる」といわれる（辻直四郎『インド文明の曙』一九九三年）。ただし辻によれば、「ディアウスは、ギリシアのゼウスが占めたような神界の王座に登ったことはなく」、また地神は「広く伝わる母神の信仰に関連し、古い由緒をもつとはいえ……格別に重きをなさず、ほとんど常に天神に従属して現れる」（同）といわれる。つまり、天地両神があり、それらは父神・母神でもあるが、インドでは、天神ディアウスは、ギリシアでのゼウスほどの地位を占めることはなく存在し、他方、地神・母神もその天神に従属するようにして表象されるようになったのである。

この天地、父母という語の状態・変化は、中国の漢語においてもある。「天地」が語られつつも、やがて「天」に収斂する傾向がうまれる（周、儒家）。他方でそうでなく、天地・地・水を説く反対面も出て来る（道家等）。思想史の背景には、天地両面性があるのだが、やがて父性が立ち上がる形で世界が構成される。しかし、母性・女性の問題はやはりもちろん残って働いており、それがまた現れるのである。この男女両性は、『易』を始めとする「陰陽」といった問題にもなる。それらは、大きく、東洋思想史に流れる。この両性の問題もその歴史的状態も、人の思想史において決して無視してしまうことはできない。

日本で用いられる漢語や先だった物事でも、このような天地・天の働かせ方は、やはりある。ただし、日本では、『書紀』において「天神」「地祇」の両面が語られ、また、ただ「天」というより「天地」という複合語が多用される傾向が、近世においてさえ強い。これらの問題は、さらに遡れば、どうだろうか。言語ではなく「土器」等においてであるが、縄文期において地母神が中心化され、男神がこれを守るごとく、男女両性の物がよく表現されている。しかし弥生期になると、その構造が減って、戦いや秩序や男性が表に記されてくる。ただし、ここでも、母性・女性は残っていく。その女性との繋がりは大きい。いわゆるシャーマンとして神懸りをした者が——とくに沙漠地域において男性であったことと違って——朝鮮・日本等では、多くは女性であった。地縁との関係がより強かったのかもしれない。

この点は、さらに『記紀』においても、天に関わる人である「天照」が女性であるように、日本史ではかなり大きく流れている。そこで、江戸末までの日本の秩序において「母なる天皇」の流れをとらえる歴史家もある（ベン＝アミー・シロニー『母なる天皇——女性的君主制の過去・現在・未来』二〇〇三年）。いずれにせよ、ここでは、人の思想文化の流れにおいて、父・母が、男・女が、担う・得て有する「徳」の内容、その在り方という問題が生まれており、そして前者（男性）が立ち上がるが、しかし後者（女性）がなお決して無視できない大きな地平のような働きをするのである。

ともかく、「天照」が女性であるという点は、日本における秩序形成の問題として無視できない。また、そもそも、男女両性がどのように人の世界を作り徳を表すかは、思想史・宗教史で大きな問題だが、おそらく西洋においてもそうだろう。エーリッヒ・ノイマンは、「父オシリスの息子であり復讐者であるホルスが世界の王となる」といった父権の現れが、人類における「人格発達」だとしているが（『意識の起源史』林道義訳、二〇〇六年、三〇一頁以下）、それが果たして本当の「人格」か「発達」なのかは、よくわからない。ただ、父が立ち上がるにせよ母（マリア）が土地と共同体を支える。また、東洋とくに日本では、種々の傾向はあるにせよ、結局は、「天地」において、「父母」（両性）において、「人」やその発達／非発達はあるようだ。そこに陰あるいは女性的な地平は前提のように結び付き続ける。

## （3）人とその営み

では、「天地（父母）」に対して「人」は一体どうなのだろうか。もちろん、すでに「人」に触れたし、「父母」がもう「人」だとは当然いえるだろう。だが、そこにはやはり「人のあり方」がある。

「人」は、元来、文字通り人の身体を表わす象形文字である（『漢字の起源』）。ただし、東洋思想史、そのプレーアニミズムにおいては、やはり様々な「いのちあるもの」との関わりにおいて、その人を見ている。それらは石であり木であり、水であり、太陽であり、月であり、大きな次元として天地があり、そこに人が語られる。そこで、徳についても、「天に徳有り、地に徳有り、人に徳あり、此れ三徳と謂ふ」（『大戴禮』四代）、「天地に通ずるもの、徳なり」（『荘子』天地）などといわれる。ここで、しばしば人・自身を天地の内に、あるいは宇宙の中心にとらえ、その徳をみているのである。ただし、動植物たちは、人に比べて何かの徳をさらにより得ているものさえある。しかし、彼らは、人のように全体として諸物をすべて抱いてはいない。だからこそ、人は、天地すべての中心の、あるいは更に天地自体に合一する、そうすべきものである――このような「人」、またあるべき人としての「聖人」、それらがしばしば「天地人」観、有すべき人の「徳」観にもなる。

「天は、人の始めなり。父母は、人の本なり」（「夫天者、人之始也、父母者、人之本也」『史記』屈原列伝）といわれるが、ここでは、人において父母をいわば基礎・根源としつつも、その時間性をもった営み（「始め」）において「天」を立ち上げている。また遡って『書経』では「惟だ天地は万物の父母、惟だ人は万物の霊。亶《まこと》に聡明なるは元后と作《な》り、元后は民の父母と作《な》る」（泰誓・上）といわれた。元后は元首であり、精神的・政治的ないわば頭・首（Head）であり、さらに「民の父母」だという。万物における天地＝父母、それらの中心的な存在として人をとらえるが、それがさらに人々への治の在り方にも関わることになっている。それがやがて活物観と重なって「仁」という徳になるのだが、ただ、『書経』のこの箇所では、そうであるにもかかわらず、今や、天への「敬」（敬天）が失われ、犠牲や供え物が無視され、治が混乱していると危機感を述べている。

このようなとらえ方は、やがて周代における「天命」思想にもつながっていく。プレ－アニミズム・シャマニズムを背景にしながら、ただ神懸りだけでなく、出て来る秩序、その在り方や善悪への問いもさらに生じるのである。「天命」というとき、秩序のことのみならず、文字通り（天地のみならず）天によって与えられた人の在り方として、人の「命（いのち）」をとらえている。そしてそれが、人の営みとしての「徳」にもさらに関わる。またそこに「道」がある。当然ながらここには、ただ「自然」ではない「人為」（習慣等によって構成された人の営み）があるが、その人為の道・徳は、従来の東洋思想史では、天地あるいは天によって与えられている仕組みにおいてある。

また、特に注意する必要があるのは、「人」という名詞の用いられ方、意味する内容についてである。これは、人が出会い有する徳・道の在り方・範囲の問題にもなる。

「人（ひと）」という語は、「人一般」について用いられるが、「ひとの言うことを聞く／聞け」というとき、この「ひと」は、「他者」でもあり、あるいは翻って「自己自身」でもある。これは文字通り、自他の体である「身」の転用でもある。そして「人（ひと）」は単数であっても区別なく複数でもある。ここでの一人称と二人称の「交替・転用」は、「人（ひと）」のみならず、「オノレ」「ワレ」などにもある（黒住真「日本思想における自己と公共」『複数性の日本思想』二〇〇六年。のち『複数性』と略）。この点については、すでに和辻哲郎が、とくに「人」の語に注目して、次のように言っている。すなわち、「人の全体性を意味する「世間」が、同時に個々の「人」をも意味し得るということ」、それは「いかにして可能であろうか。それはただ全体と部分との弁証法的関係によるほかはない」という（『人間の学としての倫理学』和辻哲郎全集9、一九頁、初出一九三四年）。

たしかに、「人（ひと）」の用語には自他が交替してしまうような局面がある。それは単・複なき名詞の立ち上がりでもある。後にもふれる伊藤仁斎が、「人の外に道無し」「道の外に人無し」（『童子問』）というときの「人」も、個人であり人々であり「人間」でもあるといえるだろう。このような「人」の概念の使用は、たとえば、現在でも、まさに「人徳」といった語が使われるとき、「その人自身の徳」だろうが、のみならず同時に「人々・他者に認められた徳」という意で使われるようにもなっていることも、同様である。自他混ざってしまうような「人徳」という言葉を、山本七平は（日本人による）「掘り起こし共鳴現象」と捉える。このような「人」の使用を、（よいものとして希望・期待されて上位・将来に向けられる）「希望」すなわち「人望」という言葉にも、山本は見ている（『人間集団における人望の研究』一九八三）。

ただ、これらの「人」は、和辻のいう「ただ全体と部分との弁証法的関係によるほかはない」のだろうか。「世間」の語が、歴史的にしばしば「全体」に収斂する傾向を帯びたことはとても重要だろう。阿部謹也は、「世間」「世」での男女両性的な人の動きや、そこでの無常観、隠遁などの思想史をとらえている（『「世間」とは何か』一九九五年、『日本人の歴史意識――「世間」という視角から』二〇〇四年）。確かに「一般人においては、「人」や「世間」の使用は、倫理的・思想的には無限定で、状況依存性を免れなかった」のだろう（黒住『複数性』）。

とはいえ、元来の「世間」「人間」自体、必ずしも「全体」ではまったくない。「出世間」する「仏・菩薩」たちから見ると、文字通り「世間」の方が、「無常」のモデルだった（『維摩経義疏』による）。ここから言えば、当然、「世間」は「全体」ではなく、「人」は単に世間・人間の「部分」でもない。

また、そこに「状況依存性」があったとしても、もはや仏教者でない仁斎でさえ、「人」は、「天下の同じく然る（の）道」（『童子問』上8、中11）を歩む人である。天地人倫に向き合う人である。またその道は、「旅人」であり、彼自身「天地」と見られる「仲尼」（聖人）、その言語によって対自的に見出されていく「天地の道」であった（『童下五十』）。このような「人」「旅人」によって見出された「天地の道」を人は歩むのだが、その「天地」「人」は「ただ全体と部分」とはいえないのではないか。

繰り返しになるが、たしかに、「人」が「人間」に、人の徳が「人徳」に、人の「望」が「人望」になり、これら人の「間」「望み」「徳」が「共鳴現象」になることは多分あるだろう。が、だとしても、その「可能」が「全体と部分との弁証法的関係によるほかはない」とはいえない。現代人はともかく、中近世期までの思想史における「人間」は――むしろ近代よりもさらに、「全体と部分」の「人間」以外・以上の、「天地」「天地自然」「自然法爾」を、あるいは「聖人」また「菩薩」「仏」を、何か存在する「物」「人」を、自他に関わる人称的な存在として、感じていたのではないか。それをただ全く現場の「人間」あるいはその投影とのみ見るのであれば、人は実は当の「人間」以上・以外の実在を見ない力の働きの中に回収されることになるだろう。

もちろん、「人」「人間」が、「全体・部分」であったり、その「人」が交換的であったりすることはある。しかし、そのような関係の構造をも超え、文字通り「他者」「他界」として、自身に現れることは、過去の歴史上はもちろん、日常においてすらあるし、あった。言葉にしていえば、日本語における我・己・自〔分〕（ア、ナ、ワ、オノレ、ミズカラ）などは、確かに、交替・転用される。しかし、汝・他（ナ、タ）などは、ただ交替するものではなく、他者はやはり他者である。そのような他者・汝の「可能性」がやはりある。この問題は、結局、「他者」さらに「他界」という人や世界の「限界」としての超越や根源に関っている。

翻っていえば、他者・他界が全く現れないような「人間」であるならば、そこでの「人徳」とは、到底、品格でも人格でもない。そして要するに、「自分だけ」また「その場限り」のもの、あるいは「今どれだけ人に合わせたか」になるかもしれない。別言すれば、超越や根源、あるいは他者といった「限界」に出会わない「世間」「人間」ならば、その「全体と部分の弁証法」は「その場限り」の「可能性」「品位」になるだろう。「全体・部分」「世間」の弁証法的な構成において、他のもの、他の時空、記憶や目的は、また人を形づくるそもそもの位格は、一体どこにあるのか。そもそも出会うべき「人」あるいは「あなた」は一体あるのだろうか。現にある「世間」「その場」限りではない時空、自・他、人、それはどこにあるのだろうか。大きく残っているこの問題を追って考えていきたい。

## (4) 陰陽、能動・受動

天地の万物において、またその限界的な表象において、父母そして人がまた陰陽がいわれるとき、それはいわば男性性・女性性といった次元であった。この陰・陽（男性・女性）は、『易』のモデルでは、人の働き方としては、能動・受動、攻撃・防衛、昂進・沈静、明・暗、表・裏、上・下、右・左、前・後などととらえられることになる。そして、「思想史において」前者を（より天をまた男性・能動・前を）構成したのが、孔子・儒家だとすれば、翻って後者を（より天地あるいはまた両性を、さらに受動・後を、水・土地・谷・暗等を）構成したのが、老子・道家だといえよう。中国思想史においてそれらは天地における位置をもつ。孔子（論語）は、いわば男性的な表の世界における対人・政治等における「徳」の形成を行う。その周辺・以後から、さらに墨家・孟子（仁義礼智信）・法家・荀子などが生まれ、またそれらと関わりながら異なった次元として老子・荘子等が出て来る。

それらに、ここで十分に入ることはできない。孔子（論語）・孟子などについては、またふれよう。ただ、それらの背景ともいうべき『易』『中庸』などについて、まず少しだけふれたい。

まず『易』について、高田真治は、元来は「シャーマン的呪術」によって諸々の「霊声を聞知」「神意を測度」するところから構成されたものだという（『易経』岩波文庫、解説）。それはテクストとしては、多くのものを発明した古代の伏羲、自身「蛇身人首にして聖徳あり」（司馬貞補史記三皇本紀）とされる者による、ともいわれる。その『易』の内容は、当然ながら、陰陽（男女）から諸物の徳をとらえている。「易は天地と準《なぞら》う。故に天地の道を弥綸《びりん》す」「乾道は男を成し、坤道は女を成す」であり、「聖人の徳を崇びて業を広むる所以なり」とされる（周易繋辞上伝）。この陰陽・男女の両性の道・徳から、何が出て来るだろうか。『易』が表すのは、陰陽の両性が基礎として働く形というべきものだから、その道・徳をこの書でいま個々に踏み込んで見る必要はない。呪術にもかかわるそれをとらえ決めてしまうのもおかしい。ただ、道・徳の背後の流れ・捉え方ともいうべきものがやはりそこにある。

たとえば、時間的には、「陰陽」による予言が何ほどか語られる。あるいは、その「善悪」について、人には表・現在だけでなく裏・後（過去）からの蓄積（「積善」「積悪」）があり、悪の所有（「罪」）すらある。しかも、その善悪の蓄積・所有は、その共同体（「家」）において、やがて必ず応報するという（「善の積まざれば、以って名を成すに足らず。悪の積まざれば、以て身を滅ぼすに足らず。小人は小善を以って益することなしと為して為さざるなり。小悪を以て傷《やぶ》ることなしと為して去らざるなり。故に悪は積みて掩うべからず。罪は大にして解くべからず」繋辞下伝、「積善の家には、必ず余慶あり。積不善の家には、必ず余殃あり」同上伝）。あるいは、人が表立ってすこやかで力強く盛んな状態を「健」といい、「君子」はこれを常に自ら努力するもの、といっている（「天行健なり。君子はもって自ら彊《つと》めて息《やす》まず」乾為天）。『易』は不可知に収まるのではなく、その呪術・予言は、さらに善悪をめぐる背景を持ち、結局は応報するものと感じられている。

過去の記憶からの応報や将来への予言、それをめぐる行為といったとらえ方は、意外にも、仏教につながるものもある。それらは、大きく言って、プレ－アニミズムの根底にある時空、善悪・応報の感覚につながるのだろう。たとえば、「恩」という語は、やがて仏教でよく使われるが、過去から積んだ量をもった善悪であり、それがまた「因果応報」などと言われもする。それらとここにあるものは無関係ではない。

これらは、さらにいえば結局「有機体的な世界」感覚、生命観から出て来るものだ、とも私は思う。そこにおいては、しかも自己・他者はやはりたんに個体ではなく、在り方は様々だが、「いのち」あるものとしてある。おそらくそのような局面について、存在者たちは、その有機体において「融即」（participation）するものとして、時には主客区別なく部分的な共有者であった、のだろう（レヴィ＝ブリュル『未開社会の思惟』）。それが「未開社会」だとは必ずしも言えない（レヴィ＝ストロース『野生の思考』）。そもそもプロティノスなど新プラトン主義のコスモスにおける、一者からの「流出」(emanation)と「帰還」にも、また朱子学の天地宇宙における「理一分殊」にも、違いはあれ、似た生命観がある。

ここから出てくる違いはともかく、この前近代的な世界においては、自己は、多くのもの、諸存在たちにおける一面として、いわば「役割」としてある。それは、近代的な自己や主体ではない。そのものの役割は、東洋日本思想史においては、かつて様々な「土偶」を、また木や石からの人や仏の「像」として石像などを種々に作り出した。だから『易』も、良かれ悪しかれ様々な像・偶像作りに用いられたものの形である。が、それにしても、人々の歴史には、人に関わる表象としての「像」や「形」、それらの構成や働き、破壊や再生がいつもあった。おそらく現代でもそうである。ただ、そこにどんな有無の限界があり、「人」がその「徳」がいかに出て来るのか、それが問題である。

## (5) 他者・他界からの器・像における徳

現代から過去のものを振り返ってみると、当たり前のようだが、おそらく意外に重要なことがある。いま「有機体的な世界」といったが、そこにある応報をも含んだ様々な像・表象があるが、それが、ただ手元の個々の自己自身からの在り方・役割ではなく、むしろどこか彼方の実体から人物に訪れた像・役割(ペルソナ)になっている、ということである。これは先に「彼方から既にある」ととらえたことの具体化でもある。この「形」に関わることを、『易』では、「形而上なるものこれを道と謂ひ、形而下なるものこれを器と謂ふ」(繋辞上伝)といっている。この解釈はいろいろだろう。がともかく、人に関わる「形」を何らかの「器」ととらえ、そこに彼方の道が訪れ・含まれるもの、としている。人とは元来そのような形・器である。

東洋思想史の漢語では、人について、過去・周囲からの記憶を良かれ悪しかれ何ほどか背負うものを「業」といい、周囲からの関わりをもつものを「人物」といい、また過去・周囲からの内容と責任を大小・担うものを「器」という。

そのような人の業・物・器は、ただ人の現在の自己からの〈投影〉だろうか。もちろん、そうでもあるし、しばしばそうだろう。が、どうもそれだけではあり得ない。人は、むしろ他者・他のものからの〈転移〉として自分たちの現在を感じており、だからこそ人は器・像だったのではないか。現代人はむしろそれをしばしば忘れているのではないか。

すなわち、人とは「表象された像」「何かを含む器」であり、そうだったのだろう。だからこそ、「徳」はその器が懐く、ものごとについての量・能力（器量）でもある。そしてその「徳」は、人々が認める器量・力量だろうが、それだけではない。仏教語では、「功徳」というが、それは何かの超越者がもち、結果を生むような能力のことである。そしてそれが全体的な器でもある。人は、そこに死者をも含む複数の人々・存在者・超越者・物たちを背後・過去・周囲・将来をとらえ、記憶・感覚によって物事をそこから与えられたものとして感じ、そこにおける文字通り「器」として、「人物」を「自分」を、とらえている。[3] そして自分は、そこから今ここで営みを行い、また周囲・先へと向かうものである。そのような器・像・姿勢・物として、自分を、またその「徳」を、多くの古代中世までの人々はとらえていたようだ。

このような自己の感覚が、たとえかつてあったとしても、現代人はそんな「人物」「器」「自分」を容易には理解しないかもしれない。あるいは現代人は、人物・器・自分を、何らか現在の「全体の一部」というようにのみ感じるかもしれない。しかし、おそらく人は、表の感覚を越えて無意識や夢をたどれば、それだけではない人・物・ことがあることが、ある程度はわかるらしい。

それは、別言すれば、「他者・他界からの」投影と逆投影（転移と逆転移）ともいうべき自他観、他界観につながるものでもある。これについて、はっきりしているのは、例えば『荘子』斉物論「胡蝶の夢」がある。簡単に訳すると、「荘周は夢のうちで、胡蝶になった。そこで自ら楽しみ気持よく、自分が周だとも思わなかった。しかし目が覚めると周だった。果たして周の夢が胡蝶なのか、胡蝶の夢が周なのか、わからない」というのである。この文章は「周と胡蝶とは、則ち必ず分有らん。此れを之れ物化と謂ふ」と結ばれる。この「分」「物化」の意味は荘子の全体を見ないと十分には言えないだろう。が、少なくとも、この斉物論「胡蝶の夢」での「物」は、いわゆる現実と観念・夢、此と彼、自己と他者、現界と他界とが、いわば逆投影されている。彼方が現界であり、此方が観念かもしれない。このような他界感覚・自他感覚は、当の自己を単に価格を帯びた物質として実体化・現実化し勝ちな現代の「物」とは違っており、前近代的な「物」そして「人」の世界の基礎に何程か動いていると、私には思われる。

この感覚は、人の物語の夢あるいは歌などにおいて、物が自己か他者か、主語様々であるような使用がなされることにも繋がる。それはただ感覚の遊びだったのか。それだけではないようだ。そこに、特に古代・中世にかけての「古代人」「日本人」の「夢信仰」「精神史」をとらえる人もいる（古川哲史『夢——日本人の精神史』一九六七年、西郷信綱『古代人と夢』一九七二年、河東仁『日本の夢信仰』二〇〇二年）。あるいは、近代以前の、東西の思想での他界観をみる人もいる（古東哲明『他界からのまなざし』二〇〇五年）。折口信夫（一八八七～一九五三年）が晩年に述べた「民族史観における他界観念」（一九五二年）はこれをさらに世界観として示している。

そもそも現在でも、幼い子どもや老人において、意識を固めた成人から見れば、人や物の位置が不明瞭で混ざるような言葉が、多くまた時に発せられることもある。それはただ否定・排除できるものではない。そのような物語や歌、言葉や像の発生・把握・記憶においてどんな、本当に「こころよく」「あるべき／あってほしい」「もの」「こと」、その現実があるのだろうか。それが問いとしてやはり生まれる。

これは、当の自己たちの現実、限界をも越えた、いわば超越者・根源者たる「もの」ないし「宇宙」（時空）の問題になる。それについては、追って触れたい。ここでは、まず一般的にいえば、少なくとも『荘子』「胡蝶の夢」では、自他の次元は、ただ相互投影であり、その実在も、方向も時も場所もない。そこには何か根源的な実体あるいは主体を感じ、そこから像・形・人・役割・徳といった次元をはっきり具体的に立ち上げていく動きはない。ただ、時空のいわば「無限の広がり」を感じ、そこに道・徳などを見出すことが『荘子』にはある。「宇宙」という語を荘子は、有機的なコスモスというより無限の時空ととらえ、「実あるも処なき者は、宇（無限空）なり、長あるも本（因／始）と標（果／終）なき者は、宙（無限時）なり」という（庚桑楚篇）。この宇宙がまた天地とも重なり、そこに道・徳が語られ、徳を充符し全（まっとう）する人が「聖人」といわれる（徳充符篇その他）。そこでの人の生き方は、「虚無を本として因循を用とする」（『史記』巻百三十）である。この虚や無の概念も、そこからの因果といった語も、東洋思想史に流れる語である。

では、その無限の宇宙とその因循から、どのような生き方が出て来るのか、というと、「常に自然（おのずか）ら然るものに因る」（斉物論篇）、「奈何ともすべからざる」「やむを得ざる」（人間世篇）ものであり、それが更に「天」や「命」といわれる。その運命随順ともなる「人間」としての人は、あるいは弱者ともあるいは翻って強者ともなる、と金谷治は指摘する（『荘子』解説）。

ともかく、荘子の「夢」「宇宙」は、根源的な実体あるいは主体を何程か見出そうとするよりも、むしろ既にある此方の現実としての実体や力、それを解《ほど》いてしまうこと、その解体と虚無・無限にこそ、物語の意義があったのだろう。そのような物語は、日本思想史でいうと、特に戦国期の極限に出会う人にこそ、翻ってよく所有されたものだった。例えば、一条兼良（一四〇二～一四八一年）は、「胡蝶の夢の中に百年の楽を貪り、蝸牛の角の上に二国の、善しといひ悪しといひ、ただ、一つ心を悩ますこそ愚なれ」といっている（『藤河の記』）。人の生を、あるそこでの善し悪しに「心を悩ます」いわば囚われることを愚とし、結局、その悩みを解くべきというのである。これは、なるほどと思えるだろう。しかしこれだけでは、「此方の人々」にとっての解決にはならないし、「彼方の自己、人々」における「本当の解決」があったわけでもない。

また織田信長は、胡蝶論では必ずしもないが、「夢」をめぐって、幸若舞の「敦盛」（世阿弥も能として表現する）を引き、「人間五十年、下天のうちに比ぶれば、夢幻の如くなり、一たび生を得て、滅せぬもののあるべきか」との句を好んで用いたという。また、興味ぶかいのは、ここでの「人間」という概念が、「人間五十年、下天一昼夜」（『倶舎論』第十一巻）などの時空観――大乗仏教での六道（地獄・餓鬼・畜生・修羅・人間・天（上））にある――が使用されていることである。法華経でもその「人間」がよく用いられたことを、和辻哲郎も指摘している（『人間の学としての倫理学』）。

ただ、そこからどういう「生き方」が出て来るのだろうか。幸若舞・能でこれを語った熊谷直実は、『平家物語』でも扱われた。彼は、戦いによって死者（敦盛）たちを殺した自分について顧みて、「是を菩提の種と思い定め」ねば、自己あるものかと思い、「遺骨を奉じ」「法然上人の許に投じて出家」したとされる。他方、「人間五十年」「夢」を詠い舞った信長は、好んでますます戦い、多くの〈人殺し〉と〈自死〉へと強く向かっていったのである。金谷治が、荘子から、弱者も出て来るが、翻って強者も出て来るといわれていたが、信長は後者だったのだろう。

和辻哲郎は、「人間」の語が、仏教的用語における「世間」「世の中」「怨憎会苦」等に関わるものであることも捉えている（前著）。また日本仏教において、「怨親平等」の考えがあり、「敵味方供養」も行われていた（時宗・遊行寺また高野山奥の院など）。が、当の人間・世間自体が「全体」だとすれば、その人間・世間を越える仏も菩薩ももういない。あるいは、いたとしても、仏も菩薩も、その世間・人間で「使われるだけ」の存在なのだろう。それは仏教自体だろうか。

なお、平安期には「宿世《すくせ》」という語がよく用いられた。これは、偶然のうちに今現在の人が宿る時処であり、人の「契り」や「結び」もそこにある出会いだとしばしば捉えられた（『源氏物語』等）。が、このようないわば無常な時空・関係観においても、人は「使われるだけ」であっても、元来それだけのものとは感じられていない。

「徳」について、和辻は、「徳とは、人が得てもって己れのものとしている人倫的な本性あるいは力の優秀性である」と定義する（『倫理学』上）。また「社会秩序の全体的規定」にあるという。ここでの、我れと汝は、良くあって、せいぜい互いに手段となりつつ互いに目的となり合うものである。だとすれば、その「主体的な人間」「行為的連関」において、果たして人格があり他者があるか、あるいは無限があるのだろうか。人格といった問題は、和辻は『人間の学としての倫理学』（一九三四年）以後、さらに『人格と人類性』（一九三八年）において「人格と人類性」「仏教哲学における「法」の概念と「空」の弁証法」などで議論していく。

これについては、和辻論になるので、ここではあまり立ち入らない。ただ、和辻論としてではなく、大きな思想文化史としていえば、問題がある。すなわち、他者・他界なくしての「人間」は、人と人との互換性をもてばせいぜい十分なものになる。かつて仏教者たちが出会った「空」も、また近世儒教者たちが生命としてとらえた「気」「活物」も、近代日本においては、世界や位置を失うことで、当の人間関係だけのなすべき状態・状況としての「空気」になっている。このことは、信じられないが、驚くべきことである。

山本七平は、「空気」が、元来、プネウマ、アニマに近い語であることに触れ、ここに「アニミズムの世界」があるといい、その近代日本での使われ方を種々描き出している（『「空気」の研究』一九七七年）。ただ、山本は、近世前の仏・儒における「空」「気」の概念についてはまったく触れず、空・気が一定の場所に閉じ込められた状況ばかりを、悲喜こもごも語るのである。この状態は、空・気だけではない。先述の「人間」も、その業も将来の目的（往生・華厳等）も全く感じず、さらなる他者（仏・菩薩）をも全く忘れ、当の現実、当の「人間」だけに収斂していく。これは「徳」「道徳」について当然である。そのような空白の傾向が、近代の日本思想文化史には、驚くべきこととして、やはりあった。

しかしともかく、形而上、宇宙、天地、菩薩、空、気などの概念において、当の「人間」以外・以上の、何程かの自己・他者、さらに他界、そこに関わる霊魂・生命、その徳という在り方が元来はあったのである。それは近代以前の思想史においてはやはり流れていた。その在り処にもう少し出会う必要がある。このことは、思想史における時空、他界・他者とも関わる元来の自身としての「人間」、そこでの「いのち」（生命）について出会うという問題でもある。

# 四　徳の内容とその働き

## (1) 中による構成、反対物の一致、法、空

以上、おもに超越や根源にかかわる面について「徳」のあり方を見てきた。では、徳が人の生き方において、どう具体的に展開するのか、少しおさえておこう。すでに語としては、「和」、「仁・礼・信・義・智」、「正直・慈悲・知恵」などが出て来た。ただ、個別論ではなく、基本的なものとしては、まず「和」のみならず、それにつながる「中庸」「中」などが重要である。

古代漢語においてテクストとして成立した『中庸』は、「天の命ずるこれを性と謂う。性に率《したが》うをこれ道と謂う」から始まる。ここでは、「天地」がさらに主宰・主体として「天」とされ、そこから「命（いのち）」が伝えられて各自の「性（もちまえ）」となり、それに応じた自身の行為・営みが「道」となる、というわけである。具体的実践においては、「中なる者は天下の大本なり。和なる者は天下の達道なり。中和を致して、天地位し、万物育す」という。「中」の徳が大本になって、「和」が次々導かれ、それによって天地万物が位置づき、健やかに育つとする（テクストは金谷治訳注『大学・中庸』一九九八年より）。この「中」「和」には、いわば先述の、天地人——ミクロ・マクロのコスモス観があって、そこに人の実践の基本が捉えられていることがわかる。「天地万物」の広がりがあり、「育」がある、

より万物、より生また生育がとらえられているという点が、東洋思想史的かもしれない。

ところで「中」「庸」は、後に「中者、不偏不倚、無過不及之名。庸、平常也」と註される（朱子章句）。人の営みにおける「過・不及」という両次元の否定として「中」があり、その状態として「庸」がある。この過・不及は、これまで見て来た、「陰」「陽」、「能動」「受動」の両面とすることもやはりできよう。

この「中庸」は、アリストテレス『ニコマコス倫理学』の「中庸」論と似ている。また実践的には、意外にも仏教系の「中道」に類似する面がある。すなわち、偏道としての「快」への耽《ふけ》りと「苦」への苛《さいな》みではないところに、中道として八正道（正見・正思・正語・正業・正命・正精進・正念・正定）がある、という（『初転法輪経』）。このような道の「正しさ」は、快・苦の両側面に入ってしまわない「中」にある。

また仏教の場合、この営みとしての「中道」には、悟りへの「自利」（自覚）の方向と、（世への）説法による「利他」（覚他）がある。前者が「智慧」、後者が「慈悲」という「基本的徳性」となって、実践が立ち上がっているのだ、と高崎直道はいう（『仏教入門』一九八三年[4]）。また、この「自覚」と「覚他」の「徳」という問題は、徳論として、別語を用いれば、「正義」と「愛」――「義」と「仁」の二次元、と捉え直すこともできる。

「正義」「愛」（仁・義）の二次元のうち、「正義」は、アリストテレスにおいて「配分的正義」「匡正的正義」「応報（交換）的正義」などとして論じられていく。また東洋思想史を振り返るならば、「義」は、象形文字において、羊と我であり、犠牲あって、神意にかなうこと、そこから義（ただ）しい、の意が生まれたのだ、という（『字統』）。犠牲すら担う責任の働きが「義」だったのかもしれない。

この「正義」と「愛」は、西洋思想史「義務（責務）」における「完全」と「不完全」に分化され、「近代以降」「関心は……「愛」よりは「正義」の問題へと集中することとなった」といわれる（ミリャード・シューメーカー『愛と正義の構造』二〇〇一年、また二つの元来の関係について桑原直己『トマス・アクィナスにおける「愛」と「正義」』二〇〇五年）。

り、取り止めがない徳によりなるからだろう。

「愛」は「不完全義務（責務）」であって、近世人が社会を構成していくにおいて、重要であっても、位置が未定であり、取り止めがない徳によりなるからだろう。

ただ、生きる人において「愛」は、何ほどか必ず「必要な徳」でもある。西洋思想史において「エロース」にとどまらない「アガペ」は、神の無限の愛とされ、あたかも仏教系の「慈悲」に似た構造を持った。また愛を担ったマリアは「聖母」にもなった。東洋日本思想史においては、また「徳は人を愛するより大なるは莫し」（伊藤仁斎）といわれる。これは、近代には「甘え」（土居健郎）といわれ、また「惜しみなく愛は奪う」（有島武郎）、遡って「愛別離苦」（仏教）ともいわれる。「愛」は、根本的に元来は天地（コスモス）の生と関係し、自他や育ち・生き方においてだろう。「必要な徳」また「越えるべき徳」になっている。しかし近代ではより不確定なものとなったのだろう。

さて、この「中」「中庸」に戻ろう。この人の生き方としての中・中庸は、先にふれたように、アリストテレスの倫理学に似たものがある。彼は、霊魂（いのち）の在り方としての過・不及、能動・受動を様々にとらえ、その習慣による「中庸」に、よき徳を多く具体的にとらえている（『ニコマコス倫理学』）。これは大きな思想史にとってとても興味深いことでもある。仏教の中であれ、儒教・アリストテレスの中庸であれ、その個々の状態の位置づけに違いはあれ、生きて働いていく人の状態として、「中」は同様に重要なものであった。

ただ、問題は、その「質料的観点から眺められた徳」（岩田靖夫『アリストテレスの倫理思想』一九八五年）が、一体、「中」によって「さらにどこに行くか」「彼方の理念・目的は何か」である。あるいはその「背後になにがあるのか」である。その在り方・目的については、「反対物の一致」というとらえ方もあり（クザーヌス、ユング他）、また「曼荼羅」（空海など）のような世界像にもなる。あるいは背後には、「記憶」や「業」がある。ただ、当の自他の人称的在り方、人において何があるのだろうか。どんな目的・最後があるのだろうか。

アリストテレスの場合、その人の営みは「ロゴス」へとつながるのだろう。人の営みは、西洋思想史では、しばしば弁証法（dialectic）と称されるが、ヘーゲルの場合、精神（Geist）はその「合」において「絶対知」に至るのだという。他方、仏教の場合、人の営みは、「法」または「空」に（龍樹、また色即是空『般若心経』）あるいは秘密に（空海）つながって行く。またその背後・周囲には、「縁起」があり「業」がある。だとしても、その「ロゴス」「絶対知」が、また「法」「空」「秘密」が、当の生きる人にとって一体、何なのだろうか。

「法」（ダンマ）について、玉城康四郎は「業熟体」「いのち」ともいう。また張載（一〇二〇〜一〇七七年）は、「空」がしばしば「無」と解釈されていたのに反対して、ここに「気」（vital force）という形而上学的概念」を採用した、という（中村元「比較思想からみたナーガールジュナ」『龍樹』一九八〇年）。また中村元自身は、「空」を、「すべてを抱擁し様々なものの現象のすがたが現れる、あたかも「水晶の玉に似ている」といい、またこちら側からは「相互依存」「相依相関」がある、とも言っている（同著）。

和辻哲郎もまた「空」を語っている。また空海の「秘密」に至る瞑想の「入定」（にゅうじょう）は永遠をあらわすことで古代からの神話にも似るようである（エリアーデ『永遠回帰の神話――祖型と反復』一九六三年）。ただ、「空」であれ「秘密」など何であるにせよ、それらが人の生き方、道徳・倫理において何であるか、何として現れるのか、人はどう「する」のか、天地をはじめ具体的な物や世界との関係がやはりまた重要である。

## (2) 天、性、基礎的な徳と大きな徳

生きている世界についてもう少し具体的に見てみよう。東洋における『易』『中庸』にはやはり前提のように天地がある。そこから、諸々の「徳」を概念として人々に語り出すのは、やはり『論語』『孟子』等のテキストである。その内容は、日本では近世徳川期に中世以後の概念をより国に結合させた朱子学、その主体化を図った陽明学などとなり、それが町民・治者たちをも動かす。個々に入る余裕がないので、やはりその基礎面だけいくつか見よう。

儒教というと、あるいは近世以後の思想というと、まったく宗教性をもたないもの、だから非宗教、無宗教だととらえられていることが多い。が、踏み込んで見れば、そうではなく、近世以後いわば「世間」により具体的「人間」に入り込み、それに全く結合さえして主体性をもち、ときに排他性を帯びることになる局面が大きい。別言すれば、当の関係を越えた他者・他界なく「世間や主体の宗教」が人を動かしているのである。が、元来の思想をよく見れば、そこに宗教性がないことは殆どあり得ない。この点は、孔子や孟子についてさえ、そうである。

孔子や孟子を――さらに儒教を、いわば有神論とみるか無神論とみるかは、思想史（研究）上、種々議論がある。前者には、白川静などが与するが、私自身もそうである。孔子や孟子にはプレ－アニミズムやシャーマニズムがあり、かつその「天」への「選択」があった。孔子は、人の「生」における徳や秩序を多く語ったが、「怪力乱神を語らず」「焉んぞ死を知らん」と言い、「子罕《まれ》に利と命と仁とを言ふ」「性と天道を言ふは、得て聞くべからざるなり」だったという。つまり、徳や秩序の、他存在たちについては語らず、限界面については、多言しなかった。これは、天・性・天命・天道こそが実在し、それに関わるべきものとして、利・仁などの徳が、（どうでもいいのではなく）むしろ重要な当為だったからである。多く語らないものが前提になっている。

『論語』には、「神を祭ること神在すが如くす」（八佾）という記述がある。先に言った、有神か無神かという議論は、この「在すが如く」の解釈問題に結局収斂する。「在すが如く」は、ただ「かのように」（森鷗外）であって、実在はむしろ此方にあり、（孔子にとっても）神は不在、無神だ、といった捉え方が近世以後、多くなる。これに対して、平田篤胤（一七七六～一八四三年）は、孔子においても「実物の神在て」だという（『新鬼神論』）。これは仏教語での「化」「化身」が、彼方の実在からの化か、それとも専ら此方の化・投影か、という議論にもなる。あるいは「如来」の「如」が、実は此方の如か、という論にもなる。

篤胤は、上帝も鬼神も「仮に云へるにて、実は形容も心もなけれども、是を祭る事は聖人の民を教ふる術に設けたる事なり」とする手元での「仮」「術」を批判し、むしろ神や上帝こそ実在しており、こちらにはその「事実の迹《あと》ある」と論ずる（同）。私自身は、篤胤の解で全ていいとは思わないが、少なくとも古代の孔子たちにとっては、実物神、有神であった、と考える。

では、孔子たちが、此方の実在感に必ずしも収斂せず、天・性・天命・天道を実在と感じ、その徳としての仁・利等を捉えたのだとすると、そこに生における徳が、如何に語られたのだろうか。孔子自身、背後に共同体をイメージして持ちつつも流離者であって、天・天命・天道などと出会いながら対自的に徳を語り出した、といえる。だが、それは何だったのか。そこに見出されて来た営みを簡単にまとめる。

孔子は「終身これを行うべき者」として「それ恕か。己の欲せざる所は人に施すこと勿れ」と言ったという（衛霊公）。この「恕」は、思いやり――他者に気持を配慮する、他者の気持をもつこと――であり、他方で同じ「恕」をいいつつ、さらに「邦に在りては怨み無く、家に在りても怨み無し」と言う（顔淵）。「怨」（うらみ）に対しては、先の第三節で見たように、仏教において、宗教的な次元から「怨親平等」が語られてもいた。より内側にいるだろう孔子が、基本的当為（「終身行うべき者」）として、「恕」（思いやり）をいう。また、自己自身について「人知らずして慍（うら）みず」（学而）という。「うらみ」を無くするものとしての「思いやり」が「徳」感得の「終身」の営為であった。

この「恕」としばしば重なって「忠」がある。「忠」は、「まごころ」などと訓ぜられるが、心の「中」であり「集中」でもあろう。それがどこに向けられるかが問題である。仁斎は、「忠」について、「人の事」と「己が事」を同じ事のように心を働かせることだ、という（「人に接《まじ》わる上に就いて……人の事を做《な》すこと、己が事を做すが如く、人の事を謀《はか》ること、己が事を謀るが如く、一毫の尽くさざる無き、まさに是れ忠」語孟字義）。そのような「忠」は、孔子においては「夷狄」に対してすら当為としてあった（「人に与《まじわ》りて忠なること、夷狄に之《ゆ》くと雖も、棄つべからざるなり」子路）。

また、人称的な基礎においてとらえる必要があるのは、「信」である。これは、いわゆる信仰の信というよりも──それに繋がるにしても、自他また物事における信頼というべきものである。だから「信」が無かったらどんな可能性もありえない（「人にして信なくんば、其の可なることを知らざるなり」為政）という。人が物事やその大小を行き来させるのも「信」だと、仁斎はいう（語孟字義）。政治においてすら、根本的に「信」がある、と孔子はいう（「子貢、政を問う。子の曰く……民をしてこれを信ぜしむ」顔淵）。

こうした基礎的な「忠」「恕」「信」などから、（家・邦・天下などにつながる）「仁」「義」などの大きな徳を作り上げる──「忠信を主として義に徙（うつ）るは、徳を崇（たか）くするなり」（顔淵）というのが、孔子の徳論であった。

振り返ってみると、「己の欲せざる所は人に施すこと勿れ」という孔子の「恕」は、「己の欲するところを人に施せ」というイエスの語り（マタイ7：12）にも類似する。ただ、自他の「思いやり」において、前者は（希望しないことを）人に「するな」、後者は（希望するものを）人に「せよ」、といっている。前者はより受動的、後者はより能動的、といえる。ただ、さらにいえば、前者には共同態が前提されており、後者ではそれが求めるべきものになっている。いずれにせよ、これら道徳的行為の「黄金律」とされるものは、欲するよい在り方を《侵害するな／実現せよ》と人の意志を語っている。もちろん、その「欲する」「よい」在り方とは一体何なのか、そもそもそれはあるのか、どこに行くのか、といった問題は残っている。とはいえ、決議論が述べられまたコスモスとしての宇宙があるように、方向と世界は人間を位置付け、それを担うべき・求めるべきなのである。

イエスの場合、この「欲求」をめぐって「門をたたけば」「開かれる」といっている。また「狭い門」といい、多くの「癒し」をしつつ、「苦難」を予告する。そして受難・受肉に至る。『新約聖書』においてパウロが示すように、徳は、「信・望・愛」になった。おそらくは理念の彼方としての「共同体」（神の国）がそこにあるのだろう。玉城康四郎がいう「形なきいのちの共同性の実現」（『ダンマの顕現』）も根本としては似ているのかもしれない。

## (3) 徳の内面化・形而上化、地図と方向

もう一度、より手元の世界に戻ろう。孔子は、天下において、人が、忠・恕・信など個々人称的な徳を営みながら、仁・義などの大きな徳をいだくという構造をとらえていた。この構造は、孟子になると、その戦乱期の流離によって拡大し、より内面的可能性また形而上的次元が要請されることになる。

孟子は、人がその性に「四端」（有する四つの可能性）として「惻隠・羞悪・辞譲・是非」の「心」をもち、これを「存養」（所有し養い）また「拡充」（充実させ拡大）することで「仁・義・礼・智」の徳が成り立つのだ、という（公孫上など）。これは自身の「気」（生命的なもの）の養成・拡充でもあって、「我は善く吾が浩然の気を養えり。……その気たるや、至りて大、至りて剛にして直、養いて害うことなければ、天地の間にも塞《み》つ」（同）ともいわれる。これらをさらに内面・形而上に語るにせよ、孟子にあってそれらは「天地」またその「気」においてあった。

『中庸』の「万物育す」が、孟子では「養う」と、より主体的な捉え方になっている。そして天地に塞つほどのこの「気」（生命体）は、「養う」ならば大きく長ずるが、「養いを失う」ならば消滅してしまう、と孟子はいう（「これを養わず苟も其の養ひを得れば、物として長ぜざることなく、苟も其の養ひを失へば、物として消せざることなし」告子上）。

孟子において、当為は、自他の生命体を敢えて存養・拡充することであり、その養いは育てのみならず癒しになる面もあるだろう。と同時にそれが無いことの問題もとらえている。その組織はいわば大きな有機体であるから、これを十分に懐き・扱うことが為政者の責任としての「仁」「義」で、それが無いなら、もう為政者ではないという、文字通りいわゆる「革命」論もそこから生まれる（梁恵下）。あるいは、戦う覇者によってではなく、仁徳ある王によってこそ人々が関わってその組織が長く成り立つ・栄えるといった「王覇」論も（公孫上・下）、人々の組織を有機体・生命体ととらえることから来ている。

いま、大きな有機体での「責任」といったが、『書経』には「四方の罪有るも罪無きも、惟我に在り」という表現

があり、これを孟子は引いて、文王・武王の「安民」を論じている（梁恵王下）。これは、現代人には理解し難いが、近世以前、人は、何か大きな出来事があったら、直接自分がそれに関与していなくても、その問いを他から自分に引き受け、責任や罪を感じることがはっきりあったわけである。

他著でもそうで、例えば「一切衆生病めるをもっての故に我病む。一切衆生の病滅すれば則ち我が病滅せん」（『維摩経』文殊師利問疾品）とまでいう。それほどでなくても、孟子はもちろん孔子も「徳」に、その感覚を全く持たなくはなかっただろう。「其の徳を恒にせざれば、或いはこれに羞《はじ》を承《うけ》ん」（子路篇）ともいう。そしてその「徳」は、孔子はもとより孟子はいっそう、従来の共同体からの流離から感得されたものであった。共同体内部だけではない。

この流離から発生する問題をめぐって、より物事を具体化すべく、荀子の礼楽形政（法）が語られた。また、墨子の相愛・兼愛といった平等論のごときもの、さらには法家による論理的統治論というべきものが主張された、が、かかる変容や強調の違いがあるにせよ、これらは「天地自然」のもとにあった、といえるだろう。

その上で、思想的な文化史あるいは宗教史を振り返って見ると、生命体の形成である動きとしての人の営みとその徳の基礎には、まず簡単には次のような地図・方向が出てくるかと思う。

流離
↑宗教性↑出世間　能動（過）↑
（天）自力　男性　黄金律
↑空（理）　愛智的徳・功徳　徳　和↑中庸　習慣　関係　欲動
（地）他力　女性
受動（不及）

この仕組みでは、業・記憶など過去の動きも、自他からの大きな形態となる社会的組織も入れていない。が、そうだとしても、前提となるような仕組みが、「天地」という場所のもとで、目的や位置として考えられていただろう。ただ、歴史的には、こうした構造自体が近代になると視野から消えて無くなりもする。始めに述べた「空白」がそれである。が、近代に求められる社会的組織もやはりこの目的や位置に関わるべきと考える。この構造は、本章以外でもまたとらえ、近代的問題としてまた改めて考えたい。また根本において把握される慈悲・愛（アガペー）は完全性にも連続しており、かかる図式を根本的に位置づけるものとして重要である。この点は本書の最後にとらえたい。

## 註

（1）日本の思想文化において基礎的に「おのずから」の働きが大きく、「みずから」もそこから出てきていることなどを、竹内整一が詳しく指摘している（『「おのずから」と「みずから」――日本思想の基層』二〇〇四年）。

（2）東西の思想の宇宙・身体論では「四大」をとらえるが、特に古代西洋思想・医学では、人の身体の流れを粘液（水）・多血（風）・胆汁（火）・憂鬱（地）の四気質でとらえる。その「地＝憂鬱」がメランコリーである。

（3）「自分」だけではない。当の自分の人生における「食分」「命分」が彼方からある、という捉え方を道元はしている（『正法眼蔵随聞記』）。

（4）なお、仏教系の語での「利」（よい働き）はまた「益」（あふれる充実）と結合し、「利益」は役立つの意をもつ。親鸞は、「化はよろづのものを利益すと也」（尊号真像銘文）というが、この利益・役立は、当然、菩薩からの化である。ただし、現代では、そのような利益・役立ちの感は失れ、（寺社・僧においてさえ）手元のものだけになっている。もはや利益も徳も彼方には存在しない訳である。

## 文献（姓名五十音順）


阿部謹也（一九九五）『「世間」とは何か』講談社
阿部謹也（二〇〇四）『日本人の歴史意識――「世間」という視角から』岩波書店
池上良正（二〇〇三）『死者の救済史――供養と憑依の宗教学』角川書店
市川安司（一九八五）「朱子哲学における物の意義」『朱子哲学論考』汲古書院
井上忠（一九七〇）「倫理学を超えるものから」、佐藤俊夫編『倫理学のすすめ』筑摩書房
岩田靖夫（一九八五）『アリストテレスの倫理思想』岩波書店
梅原猛（一九七二）『隠された十字架――法隆寺論』新潮社
梅原猛（一九七七）「怨霊と鎮魂の思想」、田村芳朗・源了円編『日本における生と死の思想』有斐閣
アンリ・エランベルガー（一九八〇）『無意識の発見――力動精神医学発達史』上下、木村敏・中井久夫監訳〔原著一九七〇年〕
折口信夫（一九二九）「古代人の思考の基礎」『民俗学』第一巻五・六号、第二巻二号
笠松宏至（一九八三）『徳政令――中世の法と慣習』岩波書店
加藤常賢（一九七〇）『漢字の起原』角川書店
加藤仁平（一九三九）『三種の神器観より見たる日本精神史』第一書房
勝俣鎮夫（一九八二）『一揆』岩波書店
門脇佳吉（一九九四）『身の形而上学――道元と聖書における「知慧にみちた全身」論』岩波書店
金谷武洋（二〇〇四）『英語にも主語はなかった』講談社
金谷治訳註（一九七一）『荘子　第一冊　内篇』、解説、岩波文庫
金谷治訳註（一九九八）『大学・中庸』岩波文庫

金子啓明（二〇〇六）『仏像木にこめられた祈り　特別展』読売新聞東京本社
河東仁（二〇〇二）『日本の夢信仰――宗教学から見た日本精神史』玉川大学出版部
桑原直己（二〇〇五）『トマス・アクィナスにおける「愛」と「正義」』知泉書館
黒住真（二〇〇二）「日本思想における「和」の概念」『Odyseus』6
黒住真（二〇〇二）「公共形成の倫理学――東アジア思想を視野に」『公共哲学10』東京大学出版会
黒住真（二〇〇三）『近世日本社会と儒教』ぺりかん社
黒住真（二〇〇六）「日本思想における自己と公共」『複数性の日本思想』ぺりかん社
古東哲明（二〇〇五）『他界からのまなざし――臨生の思想』講談社
西郷信綱（一九七二）『古代人と夢』平凡社
坂本太郎（一九七九）『聖徳太子』古川弘文館
佐藤通次（一九三九）『身体論』白水社／第二版、一九四三年
佐藤正英（二〇〇四）『聖徳太子の仏法』講談社
茂泉昭男（一九九八）『輝ける悪徳――アウグスティヌスの深層心理』教文館
清水正之（一九九五）「国民道徳論における徳論の位置と意義――近代日本倫理学史の一駒として」、佐藤正英編「日本倫理思想史における徳目の総合的研究」
清水正之（二〇〇二）「「機」と「勢」の弁証法――『愚管抄』の歴史観」『歴史を問う1　神話と歴史の間で』岩波書店
下川怜子（二〇〇一）『北畠親房の儒学』ぺりかん社
ミリャード・シューメーカー（二〇〇一）『愛と正義の構造――倫理の人間学的基盤』加藤尚武・松川俊夫訳、晃洋書房
フランソワ・ジュリアン（二〇〇四）『勢　効力の歴史――中国文化横断』中島隆博訳、知泉書館〔原著一九九二年〕
白川静（一九八四）『字統』平凡社
白川静（一九九六）『字通』平凡社
白川静・梅原猛（二〇〇二）『呪の思想――神と人との間』平凡社

ベン＝アミー・シロニー（二〇〇三）『母なる天皇――女性的君主制の過去・現在・未来』大谷堅志郎訳、講談社
高崎直道（一九八三）『仏教入門』東京大学出版会
高田真治（一九六二）『易経　上・下』解説、岩波書店
竹内整一（二〇〇四）『「おのずから」と「みずから」――日本思想の基層』春秋社
玉城康四郎（一九八三）『東西思想の根底にあるもの』講談社
玉城康四郎（一九九五）『ダンマの顕現――仏道に学ぶ』大蔵出版
玉城康四郎（一九九九）『仏道探求』春秋社
辻直四郎（一九九三）『インド文明の曙――ヴェーダとウパニシャッド』岩波書店
土居健郎（二〇〇〇）『土居健郎選集６　心とことば』岩波書店
中村元（一九八〇）「比較思想からみたナーガールジュナ」『龍樹』講談社
エーリッヒ・ノイマン（二〇〇六）『意識の起源史』改訂新装版、林道義訳、紀伊國屋書店〔原著一九七四年〕
濱井修（二〇〇四）『倫理的世界の探求――人間・社会・宗教』東京大学出版会
藤堂明保（二〇〇六）『漢字の起源』講談社
古川哲史（一九六七）『夢――日本人の精神史』有信堂
アラスデス・マッキンタイア（一九九三）『美徳なき時代』篠崎栄訳、みすず書房〔原著一九八一年、改訂一九八四年〕
山田英彦（一九七五）『異形の神々』中部日本教育文化会
山本七平（一九七七）『「空気」の研究』文藝春秋／文春文庫、一九八三年
山本七平（一九八三）『人間集団における人望の研究　二人以上の部下を持つ人のために』祥伝社
湯浅泰雄（一九七七）『身体論――東洋的心身論と現代』創文社／講談社学術文庫、一九九〇年
レヴィ＝ブリュル（一九五三）『未開社会の思惟』山田吉彦訳、岩波文庫〔原著〕
レヴィ＝ストロース（一九七六）『野生の思考』大橋保夫訳、みすず書房〔原著一九六二年、改訂一九六六年〕
イグナチオ・デ・ロヨラ（一九九五）『霊操』門脇佳吉訳・解説、岩波文庫

# 第五章　自然と人間の形態また世界史

## 一　「形態」をめぐる人間の思惟

人間は、元来まずは「自然」と称せられる自分たちや周囲の物事によって位置づけられている。ただ、自分としてそこに生きている限り、物事はそのままではなく、「ひと」はさらにその物事をめぐり何程か「人為」的に向き合って感情や思いを抱きながら行為し、物事の内容・結果を、あらためて「形態」（かたち）として組織立てている。あるいは、そうではなく、物事に対して、向き合うことなく、ないし逆の、また別の、感情や思いを抱いて行為することもある。こうした行為により、従来あった物事は、その形態を再構成しあるいは拡散ないし破壊また変容する。この出来事は何度も繰り返し行われる（こうした様々な事柄に用いられる人間性をここでは屢々「ひと」と記しておく。和語としての「ひと」の多人称性をも思うからである）。ひとの物事の形成（構成）をみるならば、形づくられた何らかの形態が次の「自然」（第二の自然）になっている。むろんそれだけではないが、生きている限り、わたしたちの生活は、大抵はこうした形態の在り方や歴史の中で営まれ変化しながら連関している。

生きて生活する物事としての「自然と人為」には、いつも何程か何らかの「形態」が含まれ形づくられており、それをめぐる活動があり歴史がある。――その模様をめぐって、本章では、〈基礎というべきもの〉、その基本的な形態や内容をとらえ知りたい。表現された自然と人為の基本的な形と中身を可能な範囲でだが出来るだけ遡及すること、これを試みてみる。

その際、まず形式的・方法的にだが、少しでも気を付け考えておくべきことがある。それは、かかる形態となっている物事には、意味があり、大抵、物事をめぐりみずから懐く言葉がある、その形態・言葉がまた媒介となってまた次の形態をなしていく、という点である。端的にみるならば、対象としての物事と、それをめぐりみずから懐き交流させる言葉と、また人間の生の活動による形態と、がある。生きている人間はこのことを何時もとらえ考えているかのようである。ならば、とらえ考えているといった、この三者（物事・言葉・活動する形態）は、どう関係するのだろうか。

物事と言葉と活動とは、離してしまわない限り関係する。この関係は、どこかで完全に一致してしまうかもしれない。そうした完全な次元も考えうるだろう（たとえば超越や根源において）。ただ、生きている人間にとっては、まったく完全な関係はあり得ないから、つまり三者は全く同一ではなく、違いと繋がりがある。だからこそ、媒介のような意味・言葉を抱いて活動し、そうながら物事を何かだと把握し形態化し続けている。これに対して、三者を簡単に一致させてしまうなら、意味を持つ解釈・把握に問題を生じるだろう。あるいは遡って三者の関係をまったく切ってしまうなら、意味自体は失われ形態はひとの物事としては消えてしまうだろう。

完全な同一ではなく、まったくの解離でもない在りさま、その関係する繋がりの中で、何かの（何処か何時か何程かの）一致から、あるべき事柄を見出している。また人間自身、その体験をたどる場合も、ひとによって互いに完全に同じではなく、違いがあり、それを急に同じだとは言えない。とはいえ、人の体験であるならば、違いだけでなく何程か一致があるだろうし、さらにどこかで何か同一性があるかもしれない。

このあたりは結局、「人間性」への問いに結び付く。何らかの同一性・本性を考え、そこからの位置づけや意味・解釈がありうるのではないか。その際、あるだろう最終的な一致への働きが、感情や思い（思想）には求められている、と考えられる。

以上、自然において人間は人為的に位置づき、そこに「形態」が含まれ形づくられ、それをめぐる活動があり歴史をなしている、といい、これをめぐり人間は考えている、と述べた。このことは、結局、その考え・思想において、反省を含んだ構造としての「思惟」を方向として持つことであり、これは元来は「哲学」と称されるものに繋がる。とはいえ、その把握は、おそらく「連想」によってその周囲に結び付いていく。何らかの「形態」をとらえ、破壊させない限り、そうである。

そもそも、自然において位置づく、意味があるとは、どういうことか。それは、人間である限り完全に判るわけではないが、にもかかわらず結局は普遍的に位置づき意味づいている、なぜなら自然との位置があるのだから、とここでは考える。そこにまさに人間性を持った人間の体験があり、行為や物事の意味があり要請があるのではないか。――本章は、こうした考えや方向を目的として持ち、そこに意味をあらためて見出そうとする。そのような次元を求めての仕事だと、まず考えておきたい。

## 二　人と物事の「形態」（かたち）

### 人為とは――生きる人の交流による形成・形態

すでに用いて述べ始めているが、そもそも「自然」「人為」とは、「自然と人為」とは、一体何なのか、簡単にでも定義・捕捉しながら考察に入っていきたい。その際、より先立って定義しやすいのは「人為」である。それをまずとらえる。

まず、「人為」を、「生きている人が心において持ち、身体において働くこと、また、その営み・その形成物」としておく。その際、すでに「生きている人」といったが、人として今生きている自分には（後述するが）大抵すでに「生命（いのち）」「いのち」「こころ」がある。自分自身はもとより、向かい合う対象・相手も生きているなら、大抵そうである。

そして「いのち」「こころ」を持っているからこそ、そこには、内外の、食事や運動に拠る、記憶や学習に因る、ばらばらではない何らかの、時空をも孕んだ営為・形成物、そこに結集としての物事の「形態」（かたち）がある。その人のまた人々の、関係・交流によって形成される形成物としての「形態」、それがさらに「思想」また「文化」にもなる――そう考えておく。

## 自然とは――物事・鉱物・植物・動物

では、「自然」とは何かというと、以上のような働きとしての「人為」自体ではない。といっても、自然は人為とまったく無関係な訳ではない。自然は、「人為に先立つ・またそれ以後の・またその周囲の、物事のあり方」である。これをまず〈第一の定義〉とする（追ってまた第二をいう）。たとえば、ある人にとって、諸々の物事は、人為＝生きた人の働きでない限り、「自然」である。かつて生きていた（今は生きていない）人の営為による既にある物事はもう「自然」である。また、たとえ共感・共鳴しても排除しても、動植物・鉱物や山や木や川、空や大地は、諸々の物事や宇宙は、「自然」である。相手が生きておりそこにも働きがあり生命があり「形態」「拡散」があるとしても、そうである。これに対して、生きているひとは、自然の一環であるとしても、ひとである限り（動植鉱物とならない限り、完全に、眠ってしまわない限り、死なない限り、まさに心をもっている限り）自然と一つではない。しかし動物は「自然」

である――この動物と人間との重なりと違いは更にまた考えるべく重要である。

では、「人為」に見出した「こころ」を持って「生きている」とは、またその交流による「形態」（かたち）とは、どういうことだろうか。翻って、「自然」による「形態」（かたち）は、どういうことだろうか。両者はどう違うのだろうか。人間と動・植・鉱物はそれぞれどうなのだろうか。

そもそも、石という結晶としての「物」にさえ、結び付きや結集を見ることができる。それはばらばらではないのだから、そこに生命に向かう組織化の一端を見出せるかもしれない。だからこそ人はそれを口にし噛んだり飲んだり食べさえする。けれども、当然ながら石自体はまだこのように行き来する生命ではない。

植物は、鉱物とは違い、生命があって共感をもち連結をもち、みずから生まれ育ちまた枯れて死ぬ。またその類は、時と場所によっては更に長く更に広く生き続ける。むろんその逆もある。その意味でも、植物はまさに生をめぐる動き・交流をもった生命（いのち）の形態である。が、それ自体は、「自然」に含まれてあり「人為」ではない。

動物も、まずは植物と同様の「生命（いのち）の形態」である。とはいえ、植物以上に「時と場所を越えて動き」続ける。植物以上に、もっと走り飛び潜り込んで行く。また、その自分たち自身の生活の内容を、親子を始めとする種の中で、学び・学ばせ、伝達していく。個としては、そうした類の働きの中で、育ち大きくなり、またやがて堅くなって死んで散逸する。その際、他と関わりながら生まれ育って働き、また何かを伝える。そのように「更に活動する」「伝達する」からか、動物は「生命（いのち）」だけではなく更に「心（こころ）」をもつようだ。ある種の動物によってはよりそうで、その「心（こころ）」は、共感・反感だけでなく何程か知をもち記憶と学習ももち反省や努力さえもつようだ。しかし動物は人間が時に持つような異常さは持たない。だからか、優れた動物・まともな動物など、人間よりよほど立派なことさえ少なくない。

とはいえ、動物の「心（こころ）」は人間と同じではない。たとえ立派であっても、彼らはある〈一定の枠の中に〉

何時もいる。彼らは、その枠をもとらえ、のりこえる、深い移入や幅広い位置づけを、良くも悪くもまだ行わないようだ。その意味で動物たちは、その存在の地平はともかく、その「心（こころ）」は、一端ではあってもその種を越えたものや全体に向かおうとはせず、時間や空間、世界や歴史を、良かれ悪しかれ更にもたない。むろん弁証法的な発展やその逆転としての虚無も彼らには無い。動物においては、類種を超えた完全な善も、翻っての根本悪もない。だから、動物はもう殆ど悟ったように見えることさえある。彼らは、彼ら自身の働きや歴史や世界を持つが、その足下において自然に合一している。その意味でも、動物自身は「自然」であり「人為」ではない。

以上、最初に「人為」、次いで「自然」をとらえ、鉱物・植物のあり方としての「自然」の静・動、命・心などを見た。動物たちは、より「人為」に近く時に心さえ持ち、「自然」からの動的な習慣的構成や社会的働きをもっている。が、にもかかわらず彼らは、結局は自然に収束する。その意味で、鉱物・植物はもちろん、動物でさえ「自然」である。たとえ「いのち」「こころ」を持って生活していようと、自然の一端であり自然の中にある。彼らは足下において自然と一致しており、どこまでも「自然に包まれている」――そのように考えられる。

## 人間の営為とは――自然の包容とのりこえ

では、人間はどうだろうか。人間における「自然と人為」をとらえ考えてみる。

人間は、物事や言葉を、「身体」「命（いのち）」「心（こころ）」によって抱く。だからその物事や言葉は意味を持ちながら、しばしば想像や記憶となり、観念ともなるが、だとしても、それはただ観念に留まらず、リアルな現実ともなる。なぜなら、そこには大抵、その言葉・物事またその意味に、人為としての行為が結び付き、実際にそれを行為するからである。「自然と人為」による「形態」がまさにそうで、私たち人間は、この意味ある形態をめぐって行為し、営為・生活し、そこから実際に世界や歴史を形づくって来たのである。そこには、大抵、人間自身の習慣さらに学習があり修行があり、またそれに結合して作られた種々の社会的組織さえある。それは、元来、自然に基づくとしても、まさに「自然をのりこえる人為」だといえる。そしてこの「自然をのりこえる」人為・形態・人間について考える際、重要なこととしてここでは人間性について三つ指摘しておきたい。

## (1) 包容する人間――包まれた万物の中心

まず第一に、元来の人間の位置と「形態」(かたち)は、動植物以上にとても関係的また包摂的である。人は、少なくともまず可能性として万物に関与する中心性をもち、とくに優れた人は、(後天的な学習や修行によってにせよ、あるいは先天的にそうであるにせよ)万物との合一性さえ持つ、とされていたようである。これは、大宇宙・小宇宙の照明、梵我一如、天人相関などといわれる。

この論理は、近代の有名なところでは、西田幾多郎(一八七〇~一九四五年)が『善の研究』第二編　実在、第一章「考究の出発点」で、印度における哲学即宗教を指摘しつつ、「ブラハマン即アートマンなることを知るのが、哲学および宗教の奥義であった」といい、さらに同第八章「自然」で、「自然の生命である統一力」という。同第一〇章「実在としての神」では、「実在の根柢には限なる活動の根本、印度宗教の根本義であるようにアートマンとブラハマンとは同一である。神は宇宙の大精神である」という。「梵我一如」が生命力・統一力として、あたかも発達するかのように捉えられている。

この位置は印度のみならず、中国でもまさにテクストとして古くからある。『尚書』(書経)には、「惟れ天地は万物の父母、惟れ人は万物の霊なり」(惟天地萬物父母、惟人萬物之靈)とある(虞書・夏書・商書・周書における周書泰誓上)。このテクストの意味が何なのか思想家によって違い簡単ではない(山口智弘「荻生徂徠の『尚書』観――『尚書学』攷証」『日本思想史学(42)』八四~一〇二頁、二〇一〇年を参照)。しかし描かれたこの「人」は、「天地」(父母)の子たる「万

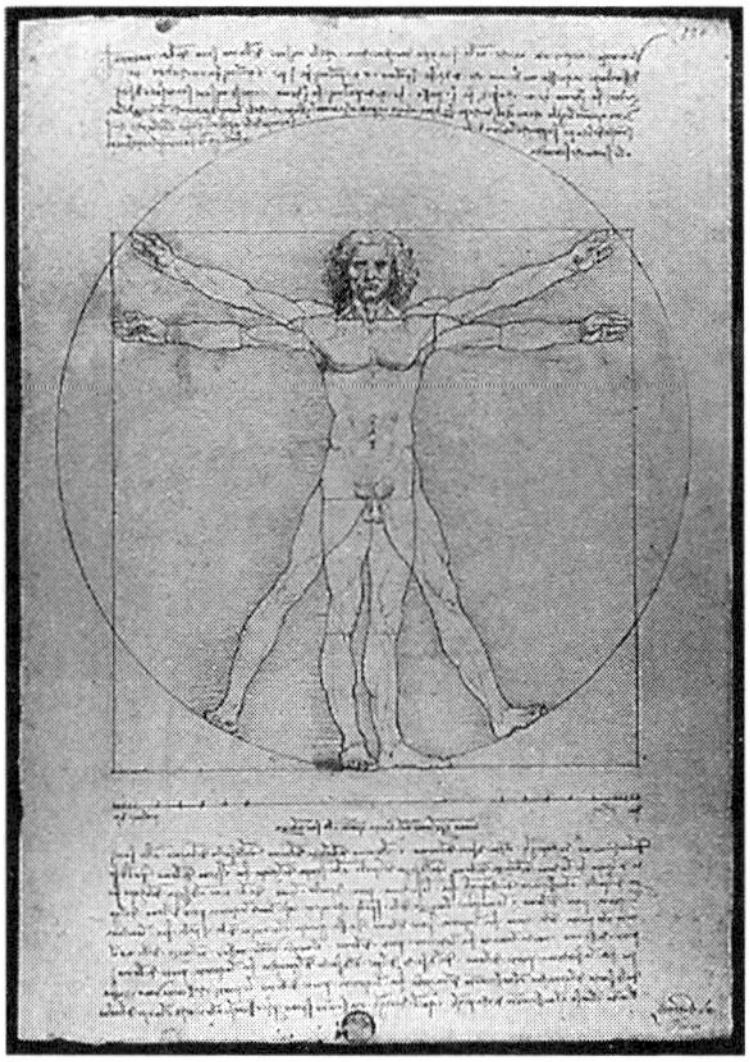

図1　ダ・ヴィンチ『ウィトルウィウス的人体図』（1485年，ヴェネツィア・アカデミア美術館所蔵）

物」に連関する霊であって、あたかもすべてを包容するかのようである。

『尚書』だけではない。韓愈（七六八～八二四年）は、『原道』『原性』『原人』を現し、「上に形るる者は之を天と謂ふ。下に形るる者は之を地と謂ふ。その両間に命ぜらるる者は之を人と謂ふ」（『原人』）。人を、天地つまり形而上と形而下の「中間の命」において位置づける。また圭峰宗密（七八〇～八四一年）が、仏教の側から『原人論』を現す。

このあたりの原人いわば人間本性についての表現は、仏教においては、やはり密教における「曼荼羅」を連想せずには済まない。曼荼羅とともに空海（七七四～八三五年）はそこにあって信者にとって生き続けている、といわれる。道元（一二〇〇～一二五三年）「現成公案」も修行と共に現成をいう。これらは、ただ、人為・学習が不要だと言っている訳ではない。修行する人為において、いわば自然の本体が現れる、と言っているのではないか。

儒教・宋学においては、周敦頤（一〇一七～一〇七七年）『太極図説』がある（これについては、黒住真「「東洋思想」の発見」『岩波講座　哲学15　変貌する哲学』二〇〇九年参照）。西洋の場合、ダ・ヴィンチ（Leonardo da Vinci, 1452-1519）の『ウィトルウィウス的人体図』（一四八五年）さえ、思い起こさせる（図1）。

ここには、動植物との違いとなる人の「形態」がある。そして、解釈や表現の違いはあれ、「原人」「太極」ないし「曼荼羅」さらには「人体」（さらには受難者キリスト）となった「人」がいる訳である。解剖学医でありゲーテ研究者であった三木成夫（一九二五～一九八七年）は、海からの呼吸を伴った人の身体の形態への結集をとらえている（『胎児

の世界　人類の生命記憶』一九八三年、『海・呼吸・古代形象』一九九二年（吉本隆明解説））。また山田慶兒（一九三二年〜）は、古代中国以来、自然に「気」の働きをとらえる科学があったともいう（『気の自然像』二〇〇二年）。このあたりに、身体の行として、ヨガ・仏教や中世以前キリスト教における修行、漢方や太極拳や気功もその道程と見ることもできよう。

このような人ないし人の本性としての万物性は、空間的であるだけではない。時間的でもある。なぜなら、今いる人は、歴史を孕んでいるしまた将来をも担っている。類においては、まさに全面的にそうである。

ここには大きくいって、類にすら繋がる生命体験が根柢・形成・構造としてあり、人為にもかかわらず、それが消えずとらえられていることが判る。そしてそれゆえ、「自然をのりこえた人為」も改めて自然に結集するのである。これをあえて超自然あるいは原自然と述べておきたい。近代仏教的用語から、自我ではない自己といってもいいかもしれない。鈴木大拙（一八七〇〜一九六六年）が「大地」に見出す「超個」も、西田幾多郎が根本的に述べる「絶対矛盾的自己同一」も、諸思想でいわれる「聖」（Das Heilige）また超越や永遠の相も、違いはあれ、その本性を表現しているのだ、と考えたい。

いずれにせよ、この包摂（inclusion）的なあり方は、ただ個体ではなく、個ではあるが包摂をもつような個である。「聖人」もそうである。そこに聖なる包摂的中心性がある。その様相は、器、容量、空といった比喩でとらえられる。そしてこの位置ある在り方から、さらに文字通りの「自分」「分身」「守護」という語も用いられ「わけみたま」もそれに結び付く。西洋でも、そうした生命力をもった中心性において人を位置づける考えは、近代にもまだ残っていた（テイヤール・ド・シャルダン『自然における人間の位置・人間のエネルギー』一九七二年）。

包摂は、実はとても重要である。先に、動物が自然に包摂されている、と述べた。また、万物を包摂する「自己」が最終的に自然に結集する、と述べた。では、ここでの自然は何なのか。この局面から、「自然」は、「人間を人間たらしめているもの、その働き」と定義したい。これを本節の始めの第一に継ぎ〈第二の定義〉とする。このことは、そこに「自然法」が考えられる、ということでもある。かつては、人間の自由は、自然法と共にあった（葛生栄二郎『自由社会の自然法論』一九九八年）。このことを、現代人は、よく考える必要がある。

## (2) 人為の拡大と自然の周縁化、社会問題

第二に、指摘したいのは、以上の構造にもかかわらず、先に「かたちづくる」「組織立て」などと繰り返し述べた人為による「形態」（かたち）が、歴史的にとても多数で大きくなる、という事実・現実である。別言すれば、位置づいた自然とも超（原）自然とも無関係の世界が生まれる、ということである。

従来、この「人為」形態＝社会的組織は、拡大したとしても、大きくは自然のコスモスの中にあった。アリストテレスが、「可能態」（dynamis, デュナミス）と「現実態」（energeia, エネルゲイア）といい、孟子が樹を比喩にして人間の営みを述べるのは、このことでもある。そこでは、万物に関与する人の「人為」に対して、根本的に、生命としての天地自然あるいは宇宙があり、仏あるいは神がいる。『列子』には「天地崩壊」を心配する人がいるし（天瑞第一）、浄土教において「末法」が語られもする。が、だとしても、これは、自然の構造であり、これに対しては、自然ないし超自然（神・仏）への回帰・再認識が、答えとして述べられている。

ただ、時代を下るほど、人為自体が上昇し、社会的組織が拡大する。これに対して、自然・超自然が消えあるいは物体化する。ここにある変化ということ、それに注意しておきたい。

道がかつて道（タオ）といわれたとき、それは天地・宇宙の働き・形態だとも感じ考えられていた。土・石や星は、形を持っているが動かないのかもしれない。しかし、水は動くが、自分自身動いているのではないかもしれない。しかし、太陽の光を見れば、それは動く力でさえある。だからこそ植物はそれを貰って生きている。農作する人間もそ

うである。「太陽（天照）」「天地」「山」「川」「海」などというとき（かつてはまだ現在のようにそれを自然とは称さなかったにせよ）、それらは、「人為」としての人間の働きを超えた「かたち」や動態としての、人がそこから何かいただく「自然」であった。そもそも自然自体が、働きをもち力をもち形態をもつ。だからこそ、いくつかの思想で、根本的な場面・働きを「道」といい、それをいただくこちらをしばしば「器」といったのだろう。このような「道」は、「自然」であっても、自然に関係しておりまったくの「人為」ではない。

ただし、そうではなく、「人為」そのものに更に結び付く「かたち」も当然ながらとらえ形成されてくる。それが、たとえば人が歩く「道」あるいは扱う「物」である。「道」であれ「物」であれ、人間たちは、まずは自然のなかで更に何かを「人為」によって作り「かたち」とする。また大抵そこに「名」を付ける。すると、それは自然自体では決してない。そうした人為的活動自体の展開は、後の歴史、近代・現代になればなるほど、大きい。現在の私たち人間の生活は、その人為的な形態に大いに依拠しさえしている。

「日本」もそうである。本書では、最初から「日本において」などと前提のように言い始めた。が、元来それは、何程かの地面・場所であり、まずは海や山や河や木々といったまさに「自然」においてある。しかし現代「日本」というとき、それははっきり「人為」的に決められた場所であり、それはただ在って生きているというだけではない。人はその「日本」から風土や象徴さえとらえ、さらに戸籍・身分証明書や旅券さえもってそこを行き来する。その現代人は、もう自然を離れこれを忘れ、しばしば人為の中でのみ生きている。

このような「人為」は「自然」とどう結び付くか、差異を持つか、あるいはもう全然結び付かなくなるのか、こうした局面は、実はとても重要な問題を孕む。というのも、また触れるように、近世以後、人為の上昇・拡大が生まれると共に、自然の低下・縮小が進む。その傾向は、人および諸存在にとって、どんな意味さらに価値を持つのか。たとえば、その「人為」に文字通り「偽り」が生まれさえする。ある人為を自分自身行う者がそこに「専ら自利」を求めるならば、その利益は、実は略奪になるのではないか。その相手は、また万物は、実は利益獲得のための単なる「物」になるのではないか。このとき人間性は、聖に向かう方向とは逆の原罪さらに根源悪になるだろう。

　こうした問題は、「自然あっての人為」――形而上（根拠）あっての形而下（事物）、超越者の眼・働きあっての手元の働き、といった世界が前提のようにあるときは、十分出て来ない。なぜなら、そこでは、かつてたとえば「正直者の頭に神宿る」「仰いで天に愧じず」「積善の家には必ず余慶あり」だった。しかし、人為的組織が拡大するとともに、問題が現れ出ることになる。だから、近代にはその問題が社会的にはっきり見えてくる。が、日本では、少なくとも近世までは、まず人は、大抵、自然の中でそれに基づきながら、それを乗り越え、習慣や学習と結び付いた働き・形態をもって来た、またそうさせられていた。神道は稲作などと共にそこに結び付いている、と思える。

　たとえば、人が歩く道は、自然の中にあるが、何人もの生きた人間がそこに関わる限り、必要なら徐々にそれはますます作り作られる。しかし、その道は不要なら壊れ壊されていく。あるいは更に、仏道・神道・茶道・芸道・華道などといわれる道はどうか。そこにも元来は何らかの自然と結び付く物や道があるが、それが更に人為的な形・道程となり、それをめぐって人は修行さえする。しかし、人が行わないなら、その道は壊滅する。とはいえ、自然は（自然信仰ともいうべきものは）、前提のように近代以前は残り続け、残そうとされ続けた――そう把握できると思う。

　そもそも「形態」は、何かの様子やあり方や内容を含んだ様態として表現され、それが歴史的に様々に立ち現れて来る。人の場合、その関係や組織立てが、動植物のように単に種族血縁周辺の家族や氏族だけに留まるなら、そこに動物との違いはあまり見えない。しかし、学習・交流を背景にして、大きな能力・技術・関係が形態において意味を帯びて発生し、そこに生産による、商業による、戦いによる、結婚による、宗教による等々が結び付いて諸々の組織がさらに作られるのは、まさに人間だけのこと、と言える。これを「社会（的組織）」と称しておく。その人為による社会的組織の上昇という問題が、一八世紀ころから次第により大きくなるのである。

## （3）第二の自然のあり方、また暗黙知としての自然

第三また最後にとらえておきたいのは、人間の位置から担った責任、使命についてである。そもそも「形態」「道」などといった物事には、「自然」があり「人為」がある。後者（人為）は、「習慣や学習と結び付いた働き・形態」となるが、だからこそそこに形成と壊滅などがある。とはいえ、前者（自然）は、少なくとも近代以前・近世までは、残り続けた、と指摘した。だとしても、ここにある構造はそもそも人間の営為にとって一体何なのか。最後にこのことに触れておこう。

本節の最初に、「自然」を、「人為に先立つ・またそれ以後の・またその周囲の、物事の状態・あり方」とした（第一の定義）。そして「人為」において、「習慣」「学習」を見出した。そこにまた「自然」を、「人間を人間たらしめているもの、その働き」とした〈第二の定義〉。ということは、まとめるなら、自然は、習慣・学習より以前に、「先天的な状態・可能性」としてあり、またそれ以後に、「後天的な状態・形態」としてもある訳である。通常、この後者すなわち習慣による形成態が、思想史・哲学史では、「第二の自然」と呼ばれる。

元来は、最初の自然と第二の自然とは、連続していた。形態としてさらに形成されていても、大きくは最初の自然のうちにあった。たとえば、近世にあった「里山」は、そうである。ところが、その第二の自然の拡大は、そのままでは、当然ながら、最初の自然の解体を進める。それどころか、足下の自然のリアリティを無化し、自分たちの世界のみを現実とすることさえ生まれる。別言すれば、すでに少しふれたが、虚偽・偽善、また悪そのものさえ生まれるのである。

この点が、自然から離れ出した人間がもつ責任、使命ともいうべき問題になる。これについて、西洋では、いわば最初にアウグスティヌス（Aurelius Augusutinus, 354–430）がコスモスとの関係において人間論をとらえた。これを背景により近代にパスカル（Blaise Pascal, 1623–1662）が現人間の地位を問題とし、神との関係を再考・再定位すること

を方向づける。ルソー（Jean-Jacques Rousseau, 1712-1778）は、その第二の自然をとらえることから改めて契約を主張する。中国では、その足下の破壊に対して、孟子（前三七二〜二八九年）は、改めて天地の命をいただく「天命」（革命）を強調する。荀子は、発生する悪に対して、その観念論ではおさまらないと「礼」をとらえ、韓非子は、さらに刑法を主張する。

日本については、また追って触れるが、使命論ではなく、言語化されない足下の技術や自然を見出すべき、という遡及論となる主張が広がり、それが神道にも繋がる。これは、論理としては、マイケル・ポランニー（Michael Polanyi, 1891-1976）の指摘する「暗黙知」（Tacit knowledge）にも似た思想の運動である。いずれにせよ、そこには、さらに従来の秩序だけでおさまらない、「近代化」さらに「社会」問題が発生する。このあたりは、歴史的にまたとらえたい。

## 三　自然における人の「はたらき」

### 表現・形態をこそとらえる

そもそも「自然」また「人為」の活動・はたらきとは、一体どんな世界だったのだろうか。最近までの近代化と称される百年か二百年ほどの間、人間は、万物をいわば「物体化」してその世界に還元する傾向が強く、その一種機械論・唯物論的な「物」と「動き」のとらえ方がかなり一般化していた、と思われる。そこでは、物は、単位や量に還元され、刺激に反応し（損得によって）動き動かされるのであって、表現や形態は、実はその力学的様態に過ぎないことにすらなる。

これに対して、すでに触れたが、和辻哲郎が関心を持ち続けた、具体的な生のあり方・その構成をとらえ「表現主義」とも称されるヘルダー（Gottfried von Herder, 1744–1803）がいる。また彼に直接会って大きな影響を与え、ニュートンを批判し、生の「形態」を具体的にとらえる仕事を行ったのがゲーテ（Wolfgang von Goethe, 1749–1832）である。本章では、最初から、「形態」（かたち）という語を用いたが、その形態は、ゲーテが諸々の形（フォルメン Formen）から成るまとまり＝ゲシュタルト（Gestalt）に応じて用いる言葉である（芦津丈夫『ゲーテの自然体験』一九八八年、同「ゲーテの自然」（芦津・木村敏・大橋良介編『文化における〈自然〉――哲学と科学のあいだ』一九九六年所収）。この形態論にここでも従っている。ゲーテの場合、その形態にさらに原型（Typus）をとらえる。このあたりは丸山眞男が晩年、通奏低音、原型などととらえていたものにも似る。ただ、ゲーテの場合、人間のみならず動植物にも用いる動的な形態であり、それをまた神の働きともする。そのゲーテは、晩年、顕現する「形を超える力」「形なきものとしての自然」に向かった、と芦津は指摘し、これはまた西田幾多郎に似るともいう（「ゲーテの自然」）。この点は、「はたらき」をめぐる「自然」「場所」「神」などの問題として重要である。が、いずれにせよ、このあたりの「表現」は微妙でまたいくつかレベルがあり、その把握は簡単ではない。というか、把握を単に何かに還元せず、いくつかの位相をとらえる必要がある。

### 動物のはたらき

まず見ておきたいのは、二〇世紀、哲学者たちにも影響を与えたといわれる動物比較生態学者ユクスキュル（Jakob von Uexküll, 1864–1944）による動物たちの表現について、である（『生物から見た世界』日高敏隆他訳、岩波文庫、二〇〇五年、*Streifzuge durch die Umwelten von Tieren und Menschen*, 1934）。生物をたんなる物体と見ないユクスキュルは動物たちの働きをどう見たのか。むろんそれは物体観やエネルギーに還元する把握ではない。

ユクスキュルは、動物たちが意味を与えて構築する世界を「環（世）界」（Umwelt）と称し、その周囲において取り巻くものを「環境」（Umgebung）と呼んでいる。ユクスキュルは、その「環界」がただ無機物の作用ではなく、動物たちにとって、様々無数に構築された多くの世界があるとし、動物たちのそれぞれの世界をたどる。逆にいうと、彼は生態としての諸々の動物とその働きを、ただ物質の状態として見るべきではない、と考えている。だからこそ、翻って彼らの諸世界が種々見出せるのである。

ユクスキュルがとらえていた世界は、さらにいうと、あたかも宮沢賢治（一八九六〜一九三三年）『やまなし』（一九三三年）が、谷底のカニの世界や、そこに実って落ちてくる果実や花や、そこに訪れる死を描き出したことを思い起こさせる。賢治の場合、この世界の構築が、様々な動植物はもちろん、石などの鉱物、氷、さらに幾つかの柱や、飛ぶ人間、雲や風、銀河宇宙にまで広がっていく。ただ、ユクスキュルはやはり動物学者であり、動物たちの多元的な環界への踏み込みとその強調を行う。それが機械論的な世界への批判と結び付いて表現されている訳である。

わたし自身は、ユクスキュルが、動物たちの多様な世界構築をとらえそこに意味を見出すことに、大いに賛同する。と同時に、賢治が見るように、植物や鉱物や石にもそれを見ればいいし、それが大事だとも思う。なぜなら、そのような組織化の過程は、（たぶん西田幾多郎もそうとらえているように）万物に見出すことが人間に必要だろうからである。

## 人間のあり方とはたらき——目的とするものはなにか

だが、なぜ人間になのだろうか。そもそも環界を超えてより環境に関わる人間が、どのような意味をもった世界を構築するのだろうか。

人間と動物とでは、あり方・働き方にそもそも繋がりと違いがある。

動植物たちの場合、その活動は、ときには人間の想像を超えた大変優れたものだが、そうであるにせよ、自分たちの活動・構築を、〈ある可能性と妥当性の限界の中で〉行っている、と考えられる。というのも、彼ら自身、とても努力し続けるにせよ、（人間のように）探険はしないだろう。位置のない特別の無理や無茶はしないだろう。また自殺はしないし特に延命もあまりしないだろう。その意味で、彼らはいただいた生をそのままただ出来るだけ落ち着いて生きている。また関係においても、彼らは、確かに、他の動植鉱物たちと無関係ではなく、それらととても深い関係を持つこともある。その援助を受けるだけでなく、さらに相手を食べ殺しさえする。が、だとしても、彼らは彼ら自身の世界構築の中に存在し続け、彼ら自身のある規定の中に収まっている。また、他の動植鉱物たち自身がどのような世界を構築しているかを、特に調べることは決してしないだろう。その意味で、彼らは〈ある循環への収束とそこでの規定の中に〉生きている、それが彼らの自然だといえよう。人間もある程度はそうである。だがそう決まってはいない。

図2　ミレー『晩鐘』（1857–59年，オルセー美術館所蔵）

たしかに、〔α〕ある自然の循環と規定の中で働き・感謝とともに生きること、大地とともに生きることの意味・目的を、ミレー（Jean-François Millet, 1814-1875）の晩鐘（L'Angélus）（図２）や種蒔く人（Le semeur）は、私たちに教えている。ところがそれだけではない。

〔β〕人間は、何時も何処か〈規定の中に収まって〉は必ずしもない。「元来の自然」を離れて人間は、動植物たちとは違った学習・習慣を行って思想をもち、そこから彼らとは違った形態を作り続けもする。そしてそれが、心となり身心がさらに関与する社会的組織となる。

〔$\gamma$〕その組織化された形態が、「自分自身の／人間としての自然」となっている。そこにおける規定があり意味・目的を帯びてあるだろう。これを$\gamma$〈人為における規定〉としておく。

すると、$\gamma$は、$\alpha$と結び付いているのか。$\alpha$としばしば解離し、現実的運動と化しているのではないか。そこに人々の生にとってどんな問題があるのか。以下、このあたりのことを考えてみよう。

## （1）人間の身心――元来の自然と新陳代謝から

人は生きている限り、何らかの物事の意味や価値に関与しこれに向かって作業・営みをみずから抱き行い続けている――能動的には、事を為して、物を与え続け、受動的には、事が為され、物を貰い続ける。たとえば、何かに触れる・手にすることで、何かを入れる・口にする／出す・排する――こんなことから始まる。そもそも人間の生活自身、何かに「関与する」営みとしてあるし、様々な仕事や労働や教育や政治など、人の生の諸形態はすべてそうした物事への受動・能動を孕んだ関与のはたらきとしてある。

その「関与」において、常に当たり前のようにあり、たとえ意識されなくても前提とする「はたらき」としての事に物の「新陳代謝」(metabolism)がある。たとえば、食べることは、ある力・エネルギーをもった「もの」を、自分自身へと合成する「同化」(anabolism)であり、また他方でそれを分解し排除する「異化」(catabolism)でもある。みずから生きている限り、本当の意味・価値を持った食事・受容や排泄・除去といった「代謝のはたらき」を自分自身の物事として所有と共に行い続けている。

この代謝のはたらきは、むろんただ食事・排泄だけにとどまらない。さらには、そもそも勉強・学習することも、何等かの関心において価値を集積した「もの」を、自分の身心に受容し形態とし、他方でもの自体は抱かないで距離をもち最終的に捨て去ることとしてある。この学習の次元は、まさに、ただ「自然」ではない、「人為」による自己自身の形態への形成の営みとしてある。自分自身の「いのち」「こころ」といったものは、そうした働きを集積する「形態」の基礎としてある。

　人間の学習の場合、それは、単なる代謝を含む同一化ではない。たとえ一端そうであるとしても、更に、まさに学習として何かを「倣《なら》い」ながら、みずからの「身体」「心」「たましい」の「形成」を行う。いま「形成」といったように、それは可能性からのより完成する「形態」（かたち）に向かおうとするが且つ不確定性の中にある。身心がそう働けるかは、すぐ判らない。その学習が何なのかよくは見えない。その意味で、学習・習慣は、不確定性の中での可能性からの更なる「形態」（かたち）へのある目的を持った、身心の運動としてある。

　そもそも、人は生において、育ちながら働き「かたち」の完成に向かい、それは主に受容からの退行を含んだ完成への運動である。また、止めること・病むこと・老いること・死ぬことは、拡散・散逸に向けての、また贈与に向けての、「かたち」解消の運動である。両方の働きは繋がっているが、人生の前後を大体分ければそうである。

　以上は、身心とこれに関与する物事においてだが、その際、人の「こころ」が関与する物事は、「身体」が関与する物事とは、人生経験を思えば判るように全く同じではなく屢々大きな違いがある。前者（こころ）は、後者（身体的時空）を越える世界や歴史を立ち上げているからである。人間はおそらく身心のこうした関与・関係・行き来において、より所有しつつ生きており、またより贈与しつつ死んでいる。こうしたプロセス自身には、動植物にもまた見出せるように、次元が違う妥当性を見ることが出来るだろう。しかし、自然と超自然とはどこかで重なった違いを持っている。超自然において人間は「聖」を位置付ける。

　とはいえ、この生が学習をもち、まずは（完全ではなく）可能性としてあるのなら、その「はたらき」には、そもそも偶然性がふくまれており、また目的からの解離や逸脱もあるだろう。それだけではない。身心に結び付く物事・

形態についていえば、右のような関係における贈与を持った完成と解消の妥当な流れではなく、翻って、歴史の固定化、あるいは特別な所有や非所有などが生じ、これに人が向かう場合もある。

動植物の場合も、そのような目的を持った学習を贈与とともに「ある程度」持っている。とはいえ、その種が持続する限り、種にも少々の変化はあるにせよ、それを含んでも、彼等の営みはやはり「一定の形態の中に」どこまでも留まるのではないか。動物が戦いや欲求によって所有し破壊し続けるとしても、その「はたらき」は循環したあり方の内にある。循環した物事以上の所有や破壊を求め続けはみずから決してしない。

人間は、確かに、それ以上の学習を行い、またそれ以上の目的を持つ。とはいえ、そのはたらきが、いま述べた〔α〕のように自然自体になるなら、そこに妥当性があるだろう。あるいは、前節で述べたように天人相関・梵我一如が目的になるなら、結局は妥当性があるだろう。しかし立ち現れる人間的「世界」や「歴史」はどうなのか。〔β〕を必ず持っている。ならば、そこで「社会」はまた専有や逸脱はどうなのか。そこに課題は残り続ける。

## (2) 人間の身心——はたらきの形態

人間の世界や歴史から立ち現れる表現の具体像は、別の章にゆだね、まず、生きている人のはたらきの基礎というべきものを出来る限りとらえてみる。ある形態に向けての、身心をもった人の行為の基礎が何なのかを、ある程度でも出来るだけとらえてみよう。その際、繰り返すが、人はいつも関係において「生きている」。その、いまここで・関係によって「生きている」ことには、人称性をもった生としてまさに「いのち」が身に抱かれている。それが、関係において、受動であれ能動であれ、所有であれ贈与であれ、物事の形態を、形成・消化してはたらいている訳である。

では、ある生きている人にとって、その「形態」は具体的にどのようなものか、哲学的・倫理的にどうなのだろう

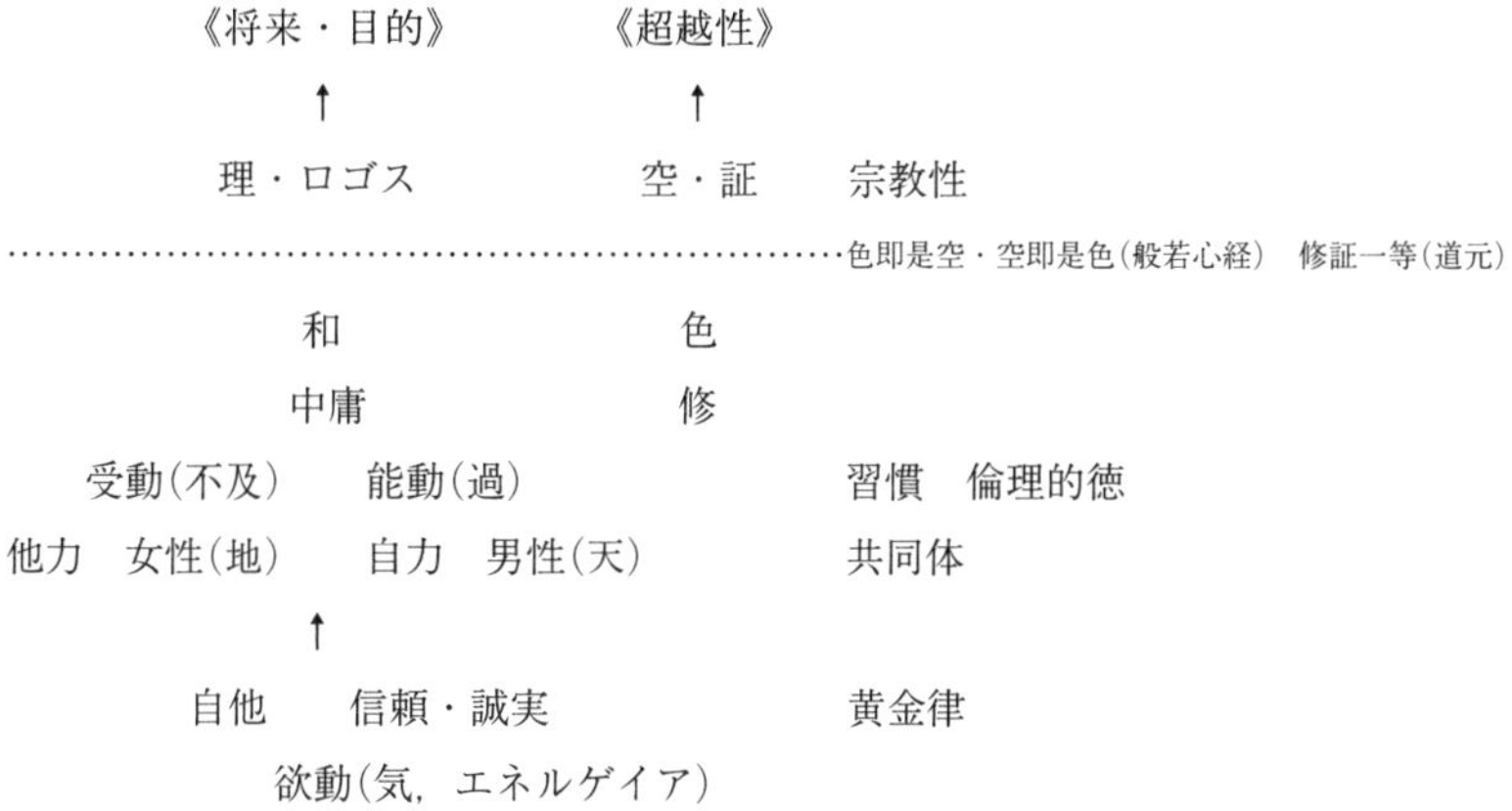

図3　習慣と黄金律から

か。これについては、ギリシア哲学（アリストテレス）・仏教・儒教・キリスト教等の諸思想の、いわば黄金律（golden rule）から人の働きを位置づけ方向づける言説がある。そのあたりを簡単にまとめると図式として次のようである（図3）。

このような構造から、諸思想・宗教において習慣（修行）による「こころ」の形成が説かれている。では、その「こころ」自体は、どんな結集態なのかというと、「知・情・意」によると一般的には指摘され、これに従う（山鳥重『心は何でできているのか——脳科学から心の哲学へ』二〇一一年）。この「知・情・意」という構造において、西洋では、心における、理性（知）とエネルギー（情・意）がとらえられ、東洋（漢字世界）では、理と気（情・意）がとらえられる。そして理の足下の気（情・意）のレベルが、習慣・学習により過・不及の中を知る理として成長する訳であり、そこに理をとらえる学としての哲学がまた生の構造をとらえる倫理学が立ち現れる。その底層に生を成立させる気、エネルギーがある。アリストテレス（Aristotelēs, B. C. 384-322）の『ニコマコス倫理学』は、この図式では、上位に向かう道程を示すといえる。

こうしたこころの構造において、歴史的には、大きくは、中世までは、理＞気、近世以後は、理＜気となる構造が発生した。少なくとも東洋・日本ではそうであった。この関係の働きにおいて、まず重要で必要なのは、「信」である。忠信であれ信頼であれ、不信であれ、関係の成立は、「信」から始める。ただし、直接的ではない関係の場合、距離在ってそれを越える直接性を持とうとする際は、キリスト教であれ仏教であれ、「信仰」（faith）「信念」「信心」（belief）と（現代語では）称される。すると、当然ながら、距離あって越えんとする傾向の強いキリスト教は、後者を語り、そもそもある形態を育まんとする傾向の強い仏教・儒教では、前者を語ることが多くなる。

これにも似て、文字通り受動性・能動性に関与する定律がある。これは図3の中心に向けての周囲からの当為を示す。孔子が「終身これを行うべき者ありや」という問いに対して、「其れ恕か。己れの欲せざる所は人に施すこと勿れ」（『論語』衛霊公24）と「恕」（思いやり）を「自分が欲しないことを人にするな」という。これは前者（受動性）であり、いわば共同体の維持の当為、破壊させないことの主張といえる。対して、「己の欲するところを人に施せ」（『新約聖書』マタイ7：12）は明かに後者（能動性）であり、何かを在らしめようとする当為、批判また形成の主張である。両者とも、他への「思いやり」をめぐる人の「欲求」（意志）を語るが、前者は（本質的に良くないことを）人に「するな」、といい、後者は（本質的に良いことを）人に「せよ」、といっている。だからこそ、後者では、より「意」を説き、さらに「信・望・愛」として「希望」が語られる訳である。

とはいえ、ならば、その「欲する」「よい」在り方とは一体何なのか、どこに行くのか、といった問題はもちろん残る。中心あるいは軸と位置づけるものは何なのだろうか。キリスト教のパウロの場合、より本当の人となったとき、ただ鏡の映りではなく、完全に知られまた完全に知るのだといわば完知を語り、そこから「引き続き残るのは、信仰、希望、愛、この三つ。このうち最も優れているのは、愛」という（コリント13：13）。この最後の完知・共知というごときもの、またその「愛」、それは一体何なのだろうか。先の「欲する」の最後として、究極的に「誓願」になり「神の国」（ローマ14：17）が見出される。その「こころ」に「いのち」の訪れが愛として実感されたことは、それが再生また次の生であったことは、パウロ自身の体験なのだろう。そこで、さらに伝道に向かった訳である。

こうした「愛」（アガペー）は、どこかで偽善にもなるかもしれない。ただ、ここには現代の物体観とはちがう「形態」として充実する自然体験があり、だから、パウロは、愛をもった「キリストの体」としての教会論を述べたのだと考えられる。と同時に、キリストの愛は、贖罪つまり罪を最も贖ったところに生まれる。この無限の愛と無限の罪の両端が、パウロ以後のキリスト教には十字架としてある。この両端を常に継承するところ（近代以前の）キリスト教がある。その合理性を越えた根柢といえるキリスト教（キリシタン）は、当然ながら、表立っては合理化された日本の宗門には結局入らなかったのである。

儒教における「仁」「愛」は、むろん、そのような殉教・受難の如き逆転は持たない。いわば活物としての天下との関与においてある。とはいえ、そこにあった大地がもう次第に消えてくるなら、その関与自身が世界体験になるだろう。伊藤仁斎の「生」にはそれがうかがえる。

仏教における「慈悲」はどうだったのだろうか。私自身は詳らかにしないが、曼荼羅や多くの動植物に囲まれた仏像を見て、また動物を可愛がり妙好人を好んだ鈴木大拙を知ると、そこで動植鉱物が消えたとは思えない。また贖罪論は、親鸞には似たものがあるかもしれないが、それは近世にはもう一般的ではないだろう。とはいえ、たとえ無や空が語られたにせよ、そこに現代的な機械や物体や、動力の反転の如き虚無があるとは思えない。少なくとも先の図式に関わらせるなら、仏教はやはり過不及の無き「中」からの「八正道」を説く。それはいわば「誓願」ともなるが、その道程から現れる物事は、足下の地平（大地）としての自然、その再認識、再発見なのだろう。それは人間自体の関係ではない――そう私には思える。

### （3）畏敬・聖からの構造

右に諸思想の習慣の道程のようなものをある程度とらえた。ただし、この道程に繋がるが表現されていないものがある。これについて、大事だと思われることを二、三点さらに触れておく。

先に二〇世紀、哲学者たちに影響を与えたユクスキュルに触れたが、宗教および神学に影響を与えた人としてオットー（Rudolf Otto, 1869-1937）がいる。オットーは、ルター派の神学者であるが、『聖なるもの――神的なものの観念における非合理なもの、および合理的なものとそれとの関係』（Das Heilige: uber das Irrationale in der Idee des Gottlichen und sein Verhaltnis zum Rationalen, 1917, 久松英二訳、岩波文庫、二〇一〇年）を第一次世界大戦中に表現した。彼はその後、中世哲学を求め、インド、日本などをも訪れ、いわば思想・宗教の根を求めたのである。オットーは、本書『聖なるもの』のサブタイトルが示す通り、理念・理性を持つ知者でありながらも、それに収束しない非合理性への関与をもった。

オットーにおいて興味深いのは、理性と非合理性を共に懐く彼の運動は、「聖なるもの」（Das Heilige）を位置として持ちながらの「ヌミノーゼ」（Numinose）体験でもある点である。先の「こころ」とその道程が、そもそもどんな限界・場所から現れているか、それがどこに行くか、オットーはそれをとらえようとしたとも言えよう。

このヌミノーゼは、依存や畏敬や他者観・不気味さなど、心・たましいの微妙な幾つもの基本的宗教的あり方としてである。当時の心理学者・精神医学者はそれを無意識の力動ととらえるが、オットーにとってそれは哲学・神学の課題であり「魂」の体験としてまた世界史的に流れるものでもあった。

これにある程度似た把握として、先立ってアメリカで書かれたW・ジェイムズ（William James, 1842-1910）『宗教的経験の諸相』（*The Varieties of Religions Experience. A Study in Human Nature.* 1901-1902）がある。かれは宗教をまず人の「経験」としてとらえる。「私たちの生命に働きかけるもの」「生きていくのに力をかしてくれる」もの、「霊的生命の経験」「受動的また能動的な経験」、その「根本的な経験」「神秘的な経験」などという。このジェイムズに、夏目漱石・鈴木大拙・西田幾多郎は関心を持ちつづけていた。その「経験」に共鳴するところが彼らにあったに違いない。

オットーに戻れば、その「ヌミノーゼ」は、ユクスキュルが見る動物と比較するなら、人間こそが持つものであり、哲学・思想の原型・通底のまさに信仰に関与する場面なのである。では、そこからまず立ち現れたのは何か。どんなものだったのか。「神」について、たとえば本居宣長（一七三〇～一八〇一年）は次のように述べている。意外に大事な文章である。

何にまれ、尋常《よのつね》ならずすぐれたる徳《こと》のありて、可畏《かしこ》き物を迦微とは云なり、すぐれたるとは、尊きこと畏きこと、功《いさお》しきことなどの、優れたるのみを云に非ず、悪《あし》きもの奇《あや》しきものなども、よにすぐれて可畏《かしこ》きをば、神と云なり、

（古事記伝三之巻、神代一之巻、『本居宣長全集』第九巻、一二五頁）

尋常でないすぐれた能力をもち（人に）畏敬・畏怖を起こす物を「神」という。尊い・有効有能というだけでなく、わけの判らない悪奇・怪異であっても、世にあってそうであれば神という――。これは、オットーのヌミノーゼ自体を神としているのだといえよう。佐藤正英氏は、ここからさらに「もの」神の、祟りや物の怪、また祭祀による世俗世界の豊穣・安穏への変容、をとらえる（『日本倫理思想史　増補改訂版』「第一章一〈もの〉神の顕現」二〇一二年）。これは飛躍だろうか。必ずしもそうではない、と私は思う。少なくとも「尋常」の「世」以外を無視する、現代のような世俗感覚は、近世以前にはなかった、その空白を埋める意味はあると考えられるからである。翻って、重要なのは、その不可測性をもちながら、何を形成するか、だろう。

そこに形成される「形態」が何なのか。オットーはそこから、「聖」なるものを考え、東西思想家をときに中世以前に遡りながら調べつづける。対して宣長は「古事記伝」を顕し出し、佐藤氏は「倫理思想史」を展開する。宣長は天皇に結集する伝統の流れをとらえる。佐藤氏はヘーゲルに似て「絶対知」をとらえる。日本の神学では、托身・受

難とともにキリスト教の精神史にとらえる例もあれば（魚木忠一『日本基督教の精神的伝統』一九四一年）、神道史に見る例もある（中野裕三『国学者の神信仰――神道神学に基づく考察』二〇〇九年）。

### （4）中間的合一としての社会・寺社教会

やはり指摘し考えておきたいのは、宗教にも関与する（2）で押さえてみた、形態をもった道筋が、たんに観念世界に行くのではなく、他方でたんに手元の現実世界にばかり留まるのではなく、その〈両方を担った形態〉として、「誓願をもった祭祀ある社会的組織」になる、という事である。これは、親鸞でいえば、往相と還相が語られる。と同時に、「弥陀の本願」に関与する「寺」が立てられる、という事柄となる。最澄、空海、道元、日蓮など、論理の違いはあれ、彼らは悟ると共に、追って祭祀ある社会的組織の活動を広げた。神社も、やはりある地面からの祭祀をもった社会的組織だっただろう。キリスト教においても、元来のキリスト教は、ただ聖書学と言説だけではなく、たとえテキストを使うとしても「教会」である。「神の国」との関係をどうみるかで、解釈や構造は種々あるが、そうである。

そこに、人々の誕生や育ちや結婚や老いや死が位置付く。あるいはそこに駆け込む。あるいは、そこから巡礼する。そのような祭祀ある社会的組織は、たとえば結社としての「講」のように、近代以前は、ところどころにあったと思える。現代でも、日本の国外に出ると、仏教であれキリスト教であれ、そのような組織が生きて働いていることに驚く。と同時に、日本ではそれがかなり消えていることを知る。

その社会的組織は、やはり「誓願」「祭祀」を持っていると考えられる。対して大拙・幾多郎は、論理を語るが、形態はあまりとらえない。キリスト教も同様と考えていたようである。たしかに、近代ではかかる社会的組織が無くなり祭祀は別の形に流れる傾向がつよい。ただ、近代以前の宗教は、どこまでもそれを持ち、持とうとしているのではないか。この世界でいい、逆に別の世界でいいという考えを持つなら、その二元化にあっては、絶対矛盾といおうと媒介者たる誓願と社会的組織はまったく不要である。しかし、そうでないならば、それは予言と共に語られ営まれるべきではないか。このあたりの誓願・祭祀の大事さを、近代以後の人間としてはより考えておきたい。

# 四　思想宗教の発生と形態をめぐる世界史

## 「思惟の起源」「枢軸時代」

最後に、思想宗教を孕む大きな意味での人間の文化・文明の形態は、どのような歴史をもっているのか、その形態の歴史を、大掴みにだが、辿りとらえておきたい。もちろん個々に遡ればきりがないし、それぞれの場所でも違っている。しかし、それもある程度は可能で、十分でなくても必要なことと思われる。なぜなら、人間そのものは元来は同様だろうし、関係は大きくは世代を越えまた地球上に繋がり、意味や当為は結局はそこから来るだろうからである。

人間の思考（理性）ともいうべきものが宗教とも関係して発生しまた展開した歴史はある。それがこれまで見た「形態」の在りさまや方向にも関わっている。このあたり、大きくみるなら地球上のある程度似た歴史があり、それを見出すことができる。現在、思想・哲学・宗教などと呼ばれるものは、総じてそれ自身は物体とは違って制作されながら普遍性に関与し、そのことで歴史を成している。そこにいわば発生期がありさらに人為的な形成や伝承の歴史がある。

かかる発生期について、既にふれたが、ヤスパース（Karl Theodor Jaspers, 1883-1969）が、これを紀元前数世紀の頃とし、これを「枢軸時代」（Achsenzeit）と称し指摘している。その時期、地球上のギリシア、パレスチナ、イラン、インド、中国等々の諸地域それぞれに、後に哲学や宗教などと称されるものが生まれ始めた。具体的に今でも知られ関連付けられている、ギリシア哲学、インドのウパニシャッド・仏教、中国の孔子老子や諸子百家など重要な思想宗教が発生している。もちろん、それ以外の場所、また別の時期に、それ以外のものの発生をとらえることは出来るし必要だろう。がまず以上を指摘することは可能だしそれも必要だとここでは考える。

ならば、それらの内容は何だろうか。むろんまたそれぞれの違いがある。とはいえ、そこに共にある基本的な形態をとらえることが何程かできる。この点、すでに「宗教とも関係して発生する思考（理性）」などと述べた。枢軸時代のそれをとらえると、決して宗教を消して思考が発生したのではなく、むしろ宗教を背景にその前提から思考が発生している——そう本論では押さえておきたい。そもそも思考が宗教と、知と信とが、関係するか否かは、より分化が生まれる西洋近代哲学史上で議論がある。これに対してF・M・コーンフォード（Francis Macdonald Cornford, 1874-1943）は、『宗教から哲学へ——ヨーロッパ的思惟の起源の研究』（*From religion to philosophy : a study in the origins of western speculation*, 1912）を現している。哲学は宗教と無関係や断絶ではなく、その起源（origins）からのそれあっての哲学であるとする。本論もその観点に同意する。

フォードは、その宗教的な起源を、とくにどこかの派閥に帰してはいない。そうではなく、ダエモン（羅 daemon, dæmon）またデーモン（英 dèmon, 独 dämon, 仏 dèmon）をとらえ、宗教の根としてのデーモン（人間を誘惑したり、苦しませたり、取り憑く悪霊）とも関係付けている。ただし、デーモンの誘惑やその中身を追うことが彼の仕事ではない。その背景を持ちながらも、哲学すなわち愛智（英 philosophy、希 φιλοσοφια：philos（愛）+ sophia（知））が立ち上がることを捉えている。また、フォードがとらえる哲学では、知はまったく自由でいかなる知でも力動でもいい、と考えているわけではない。ギリシア哲学の知は、神・聖なるものとの関係があり、コスモス（宇宙）としての自然に位置づいている。哲学また人間の知は、傲慢であってもいい（宣伝され売れればいい）わけでは決してなく、最終的には天地への畏敬あるいは敬意の態度において理性としてある、といえる。

これに関係する問題は、第二節でふれたユクスキュルの「環（世）界」（Umwelt）とこれを「敢えて」乗り越え振り返る「環境」（Umgebung）において、人間にとって後者（環境）が何であるか、どうあるべきかということになる。それが前者（環界）にも繋がるのである。そもそも人間は、それぞれの「環界」にありながらも同時に、さらに何時何処でも「環境」すなわち限界において働く。いわば環界を「破りながら」「振り返りながら」働いて世界構成している、ということになる。

そこには、物事・世界の敢えて作り作られあるいは破壊し続ける形態がある。そのことで人は自身の身心において敢えて内界・外界を形成また解体し続けている。その働きがまた学習・習慣をも含み体験・状態として伝統的に歴史となって継承されている。哲学はもちろんのこと、宗教的な組織も、そうした継承の中にある、といえるだろう。

以上のことを、むしろ宗教自身あるいは神学の側からとらえ、その営みの形態を見出そうとした人として、ルター系統の神学者オットーがいる。彼は、『聖なるもの』を第一次世界大戦近辺に著す。彼は、人のとくに信心を持つ営みの根本的な感覚として「ヌミノーゼ」（Numinose）〔羅 numen からの用語〕をとらえる。そこには、依存感、被造物感、畏るべき優越する力あるもの、神秘の他なるもの、魅惑するもの、また不気味なものなどがあり、そこから「聖なるもの」がある、ととらえる。かかる世界をめぐって彼自身は、また中世、インド、日本へと具体的に旅して行く。

これは、やがてインドや中国に関与したヤスパースに似た動きだといえる。ヤスパースが「限界状況」（Grenzsituation）として何を見ていたかは違いが残るが、似た地球上への関心の広がりがあったのだろう。翻って、フロイト（Sigmund Freud, 1856–1939）が、ヌミノーゼを専ら性的欲動としてとらえ人間の精神病理学を展開したのにも繋がるのだろう。もちろん、そこに結局、合理性をこそとらえようとするのか、性や死への欲動をとらえるのか、把握はそれぞれとても違う。けれども、ヨーロッパから発生した、従来の枠組みを越えようとグローバルな認識を拡大しようとした運動だったとは、同様にいえる。

確かに、この基本感覚・ヌミノーゼは、不可知・不可測な物事への関与として元来、人類史的に発生しており、日本の神道やキリスト教、儒教仏教にもしばしば見出される（中野裕三『国学者の神信仰』二〇〇九年、黒住真『近世日本社会と儒教』二〇〇三年、西田幾多郎「場所的論理と宗教的世界観」一九四五年、魚木忠一『日本基督教の精神的伝統』一九四一年）。とはいえ、このヌミノーゼからどのような意識が、さらに聖なるもの、あるいは聖霊が見出されるのか――そこにさらに課題を生む。それが哲学また精神ないし霊性の歴史という問題にもなっている。

このことについて、最近では、ヨーロッパ史を遡及するP・シェルドレイク『キリスト教霊性の歴史』（木寺廉太訳、二〇一〇年、*A Brief History of Spirituality*, 2007）がある。また日本では、先にふれた戦時中に書かれた、キリスト精神史というべきものである魚木忠一（一八九二～一九五四年）『日本基督教の精神的伝統』（一九四一年）があり、また西田幾太郎の「場所」の背後には仏教霊性史論というべき鈴木大拙『日本的霊性』（一九四四年）などがある。

ともかく、敢えて乗り越え・破壊する体験・行為を人間がするからこそ、哲学は「驚き」から始まると諸々の思想家がいって来たのだろう。例えばカントが、「熟考すればするほど……たかまりくる感嘆と畏敬の念」がある、と述べたのも（『実践理性批判』結び）その人間的感覚それ自体についてである。カントはそこにさらに道徳律を見出すが、その視点の淵源には実はまたカント自身の狂気が隠れている、と指摘されることもある（山本博史「秘匿された〈まなざし〉――カントの〈狂気〉論」『追手門学院大学社会学部紀要』、二〇〇六年、1～6、八五頁、また坂部恵氏のカント論を参照）。カントに限らず、あるいはフロイトの解釈に限らず、人が、動植物とは違った畏敬や欲動の感覚をもち、そこに後天的な形成をもつことは確かだろう。そしてその大きな人類史・世界史的な発生が、枢軸時代だったわけである。

ただ、そこから何を語り出し形成するかは、風土・状況により関係により、さらにひとが懐く思想や信仰の在り方により違いが生まれる。とはいえ、この驚き・畏敬という在り方は、枢軸時代といわれる紀元前数世紀から、少なくとも中世までは、誰もが持っていたのではないか、と私には思える。だからこそ、ひとの営みはたとえ哲学であっても限界としての超越的・根源的なものにおいて存在し、人は知性・感情や意志をもつと共に何程かの信仰を前提のようにもっていたのではないか。しかし、その極限に依存的に関与して形づくられる元来の祭祀的構造が、近世以後は生活上次第に少なくなる。それが近代以後のいわゆる「世俗化」なのだろう。

## キリスト教・仏教と中世

人類の世界史にまた戻ってみる。枢軸時代以後、紀元前後になると、ユダヤ教の中からキリスト教が、仏教の中から大乗仏教が誕生する。自然を背景にさらに形成論・回帰論として儒教や道教が広がりを持ち始めたのもこの頃からである。この紀元前後、思想宗教の一般化というべき状態が発生した。そしてそこから、それをめぐる祭祀的生活形態としての典礼〔礼楽刑政・法〕、それをめぐるテクストとして後に「古典」と呼ばれる経典、教会・寺社組織などが形成される。現在のいわゆる文科系の古典はこの時代に記録され始めた基本形態であり、その言説の分析対象の歴史がひろがる。

紀元前後から数世紀過ぎてやがて中世といわれる時代になると、典籍が学者・知識人によって所有また解釈され、これが分配・分与される構造がはっきりと生まれる。またその古典が、西洋におけるラテン語、東アジアにおける漢文といった古典語となって表現・記録され、それが諸地域を超えた広がりを持つことになる。そこに、たとえば、朱熹（一一三〇～一二〇〇年）、ボナヴェントゥラ（Bonaventura, 1221-1274）、トマス・アクィナス（Thomas Aquinas, 1225-1274）など多くの重要な思想家を見ることが出来る。またその際、宗教的な次元が重要な位置をもち、また何らかの自然法が大きな意味をもっていることも決して無視できない。だからこそ、西欧では、文字通り、神学の下に哲学が位置し、東洋思想では、天地あるいは太極といった宇宙の元に、人の営みがやがて科挙によって位置づけられている。

その際、重要なのは「理」の位置である。朱熹の論理では、「天地」を基礎に「理」について、根拠たる「所以然之故」と個別的当為たる「所当然之則」をとらえる（藤原静郎「所以然と所当然　朱子学における理の性格をめぐって」中国哲学論集20、九州大学中国哲学研究会、一九九四年。また朱子の理をめぐる諸書を参照）。この根拠である理がある中世と、その後の個別理の展開となる近世以後が異なり、理とこれに結び付く物をめぐり時代の変化を生む。

## 近　世

近世と称される一五世紀末、一六世紀以後になると、西欧におけるルター（Martin Luther, 1483-1546）のいわゆる宗教改革を始めとして、言語・テクストが印刷と結びつきながら、所有のより一般化の形態・方向が生まれ、そこに個々の国語（地域言語）の発見・形成が行われる。人為的領域が拡大し、そこにやがて「国民」が位置づけられる。この時代的変化は、東アジアでも時期・内容の違いはあれ大きくは同様であり、この当時を「国民的宗教の成立」とみる歴史家は多い（尾藤正英など）。

実際、日本の近世文化はやはりかなり出版と結びついている。ただし、日本での印刷は多くは木版で、しばしば文字が絵と共に描き出されている。また漢文はアルファベットより一般化の速度が遅く、地位や権威や経済力に関与して所有・表現される傾向がより強かった。また出版は庶民や寺社よりも藩や幕府が仕切る傾向があった。その意味では、日本における秩序の「国民」化は、西欧より遅く、また「上下関係」の市場介入がより強かったといえる。こうした傾向から、テクストについて、西欧では聖書への集中と人びとへの一般化という現象が早くから生じた。これに対して、東洋・日本では、より複数の経典、多くの思想・信仰が、上下関係を含みながら都市また出版交流によって徐々に広がって行った。

とはいえ、無視できない場面がある。東洋・日本では、近世において人為的領域が拡充するにせよ、やはり天地自然が前提のように意味をもち続けるという事実である。法制史家・瀧川政次郎（一八九七〜一九九二年）は、江戸中期の法諺を引いて『非理法権天』（一九六四年）を著している。法度・掟に対して権威・威力があり、さらに「天」（天道）がある。この意味では、近世において、たとえ神仏が世俗化したとしても、天地が宗教のように普遍的に存在し続けている。この事は水波朗（一九二二〜二〇〇三年）また吉満義彦（一九〇四〜一九四五年）が自然法論として指摘していることでもある。

ただし問題は、この「天」が実際に何なのである。このことはまた課題として歴史的に残り続ける。東洋・日本の近世的諸域では、天また天地が時期の違いはあれ、同様にキリシタンあるいは反キリシタンの対外的な運動と結び付きながら、農業や産業また道教・神道といった地平からの上位への運動として生まれる。それらは内的には、むしろ諸々の思想宗教の融合の過程・構造として発生していく。近世半ば一八世紀以後の日本では、それがより天皇と結び付き「理」が個別化していく。中国・朝鮮では実践論が展開するにせよ、「天理」が革命性を帯びて在り続ける。これに対して、西欧では、明らかに、人為が自然を超えるものと考えられ、さらに神のない哲学が発生し、また「神が死ぬ」傾向がやがて大きくなっていく。多くの人にとって神は不要なものになり出したかのようである。それは近代の出来事だといえよう。

## 近　代

近代といわれる一九世紀後半以後になると、人為の上昇がさらに人間的組織と交流を大きく形成する。国民に資本主義的な経済の力が関与して、労働・社会問題が発生し、特定の国民国家にありながらもこれを越える帝国化の動きがうまれる。労働・社会問題は、テンニエス（Ferdinand Tönnies, 1855–1936）が、ゲマインシャフト（Gemeinschaft）からゲゼルシャフト（Gesellschaft）への流れをとらえたことで知られる（*Gemeinschaft und Gesellschaft*, 1887）。また同様の問題は、宗教においてあり、教皇による回勅は次のようだったと指摘されている。

教皇レオ一三世の労働問題に関する回勅「レールム・ノヴァルム」は、一八九一年五月一五日に発布された。……〔さらに〕教皇ピオ一一世は社会問題に関して意見を開陳する機会を捉えられた……。社会問題そのものは「労働者の教皇」と正当にも称せられたレオ一三世の時代に較べると新しい形相を呈しており、殊に世界大戦後は、頗る尖鋭化したので、「レールム・ノヴァルム」の如き卓越せる指針もある種の補遺を必要とするやうになった。……四十年前は社会問題と云へば専ら労働問題が中心として考へられてゐたが、現代に於てはそれは社会全体の問題にまで拡大された。今や社会の個々の部分が不健全なるのみでなく、社会全体が病みついてゐるのである。

（A・レッツバッハ『カトリック社会観』戸川敬一訳、一九四七年）

歴史的に、一九世紀末にやはり「労働問題」が中心課題となり、第一次世界大戦後にはさらに「社会問題」が発生していることがわかる。第一次世界大戦後、ヨーロッパでは、それは一方では、組合や教会といった中間的組織ゲノッセンシャフト（Genossenschaft, 協働組合）の形成となり、また他方で、国家・イデオロギーとも関連してロシア革命やナチスの台頭に繋がる事態にもなった。

近代とくに二〇世紀以後、いわゆる「近代化」の問題が発生し、階級や格差が問題化し、また歴史的進化が限界をもつ。人間が戦争や破壊を自分自身の物事として体験するとき、信仰の問題は却って良かれ悪しかれはっきりとまた現れるようである。その問題それ自体の発生期は、西欧ではどうも世紀末から第一次世界大戦頃である。トレルチ（Ernest Troeltsch, 1865-1923）は苦しみながらキリスト教会の本質を歴史的に位置づけようとする。先にふれたルター系統の神学者オットーは、宗教的な営みの形態を地球上に見出そうとする。また日本では珍しいが、カトリックの岩下壮一（一八八九〜一九四〇年）、クエーカーの上田辰之介（一八九二〜一九五六年）も世界大戦等を知って時代を担った人物である。

当時発生した人間の活動は宗教的形態に限らない。先だってウェーバー（Max Weber, 1864-1920）の社会学があり、フロイトまたユング（Carl Gustav Jung, 1875-1961）の精神医学がある。さらにハイデガー（Martin Heidegger, 1889-1976）またカール・レヴィット（Karl Löwith, 1897-1973）の哲学がある。これらには、古代への遡及があり、思想家によっては東洋日本思想との類似への問いもある。ともかく、ここには当の場所における近代化が出会った問題がある。

東アジア・日本の内部でも、やはり似た問題が、違いを含みながらも、発生しており、大きな歴史は同様といえる。ただ、自然環境および社会構成の在り方にかなり違いがある。そもそも一九世紀半ばまで、東アジアおよび日本では、先述のように人間の形成する秩序は、結局は自然環境と結び付いて形成されていた。朱子学の「格物致知」などの概念が天下に直接的に結び付くことに顕著なように、いわゆる「天人相関」「天地人」の世界観が持続していたといえる。

これに対する変容は、一九世紀半ばの「西洋の衝撃」によって始まる。そこからどんな「社会」が「理」を持って形成されたのだろうか。東洋・日本では、ゲノッセンシャフトにあたる中間的組織は到底十分に持続・形成されず、権力や資本の上位への集中が行われた。そこにマルクス主義や国家主義が結び付く。労働組合であれ会社であれ、自立した論理的組織には結局は十分ならなかったのではないか、少なくとも二〇世紀においては——。

## 二〇世紀後半から

二〇世紀後半さらに世紀末には地球上で大きな変化があり、見えなかった問題がさらに発生し始める。それは、大きな情報と流通が地球上を被うようになったことによる。第六章で内容を追うが、オング（Walter J. Ong, 1912-2003）が『声の文化と文字の文化』（*Orality and Literacy : the Technologizing of the Word*, 1982, 林正寛他訳、一九九一年）で、またマクルーハン（Marshall MacLuhan, 1911-1980）のメディア論が示すように、近代は文字と印刷が人を動かしていたが、二〇世紀になると、実際の音声さらに画像が、歴史や広がりをもって拡充し、人を動かしまた人がさらに使用する物事になる。録音と画像、レコード、ラジオ、写真また映画は、二〇世紀半ばからはさらにテレビ、カセット、種々の電子機器となる。そこに二〇世紀末にインターネットが結び付きながら情報の電子データ化が行われ、そのコンピュータを用いるその記録・交流が拡大し続けて行く。

「冷戦体制」の崩壊と同時に、グローバルな流通構造によって、従来の国家構造の解体と変容が生じ、いわば「地球化」の現象が結び付いて発生・展開する。そこで実際に問題として、人類における人口および階級格差の拡大、のみならず環境破壊・公害、生物多様性の異様な減少、異様な交流の発生といった事態が生じる。

インターネット化と共に要請されているのは、大きく言って、自然との妥当な関係をもったグローバルかつローカルな組織の人為的形成である。また経済成長とは違って、自然環境との関連をもった循環型社会の形成と持続が求められている。これは狭義の社会問題であるのみならず宗教の問題でもあり、信仰による組合・結合体（寺社・教会）を、天地＝地球上において妥当なかたちで形づくることが人間の形態としてある――このように考えられる。これは人間の文明が自然とあらためてよき関係を持つことなのだろう（伊東俊太郎『文明と自然――対立から結合へ』刀水書房、二〇〇二年を参照）。

# 第六章　近代文化における人間の変容

われわれがここ数世紀間、「国民」（ネーション）の名で呼んできたものはグーテンベルクの印刷技術が出現する以前に発生したことはなかったし、また発生する可能性もなかったのである。そして、それと全く同じ理由から、地球上のすべての成員を巻き込んで呉越同舟の状態にしてしまう力をもつ電気回路技術が到来した今日以後、そうした旧来の「国民」は生きのびることはできないだろう。

（マクルーハン『グーテンベルクの銀河系』）

## 一　近代個我の発生問題

### 和辻哲郎の批判

日本では二〇世紀末頃まで多くの大学知識人は、欧米産あるいは科学による知を自分たち自身のものとして語ることにあまり齟齬を感じていなかった。その知識を現在の文明の中味として前提のように考え、その様相のうちに住んでいた。それは具体的でまた社会的に広がってもいる。自分たちをその広がりの中心にあるがごとき大学と既成のネットワークの内にいると思っていたのだろう。しかし時を遡れば、むしろ近代日本の知識人は、維新後に判るようにもっと従来の自身の「内部」の文化や伝統と「外来」のそれとの間の差異をつよく意識し、しかもそれを一種の社会的使命感とともに感得していたようである。だとすれば、知のあり方についての文化的批評と問題意識は、現代よりもむしろ少し前の思想家のうちに鮮明に見出すことができる。ここではその一人として和辻哲郎（一八八九～一九六〇年）をまず議論のてがかりにしよう。

大正期以後の知識人がとりわけそうであるように（そして現在までもそうであるが）、和辻は、欧米中心主義的な思考に方向づけられた高等教育・学問思想の場の先端に育った。しかしそうした場において結局彼が作り上げたのは、近代西欧思想に対する批判をふくんだ学問であった。それはまた簡単にいえば明治期の文明論であるよりもっと人間論になっている。その内容は個人主義批判でもある。和辻は、従来の西欧近代思想では、人間の在り方をきわめて「抽象的」にしかとらえられていない、しかし私たちはもっと「日常生活の事実」「人間」そのものから出発すべきではないか、と述べている。(1) 翻って強調する「日常生活の事実」「人間」で彼がいいたかったことは本論なりにまとめれば二つある。

第一は、私たちが（デカルトを始めとする近代哲学が想定するような）「孤立した自我」としてまずあるのではなく、他者との連関のうちにすでにある、という点である。感情の働きはもとより思考するのも言葉や文字を扱うのも、あらゆる働きにおいて、私たちは「人間関係」「間柄」を（欠如としてでさえ）前提している。この人間関係・間柄は、ただ対面的な小さなものばかりでなく、大きな社会組織までもふくむ。そうした諸関係が、近代的な個我の観点からは落ちてしまっているが、それを見るべきだ、というのである。

第二は、私たちの人間としての働きが、たんに「観照的意識」でないことはもとより、ただ「意志」的または「合理」的なものとして捉えきれるものでもなく、それらをもふくむもっと全体的で実質的なものだ、ということである。この点は、和辻が人間のふるまいや関わりをいうときの「主体的」「行為的」「動的」「具体的」といった言葉に現れている。人間は、「観照」するだけでなく、感性や肉体をもち、衣食住をいとなみ、言葉を発して生きて歩く。そして「風土」や「歴史」のなかに具体的に存在している――。

和辻の以上の議論は、当たり前といえば当たり前である。とはいえ、一般に近現代人は、哲学者のみならずとも〈わたし〉という個人からばかりものを見る癖をよりつけているかも知れない。また人は、働きについても間柄だけではなく、何か明確な目的に向けた意志・欲望の実現・不実現、その規則といった脈絡においてあったり、逆にそれに収まらないはるかな深い事象の群れや渦、認知の周縁、あるいは通常の領野を越えた他者・社会の立ち現れやそれらとの具体的な応答がさらにあるのではないか。和辻は、こうしたものごとをふくめた生の束の中に私たちがいるといったことに思い及ばないのかもしれない。だが、そうだとしても、和辻が指摘する「自我」が時代的傾向としてあるのではないか。

## 「根拠なき空想」の発生条件

ではどうして西欧を中心とする近現代の思想は、和辻がとらえたような知覚の構図をもったのだろうか。和辻には、西洋近代哲学における「孤立した個人」の自我意識を分析した次のようなくだりがある。

我れの意識の独立を求めるためには、意識をともにするような他人のいない、ただひとりの立場を作り出さねばならぬ。たとえば自分の書斎でただひとり壁を見、壁を見る己れを考えるということきである。(2)

独房のような部屋でひとり書を読み壁をみる学者あるいは「知識」人への揶揄が彼にはある。彼はこの「書斎人像」に典型化されるような自我の抽象性・非日常性を否定する。そして「絶対的個人の想定は何ら根拠なき空想に過ぎぬ」と断ずる。(3) しかし和辻のいうとおりだとしても、その「根拠なき空想」はそれ自体どうして発生したのか。たとえ抽象的だろうと、そういう自我意識はどうして実体的なものとして成立するのか、その歴史的条件は何なのか。

孤立した自我の歴史的社会的生成についても、和辻は少し分析をおこなっている。彼は、興味深いことにマルクスを援用しながら、「一六世紀以来ブルジョワ社会が、すなわち自由競争の社会が発展し始めるとともに、初めて孤立せる個人が想定されることになった」と述べている。(4) つまり、所有や欲望にドライブをかけていくような社会関係・場の成立が、「個人」なるフィクションを際立たせた訳である。この「自由競争社会」という議論は、資本主義的な市場が徐々に成立して産業社会へと個々人が形成・動員されるという事態をいうのであろう。西洋近代のこうした側面を和辻はしばしば「利益社会」という言葉で（否定的に）叙述している。

〈西洋近代の自由競争社会が個々人の欲望と所有を刺激し、それぞれの人に孤立した個人というものを想定させた〉という議論自体はある程度わかりやすい。ただし、これは「孤立した人間」が資本主義の成長と結び付いてより確固あるいは利潤のみにより社会的に根づくことである。このような社会的定着は、しかし「一六世紀以来……」というよりはもっと後、多分二百年ほどは後のことであろう。だから、こう考えたらいいのではないか。――おそらく「孤立した人間」は、一六世紀ごろ、まず「書斎人」の間で顕著な人間感覚となり、追って二、三百年のうちに「自由競争人」として社会的に受肉したのだと。

「書斎」（和辻のいう「観照」）は人間におけるいわば頭脳的な〈認識〉をあらわしている。また「自由競争」は、富や力などをめぐる〈欲望ないし意志〉の帰趨をあらわしている。この両側面が個人において媒介され、また社会において相互波及することで、「孤立した個人」は近代の歴史的社会的実体となった、あるいは道具になったのだろう。

それは敢えて纏めるなら「デカルト的個体が資本主義的欲望につき動かされていく」のである。ならば、それは、近代における何世紀かの社会的組織と関係する類的歴史過程であると同時に諸個人それぞれの活動の個体発生的な過程でもあるのだろう。

これはある大きな歴史的社会的な規模での近代的な〈私〉の生成とでもいうべきことである。この問題についてはのちにもまたふれる。が、〈私〉が「書斎人」から始まったとすれば、事柄そのものは実はもっと早くから起こっている。というのは、「読み書く人」はもちろんもっと以前からあるからである。少し歴史を遡ってみよう。

# 二　声と文字

## オラリティーの文化

和辻が直観した、「日常生活」から離陸してしまったこの「書斎人」の問題を、W・J・オングは、もっと別の接近によってさらに深めた。オングは、『声の文化と文字の文化』(5)のなかで、言語を営む人間の能力を「オラリティー（声を聴き話し、歌詠したりする能力）」と「リテラシー（文字を読み書きする能力）」とに大きく二分した。そして、私たちの文化がいかにリテラシーの上に成り立つこと甚だしいか、また、そのために忘れているが、しかし先立つ底層としてオラリティー文化がかつてどれほど顕著に存在していたか（あるいは、失われてもなお存在しつづけているか）を、生き生きと描き出している。

人間には、かつてオラリティーを中心にした文化が行われていた。オラリティー中心の言語は、そもそも人間の生活世界の個々の場面にきわめて密着的に成り立ち、人々はそこに感情移入的に参加する。それは伝統的・集合的なイメージをもち、きまり文句や言い回し、リズムや動作、儀礼等を伴っていた。その重要な部分を人々は身心に記憶しており、それを引照したり繋いだりしながら、表現を語りや歌として織物のように次々と（しかし近代人が見れば冗長に）紡ぎ出していた。それは、客観的に対象化されたものではなく、むしろ非分析的で、要素が次々と連鎖し連想が加わっていくようなものであった。声が担う言語は、動的で変化にみち、しかも保守的・自足的（ホメオスタシス的）であった(6)。

言われてみれば、オングが分析するこうしたオラリティー文化の様相は、われわれもまったく知らないものではない。それは、知識化され都市化された現在の私たちの歴史や社会の成層のむこうに、あるいはその底層に見つかる。それらは、町村の女や子どもたちの生活世界の一コマとして、また伝えられた民衆文化や王朝文化の生きた古い形象・伝承として、あるいはフォークロアや文化人類学、あるいは民俗学や地方《じかた》学さらに考古学が教える無文字社会の事例や史料や表現の断片として、垣間見るようにあるいは底層に見出せる。また心理的にいえば、オラリティー文化の様相は、私たちが現代生活の緊張を眠りや休息などによって離れ、意識の框をはずしたときにしばしばあらわれる、夢や白昼夢、自由な連想空間といったものに近いようである。

ただし現代の私たちのそれは、現代生活の抑圧によって、むしろその現代生活自身の反照でありただのルースな妄想の跳梁や消費であるかもしれない。しかしかつてのそれは、それ自身がたとえ大変であっても充実した文化であったのだろう。それらは自然や共同体との結びつきを忘れず、また共鳴的・連想的な在り方をしていた。しかしそうした在り方のなかにも、物語的な流れや繊細さ、集中した緊張やたかい卓越といったものをふくんだ、やはりそれ自体立体的な文化的構築があったのである。

オラリティー的世界を近現代にあらわれた民族・民俗主義者のようにあまりにロマン化することは問題である。ただ、いまリゾーム（rhizome, 根茎）のようであっても残っているものが、後の文化に較べるとより自然（コスモス）のうちにより底層においてある。オングのいうように、それはかつて人間のもとに、おそらく根づよく、ひろく、東にも西にも、それぞれ存在していた。ところが、それをある程度基礎にしながら、しかもその流れや高みを解体しながら、文字の世界がさらに形成されていった。オングを手掛かりにしながら、私たち自身もその歴史的な在り様を考えてみよう。

## 文字の時空と人の変容

文字能力によってつくられるリテラシー文化も、人々の生活とけっして無関連なものではありえない。当然それは元来、読み書く人々の生活そのものに根差すものであろう。しかし、それは書かれて対象物となることによって、当座の生活からは独立した容器（パッケージ）を成立させる。その容器は、苦労してもいったん生み出されると、声など元来の身体の感覚によって担われるものがもっていた今ここにある人間への依存をふりほどくことができ、時間や空間を越えてそれ自身の頑固な持続する同一性をもつ。それは対象的物質性のうちに固定され、（声のように）作者や他のものたちとの呼応・干渉とともに動くことがない。そのことによって、その書かれ文字化されたもの自体が、個々の人間的時空に依存しない、その書記・表記（シニフィアン）の物質性に依拠した自分自身の時空の次元をもつ。

書記がもつこの時空的抽象性は、生活の実際の文脈から離れているという非人間性、また非主体的であるという受け身の弱さをも意味する。それは、書記されたものに頼って生きる〈読み書く人〉の、生活を離れた非人間性と弱さでもある。書くことは、息吹きを殺し、人を弱める。だからオングは「書くことは……死と密接につながりをもつこと」だと述べている(7)。しかしそれでも、その抽象的である書かれた文字は、存在する限り「AはAだ」と言い続ける。この一貫性・同一性は、個々の人々や状況をはるかに越え出ていくことができる。だから、書記は死物だが、その硬直して凝固物となったものが「耐久性を手にいれ、その結果、潜在的には無数の生きた読者の手で、数かぎりない生きたコンテクストのなかによみがえるための力を手に入れる」(8)。死んで凝固した物が、かえって、生きたものに対してこれを越えて働く。この一種の弁証法によって、書かれたものは、生活上の時空を越えて個々の人やその群れのうちに生きつづける。言い換えれば、それらを一貫して支配しつづける。

読み書きするとき、人は一人になって対象物としての文字・テクストと向かい合ってこれに集中し、その読み書きの世界に入らねばならない。読み書きはきわめて人工的な技術である。一般に、技術を得る際に人はいわば重力圏を脱するようなある労苦と専念をへて自分自身を普通とは違った次元に高めている。しかしそうした技術・わざのなかでも、読み書きのわざは、とりわけ〈意識の集中と離脱性〉によって顕著である。「書くことは、意識を高める。自然な環境からの離脱・疎外……これこそ、書くことが、他のどんなものにもまして、意識にあたえるものなのである」(9)。

読み書きによるこの集中と離脱は、人をつよく支配し固定するものであるが、他方、あらたな次元へと人を解放するものでもある。それは、オラリティーのもつ流動性を固定化することも、その保守性をのり越えることも可能である。さらにリテラシーの産物自身に対してもまた同じことができる（逆にまたオラリティーは、リテラシーによる固定を流動化することも、またリテラシーの離脱性をひきもどして保守化することもできる）。

言い換えれば、読み書きは、人の器官形成において、意識を、さらには内省活動を分節化させる。意識を形成し、さらにまた意識の意識（超自我）を形成する。「書くことによって、偉大な内省的な宗教伝統、たとえば、仏教、ユダヤ教、キリスト教、イスラム教のような宗教伝統は可能になる」(10)。思想文化史において考えると、人類が神話から抜け出してロゴスや理性を自覚したといわれる、ヤスパースのいう枢軸時代の諸思想（紀元前数世紀における「ギリシア哲学者たち」「孔子・老子・諸子百家」「六師・仏陀」など）は、オラリティーからのリテラシーの起ち上がりにともなって発動した知のかたちだと考えられる。

事柄はただ内面的な次元の問題ではない。外的な産物（対象）自身にもそれは関わる。書記によって、心的であれ物的であれ、要素のつながりや蓄積の仕方自身も変化し発展する。書記によって、オラリティーにおけるあいまいで多様な流動は、線形性をおび、また圧縮されるとともに高度な鳥瞰性（指示の階型性）をもつものとなる。そのことによって、あいまいな多様は正確さとなり、記憶は記録となり、きまぐれな連想は分析や推論となり、それらはやがてより精緻な指示や構造の体系となって産出されることになる。

以上のような書記における意識や対象物の発展には、その働きの規格となる各種の文字の性質および言語システムの性質自体が、その方向づけに関わってくるらしい。そこには規則が含まれるし、また発展はそのことで散逸することなく成り立つことができる。

文字の種類については、大別すれば、事象の側に依存性がつよい「絵文字」と音声の側に依存性がつよい「表音文字」という二つの流れが考えられ、またその合流や遷移が考えられる。そして諸家の意見では、アルファベットこそは、事象とのつながりを失って音声の側へ進むことが他にくらべて最も徹底していた。(11)他にくらべて最も単純でまた最も美しくないその単位物は、しかし、事物から最も抽象的に離脱することによって逆に最も融通性をもち支配力をもつような規格たりうるとともに、「〔アルファベットは〕他のどんな書体系にもまして……抽象的、分析的思考をはぐく」んできたのだとオングはいう。(12)

抽象的階型性や分析や推論といった問題には、個々の文字のみならず、それらを結び付ける統語システムの在り方がさらに関わっているかもしれない。たとえば漢語では、そもそも数多くの文字は表意文字であり、また（表音であれ表意であれ）多数の文字種があってそれぞれの物を指示している。その文字自身の在り方からして、それは明らかに生活密着性をもっている。がそれだけでなくさらに、その文字で示される語と他の語とのつながり方がきわめて多様で状況に依存しており、たとえば場合によって名詞、動詞、形容詞、副詞などとして働く。これに対して印欧語では、語の統語的な守備範囲、支配従属関係が比較的明確で、とりわけ主語―述語関係をきわめてつよく明示化することを迫る。このことは、使用者の思考をより線形的、因果的なものとして方向づけるだろう。

要するに、アルファベットを使う印欧語という規格は、その働きの形式の単位の在り方においても結合の在り方においても、物事に対する明示的で線形的・論理的な制約に適しているということになる。それは使うことによって人を多様な現実からよりはなはだしく切り離すが、その離陸によって人はもとの世界からはより自由になるとともにその言語自体の指示する世界からはよりふかく規制される。

一方、漢字・漢語の生活密着性は、ことばがふくむ抽象化の程度が低く逆に具体化の程度が深い。どこまでいっても山川草木や生活上の諸事諸物の比喩（メタファー）である。そうした言語はその指示するふくみがゆたかであると同時に、その使用は人を具体的な物たちにとらわれさせる。それは規制するところ緩慢であるがゆえに、記号の物に対する自由な恣意性というより、すでにある誰かの恣意性に大きくゆだねられている。したがって漢語は論理的な制約ではなく、多くの表象の群の蓄積に適しているといえるのだろう。

## 中世的人間

文字はおそらく人間の意識やそのかかわる物についての高次的な発展や統合を可能にした。いまも人間の思想生産の原形だといわれる枢軸時代の思想やいわゆる普遍宗教は、たぶんオラリティーにもとづくシャーマン的な力がリテラシー的な意識へと媒介されるところに初めて成り立ったものなのであろう。とはいえ、それらは個々の創始者においていわば先駆的に発生したものであって、歴史はそののちに分節化されていく。では、その次の地平は何かというと、オングやマクルーハンたちは、それを近代初期の「印刷」にもとめる。(13)

文字が現れたといっても、それが「手書き本」「写本」としてのみ作成・流通されている状況においては、文字によって書かれ、まして本にまとめられるものは、しばしばきわめて限られた人に担われる特別な文化価値をおびた事柄であったろう。人や内容が特別であるだけではない、表記や様式もおそらく特殊的・非一般的であって、それが場合によっては一種神秘的な特権性すら帯びて読まれたり語られたり伝えられたりしたものと思われる。その読み語り（朗読・暗誦）はまさに「声」の響きの人間的なカリスマ性を帯び、語り手読み手と（文字を読めない）聞き手との間の「現場」には、そのカリスマ的なものを伝える臨場感が満ちていたに違いない。

それだけではない。ちょうど私たちが、子どもたちに絵本を手にして読み聞かせをするときや、「ほん」（台本・楽譜）をもとに劇を演じたり歌ったりするときのことを思えば、その読み書きされるものの現れを比較的日常的なドラマとして思い浮かべることになる。また司祭や僧の会場での読経や聖句のとなえは、そこに聖なる在り方が特別な時空と共にある。また書類をくってわれわれに対応する仕切りの向こうの役人や司法人を思えば、その世俗権力化された権威的在り方を思うこともできる。

いずれにせよ、ここでは、オラリティーの文化がひろくありながら、そのところどころに、ある特別な格差をもったリテラシーが（あるいは教会や寺院、役所、あるいは親、特権者などのように）位置づいている図式をおもい描くことができる。(14)これは、社会的状況でありまたそれを内面化しようとする個人にとっての内的状況として見ることもできよう。この状況では、人間においてリテラシー的分野がオラリティー等の分野に対してある秩序的な格差をもって対峙しまた媒介している。人間観の構図としてはこれは理性が上から情念・感情の地平を領導する形である。

こうした状況は思想文化とくに西欧のそれに顕著なロゴス中心主義に見合うものでもある。また、テクストの在り方としては、ある根本的ないし超越的テクストが古典として価値を帯び、それが注釈というかたちで文節化したサブ・テクストを再生産するという、いわば「述べて作らず」的な古典主義によって諸テクストが束ねられる基本的な構造になっている。もちろんこういう〈ある権威をもった範型とその再生産〉という古典主義的構図自体は、いつでもどんなところにも見出しうるものであろう。しかし、社会のほとんどの言説がそのようなものとして運動していたところに「中世的文化」が生まれているのだと考えられる。

## 三　印刷における知と欲望

### 中国と西欧の書記と印刷

さて印刷の問題に向おう。「紙」は文字の読み書きにとって（その軽小な量、蓄積力、一覧性などにおいて）最も扱いやすく便利な画面であるが、これは中国では紀元前の前漢には作られ、三、四世紀には普及し販売されるようになっていた。またそれに字や図を投射して複製する「印刷」についても、唐代の九世紀初めには、すでに民間でさえ暦やお札・経文などが木版印刷されるといった状態に到達していた。「活字」についても、宋代の慶暦年間（一〇四一〜一〇四九年）に陶器活字がつくられ、その後、引き続いて銅製・木製の活字による印刷が行われたという(15)。

こうした進展に対してヨーロッパはずいぶん後発であった。ヨーロッパの文字画面は、長い間、一般には、落書きでなければ荘重な羊皮紙の世界であり、パルプ紙が伝わったのは、一一世紀スペインが一番早く、その後一二世紀から一五世紀までかけてやっとイギリスまでだという。それを背景にしてまず木版が行われ、グーテンベルクの活字印刷はやっと一五世紀半ばに実現している。つまり中国は西欧に対して、印刷全般のひろがりでもまた活字印刷でも、四百年ほどは先んじていた。一四、五世紀の時点で、中国の印刷は、西欧に比べてはるかに、もう相当程度社会に広く根づいていた。

ところが、遅れてやっと印刷技術を起動したヨーロッパでは、それが人間の知の大きな一つの突破口となって、特権化した言語の上に君臨していた旧体制を次々にくずすとともに、人々のつながりを作り出し、民間語を掘り起こして、やがてこれを同一規格の国家語として構築していく。この動きは、結局、情報の規格については「均質の」国民国家の空間を形成するにいたる。その言語の統一がさらにまた逆に内容の伝播やこれへの志向を加速させ、その言語体系内における見るもの、得るものの同一性・公開性へと及んでいったのである。

科学の理論空間についても同様の形成がみとめられる。一六世紀ごろから立ち上がり始めて一九世紀にいたる、近代科学あるいはナショナリズムといった歴史変動は、印刷が可能にした知識空間にもとづいていると言われる。(16) しかしだとすると、中国の印刷術の方は、なぜそのようなスピードをもたなかったのか。中国ではなぜ印刷術をへてもなお、社会・自我・テクストにわたって古典主義的、権威—帰順主義的な在り方がねばりづよく持続したのだろうか。

この問題は元来多角的にとらえるべきことだが、いま当該の言語・印刷といった面からみるならば、それは結局それぞれの書記の性質ということに遡る。そもそも漢字においては、字種は数多く多様であり、書記能力に要求される負荷も重く繁雑である。これに習熟するには、大変な手間暇を要する。何万という字種になるものを覚えたり扱ったりしてその世界に関与するためにはたいへんな労力と資本を要する。したがって、その世界に参与できる者は限られ、直接参与・享受できるものとそうでない者との間には秩序化（ヒエラルキッシュ）された段階や敷居ができてしまう。少なくともその限定を不問にするような社会の富やシステムが充実・整備された状態に至るまでは——。

もっとも、それはいったん覚えられたその文字システムが不便で力弱いということではない。漢字は表意的な個別性を連想的にリンクしつづけた大きな森であるから、それ自身きわめて豊かな指示力や生産力をもっている。書体はちがっても紀元前から現代までそれが持続してしかも通用性を失わない。安易に比較はできないが、漢字言語は、文字としては、ラテン語にくらべてはるかに豊かで生命をもっているといえる。しかも、その「絵」は音声とは別であるから、地域や時代における音の変化を吸収しつつこれを越えて成り立つ。それが時と所を越えたまさに普遍的な帝国をつくる。いったんその住人になった場合はそのことだけで大変な力が享受できるといえよう。漢字はそれ自身、重く豊かであり、漢字をもつこともまた同様である。そこに大きく包容的な特権性がある。

これに対して欧語アルファベットでは、その文字規格そのものについていえば、そもそも数十ほどと字種が少なく単純で、その書記・運用について要求される負荷労力は、たいへん軽小である。たとえば、ある程度の知能に達しているとき、常用される漢字を覚えるには少なくとも数年要するだろうが、アルファベットならそれは一ヵ月以下かもしれない。もちろんアルファベットでも綴りや正書法、さらに言語の内容まで考慮すれば、労苦を必要とするが、それにしても消極的な認知は容易なのである。アルファベットを用いて無茶苦茶なつづりでも言いたいことを書いてしまうことは容易にできるが、漢字についてそれはたやすくはない。つまり、文字・書記自身の性格からして、欧語アルファベットは機能的であり民主的であり、漢字は複合的であり教養主義的である。

両者のちがいは、表意を中心としたアナログ的な文字と、表音のみのデジタル志向的な文字との違いといってもよい。漢字は生活密着的で具体的全体的であるがゆえにそれ自身大きな豊かな森を形作っていくが、その森は歴史の長い間、「中世的」で「エリート主義的」であった。アルファベットという最もニュアンスのない表音文字は、その単純な抽象性ゆえに多くの人々の手にとどきやすい。おそらくそのアルファベットのせいもあって、ヨーロッパではラテン語が容易に変換・代位されて諸地域の声を代弁するいくつもの語に分割され、それは諸国民国家へとつながっていった。

＊もしもヨーロッパで漢語を使っていたとしたら、ヨーロッパはもっと長く「帝国的」であったかもしれないし、もし中国でアルファベットを使っていたとしたら、中国はもっといくつもの国家に分割されていたかもしれない。こうした想像はむろん想像でしかない。しかし漢語の重く豊かで包容的な在り方と、アルファベットの客体ではなく個々の主体に宿りやすい軽便な在り方とを考えてみる手掛かりにはなる。これは近代における「帝国」の様相の両者の違いにも見えてくる。

以上の両者のちがいは、手書きのみならず、活字づくり・印刷についても同様である。何万という漢字を活字として管理することは大変な労力であって、かつての版刷りによって頁全体を画像処理する仕方に比べてさしてメリットはない。したがって、活字が発明されても漢字はむかしながら版刷りが行われつづけた。いやむしろ大規模な印刷は活字では行いにくかったのである。(17)ところが、欧語アルファベットは字種はせいぜい数十であり、それらだけを組み合わせることによってあらゆる語が表記できる。またグーテンベルクは活字の母型鋳型をつくった。それによってその活字自身の複製を容易につくりえたのみならず、その鋳型は他の印刷者にも分け与えることができ、そのため印刷はより容易となり、また活字の、また字一般の互換性が急速に確立されたと言われている。(18)当然、書体の統一も加速されたであろう。

もちろん、中国にあっても、陶・金属製の活字はやはり鋳型によって複製されたにちがいない。しかし、漢語の字種の多さは、その自由な使用をなかなか許さなかっただろうし、そもそもがこうした複製や統一への動きに対しては、その足を引っ張ってその障害になりつづけたはずである。限られた数の絵刷りのようなものならともかく、相当頁数の本作りなどということになれば、活字印刷であれ版刷りであれ、印刷はちょっとやそっとで出来るものではなかった。だからこそ東アジアにおいて、本作りと言えるような印刷は、長い間、たいてい政府・寺院などの権門によって担われていた。

漢字・漢語は重く豊かな文字システムであり、印刷はそれを徐々に人々のものにしていったに違いないが、しかしその速度はアルファベットに較べれば十分なものではなかった。おそらくその漢字の重さは、電子的印刷の時代になってやっとかなり逓減できる。ただしそれでも字種の多さすなわち漢字コードの問題は現在でも容易に決着していない。これに対してグーテンベルクの場合では、活字母型にくわえての成形機の採用とも相まって、以後、印刷はきわめて容易で経済的なものとなって一般に普及した。書物の価格も急速に下がったといわれる。〈文字をあつかう〉ということの権威主義的・中世的構造は総じて急速にくずれていったのである。

## 理知と情意の加速と「客観性」

印刷に伴って起こった変革のうち、見過ごせないのは、それが俗語の掘り起こしを生じたということである。それは中国にも起こった。しかし西欧の場合、すでに簡便な文字が手段としてあるのだから、人々の「言いたいことを書き、聞くように読みたい」という気持はよけいに強かっただろうし、その志向は早くから潜在的にかなり高まっていたであろう。一三世紀末には恋愛を歌ったダンテ（一二六五〜一三二一年）は俗語の使用を強調していた（『新生』『俗語論』）。こうした志向は印刷とすぐに結びついた。

諸種の民間語がアルファベット印刷されるとともに、この印刷という巨大な増幅伝播の働きをもつ（しかも漢語圏に較べればはるかに安価で手に入りやすい）手段による加速を得て、よく知られているように、さらに言文一致運動や、国家語の規格が早く生まれていったのである。これは、社会的にいえば「民」の上昇でありかつその動員をも意味している。俗や民のこうした動きは、要するに、この文字＝リテラシーの敷衍という動きが、同時にオラリティーの領域の救い上げを伴っていることを意味している。それは、オーラルなものがリテラルなものを突き上げて侵入するというように言えるかもしれないし、またリテラルなものが天下ってきてオーラルなものを取り込み囲い込んでいったというようにも言えるかもしれない。

この動きは、リテラシーに依拠する人々とオラリティーを生きる人々とのあいだのかつての社会的分割関係が変容して入れ替えられるといった階級的運動を起こした。が、それは同時に、個々人それぞれの内部において進行する出来事でもあった。人々はそれぞれ、かつてとはちがって、これら二つの流れを自分という一つの主体のうちに二つながら生きるように方向づけられる。そのような〈新たな個人の成立〉が階級問題を起こし、また階級問題が同時にその個人問題を引き起こす。これは第一節でふれた近代的な主体像の成立ともいうべきものに関わっている。

人間論としてもう少し具体的にいうなら、ここでは人間のうちで、リテラシーを担う理性的・意識的なものがより必須のものとして中心化して追求されていくとともに、それが内なる情意的なものをも登場させ、これらの眼を覚まさせるのである。かつて文字そしてアルファベットとともにいっそう起こってきたロゴス中心主義は、より徹底されてゆき、しかもそのことが同時に情意にも強力な刺激を与えてこれを掘り起こしている。しかし看過できないことだが、ここで知に媒介された情意はもともとのオーラルな世界に安らっていたそれではない。より生ずるのは、他を知り比較を知り、知識によって加速された、欲望というべきものである。

がんらい人間の欲望はそれ自体、知恵の実を食べたことによって、動物とはちがった衝動の成長を起こしている。しかし古代また中世的状態にあっては、存在者はそれぞれの存在の場所に静的に帰属し、衝動の発展は領域も限られ速度も緩慢であった。自然や生活の場が持つサイクルを全体として大きく越えて逸脱してしまうようなものではなかった。しかし、近代化においては人間の欲動は生来の土台や平衡（ホメオスタシス）から離れて増殖するものにすらなっていく。

そのことは、知の側についてもいえる。文字とともに目覚めたロゴスではあるが、古代中世的な在り方においては、まだそれでも自然や人間生活から完全に離陸することはなく、したがって理性は善美なるものの価値をふくみ、その超越性は聖性でもあって、それは調和的有機的な宇宙の階序（コスモス）をなしていた。しかしそこから脱することで、理性は制約のない、認識にあらわれるもっぱら線形的で二値的な論理自体となり、従来のコスモスの限定を越え「基本的な構成要素と法則の同一性によってのみ統一されている無際限な宇宙」（コイレ）をむしろ開放していく。(19)

ここでは、目的や価値ではなく法則が、多様性ではなく単純性が、有機体ではなく機械が、心や体ではなく「物」のみが存在している。以上のような知と情意との両面的な動きの突端において、近代の最も知的な産物としての〈科学〉と最も欲望的な産物としての〈産業資本主義〉が生まれてくる。ある鮮明な知をもつがゆえにこの欲望はより具体的総体的に発生し、またこのような欲望に動かされているがゆえにこの知はますます鋭く発展するのである。

もっとも、以上のような〈知と欲望との相互媒介〉は、人間の個人的ないし集団的な主観性と知との接点における増殖であって、それぞれの知的領域自身の内部あるいは中心においては、いわゆる「客観性」またはそのための条件が成り立ってくる。たとえば人文学でも、まず、写本を扱っている段階では、たしかに文字によって、もっぱら声に委ねられていたときよりはよほど確かに〈言葉そのもの〉の同一性が成り立つ。しかしやはり書き写されるたびに、テクストは不確かだから人の主観性が投影されて変化を生む。むしろ写本はその変化によって興味深い成長をすることさえある。そうした崩れや恣意を受けつけずに正確性を守るためには、限られた人間での〈秘伝〉扱いが必要にもなる。文字の側（概念・命題・テクスト）自身だけでは人間の側からの介入や揺れ動きを防いで「真」を確立できないため、主観のつよい結合によってそれが支えられる必要があるのである。そうした場合、そこには結局はかえってテクスト外的な関係また場所や超越的な信仰が宿ってくるかもしれない。写本においては「真」は弱い物質的基盤しかもたず、限られた主観的基盤しかもたない。人や事象の複雑な錯綜と干渉のなかでそれはどこにいくかわからない。ただ、それでも、物事は自然的な存在（コスモス）との関係やその限界によってこそ、結局は位置付いている。

しかし印刷された言葉においてはそうではない。言葉そのものの同一性は、固い物質的基盤をえて、だれの目にも確かなものとなる。もっとも印刷本でもその物質性が消えるか人の目にふれ得なくなれば、写本と同じ運命をたどる。しかしそうでないかぎり、物質性が残りつづけるかぎり、「確かさ」が成り立つ。事柄としては当然、それと他のものとの比較や対照が明らかになることであり、その「正確さ」が言葉の中で生まれることをも意味する。

かつて時と所の隈々のなかに重く埋もれていた手書きされたものは、印刷の複製によってあらわれ出、人々の目にそれ自身確かなものとなると同時に、また他のものとともに一望のもとに会するようにもなる。こうして知は人々の目と手に届くようになる。たとえば、考証学が狭い特権的な文書館（アルヒーフ）の外に出るには、印刷されたテクストや辞書の普及なくしては不可能であったろう。人々の目は、時・所や人を整理しながら主観性と特殊性の重みと偏りを脱し、その明るみと抽象において正確さもますます可能になってくる。そこに、客観的な知としての真をもとめる学問という諸領域が行為的社会的に実体化してくる。学問は、この客観知を前衛としながら、さきの情意に媒介された実用知・技術知を伴って発展する。

## 社会的集中と知覚の偏り

近代的主体が住まう領域は、印刷という増幅・流通の力に依拠し媒介されることで、かつて存在のうちに根づいていた中世的な宇宙と人間の体系をほりくずしながら、そこから離陸した一種の抽象的な言語的表象の空間として次第にひらかれていく。和辻哲郎がいう、西欧近代思想が想定するのは具体的生活世界から離れた「根拠なき」空間だという指摘は、いまだ調和的な宇宙と人々の生活の息吹のなかにいた東アジア人としては当然の視点だっただろうが、しかしその空間のただなかにあった西欧人しかも書籍と文字記号と論理的推論で頭をいっぱいにした知識人にしてみれば、自分たちのとらえたものこそが現実なのであった。当時の近代的主体像は思想的にはプロテスタント的なものによって徹底化されたといえるだろうから、和辻と同様の時代批判は、カトリックや朱子学・インド思想などに共鳴的な人々、つまり宇宙や人間の元来の実在性を感得ないし恢復しようとする（一見「守旧派」ともみえる）人々からありえたものと思われる。

印刷の加速によって提供された文字空間がつくり上げるものは、先にのべたように「実用的」あるいは「客観的」な、情意や知の無際限な時空であるが、にもかかわらず、それは、和辻たちも気づいていたように、人間という存在自身にとっては、やはり一面的に狭く限られたものであり、また特異な発展のかたちをもっていた。というのは、まず、たとえアルファベットによって書記や印刷が簡便だったとしても、文字を十分にあつかってその表象の国に住んでこれを運用するには、やはり労苦・負担と訓練が必要だった。したがって、その負担と運用を共同的に担う組織として、中世期とはことなった諸種の社会組織が形成された。国家における官僚をともなった制度、学校、出版社、やがては新聞社などである。こうした組織自体がまた表象の生産を異常に高めまた自身の領域を拡大して、さらに大きな負荷と使用を生むとともに、そこにまたますます多くの人を組み込んでいった。

別の言い方をすれば、ここでは文字表象をめぐって、いわばタテの統制や教育の体制が秩序となり、またヨコの宣伝や流通の諸経路がひろがっていく。そこには、中世とはちがったものであるにせよ、さまざまなかたちでの権威や支配の形態がなりたつ。そこに流れる明らかに自然的なものとは異なったものとして無視しえない連関となった表象の流通組織を私たちは〈メディア〉と呼ぶ。これらはもちろん物の生産・流通・運用の組織（交通、企業、金融の産業社会的形態）の成長と相乗的な媒介関係をもち、総じて現在私たちが社会科学的な対象と考えているような領域としての〈社会〉を成り立たせている。

いまは言語・知識の領域に問題を限るが、このような巨大な領域を成立させてゆきながらも、すでにふれたように文字の読み書きはそれ自体としてまずはきわめて個人主義的な行為である。そのとき人はより自由であるが、他の人々を謝絶して自分自身の内側に入り、もっと昂じれば、かれは自分自身の対象物を手にして自分の部屋に閉じこもる。多くの人間たちや子どもたちは最初そうしなければならない。この〈内面〉の世界と、直接は眼にみえないが存在感の実体である〈社会〉との間は、しばしばまずはつながっていない。すると実際には〈社会〉というより流通を押さえる〈国家〉や〈宣伝〉が広がり、対して具体的な関係の形成や社会化にならない〈私〉が存在していることになる。

そうではない〈社会〉はどうあるのだろうか。これは歴史的には、「講」「組合」などといわれたような生活や宗教の連合であり、あるいは寺社・教会などの「アジール」（自由領域）である。それが中世からさらに近代に向けての持続・発展としてあるならば、〈社会〉は自立することになるだろう。だが、そうではないとき、〈社会〉は実は国家の威力や宣伝の拡大によって意味づけられることになる。このような捨象と引き換えに、〈私〉は、何らかの価値的実体とみなされた権威ある言説の獲得やその否定をめぐって急ぐように方向づけられる「知識人」か、さもなければ享受者さらに消費者として言説を給餌される「大衆」となる。

このような在り方を長く自分に躾けた人は、他者や自然に生き生きとした新鮮な関心をもてなくなる。前者（「知識人」）においては自己の言説的集中のうちに立てこもって「超然としたわれ関せず」の自我感覚をもつようになるだろうし[20]、後者（「大衆」）においてはそれが存在感だと信じられるメディア的言説によってすり込まれた形に反応するようになるだろう。知識人であっても大衆であっても、こうした「存在の忘却」（ハイデガー）は、物事の認識や実践をめぐる知覚に大きな欠損や歪みをうむのではないだろうか。

うしろに捨象されているのは、他との連関だけではない。すでに一八世紀末にカントは、人間の教育課程が自身の生理的過程をはるかに越えており、「人間の成長の自然的時期はその公民的時期と合致しない」と指摘している[21]。また福沢諭吉はみずから教育や言論を職としたけれども、おそらく一九世紀末日本の教育熱に水をさそうとしてであろうが、十五歳までは特に教育はいらないなどと述べている[22]。いずれにせよ近代社会では、ひとは内部の生命過程との連関を無視して増殖した言語表象の世界のどこかに自分を住まわせることによって〈社会人〉となる。かつて東アジアの論理では、天地自然のもとにあって親子・兄弟・夫婦・上下・朋友の五倫から天下に至る関係をとらえ、そこにおいてつねに道徳的生命を失わないことを求めていた（孟子・朱子）。これに対して近代思想の多くは自我と全体の二次元の関連のみを主題化し、その論理的規則を重大視する。しかし、そのような関係的・知覚的捨象自身、じつは近代知の循環のなかに落ち込むものであって、当面の「根拠なき」実体となった世に対しては有効であっても、それが

〈人間と自然のため〉であるかどうかは問題である。

いま知覚的捨象といったが、近代的文字空間の人間にとっての特異さの一つはその知覚の一面的な発展にある。マクルーハンは、文字への集中が人間の「五感の比率を変化させ」たといっている[23]。それは「固定的な視点」をもった「とびぬけて視覚的な認識」である[24]。この視点の固定性が、他の知覚、とくに共鳴的・連想的なそれを遮断ないし抑圧し、自我の視野に集中と閉塞をつくり出すとともに、さきの「社会─自己」関係を構築している。「精神分裂病は文字使用の必然的結果かもしれない[25]」というのを眉唾物だとたとえ言ったとしても、近代人にふかい分裂と「人間精神の細分化[26]」が刻まれていることを否定できる人は少ないだろう。知覚のこうした一面的な発展およびそれへの持続的な集中は、人間の他の諸知覚とりわけ生命感覚の抑圧や鈍麻、あるいは諸知覚の総合の失調を引き起こしている。おそらく前近代人が近現代人を前にしたら、彼はかれらがもつ知覚の鋭さと逆の鈍感さに息を呑まされるような感触をもつだろう。

## 四　電気・電子と人間の変容

### 一九世紀後半からの電気技術と知覚

リテラシーを基礎にして人間は当の直接的な現実とは異なった文字の表象空間を生きるようになり、印刷の技術はそれを整った形で画面として大量に複製し、表象のひろがり厚みや高みは格段に増大した。が、それにしても、もっぱら文字という視覚上の記号の連なりの画面としてのみ、内容を表したり受け止めたりするというそのわざは、高度ではあるが厄介で人間のさまざまな能力のうちできわめて限定されたものだといわねばならない。これに対して、一九世紀後半ごろから、知覚内容＝情報をあらたな形でとり扱う技術が発生してきた。まず比較的早いのは、視覚情報における「写真」である（一八三一年、フランスのダゲールが完成、改良が重ねられた）。写真は人の眼がとらえる光学像を化学的物理的な手法で定着する技法であり、それまで筆具で描写した絵しかなかったところに現れたこのリアルな像がいかに人々のたましいを驚かせたかは想像に余りがある。写真は一九世紀末にはエジソンらによって動画化されて活動写真となった。音声情報の面では、音声を物理的に円盤・筒・テープ等に蓄積・再現する録音再生機（蓄音機）がつくられた（一八七七年、エジソンら）。この音声の録音技法と結合して活動写真はやがて「映画」となった（一九二六年）。

写真や映画は映像や音声を物理化学的に蓄積・再現することに重心をおいた「複製技術」である。人間の知覚的現実との接合面に近く、したがって社会的な衝撃力があり技術的にも重要であるにしても、その技術の在り方自体としては従来との質的分野的な連続性がつよい。これに対して、やがて大きな革新的次元につながったのが、電気を用いての伝達に重心をおいた通信技術であった。まず音声を電気を介して有線上において伝達する電話がつくられた（一八七六年、ベル）。さらに世紀末には、電波を用いる無線通信技術が起こって、まず音声について、世紀初めに無線電話をもたらし、さらに第一次世界大戦後にはラジオ放送を実現した。また映像については、一九二〇、三〇年代の実験期をへて第二次世界大戦後には、映像を送るラジオともいえるテレビジョンが放送として実用化された。これらは、宣伝のための映画やラジオの記憶とふかく結びついている。また第二次世界大戦後の世界は、ラジオ・映画そして衝撃ゆえに、たとえば、第一次「世界大戦」は飛行機と無線によって可能になったといってもよいし、第二次のそれてテレビによって彩られている。(27)

電話やラジオ・テレビなどは、音声や映像またはその複合情報を（原理的には）時・処の限定を越えて即座にまたどこにでも伝える。またそこに情報の増幅・選択・圧縮などの加工をくわえることができる。かつては人がいまこの身体的な場と能力を越えてその知覚内容を伝えようとすれば、他人や物や絵や文字に包括（パッケージ）してそれを流通したのだが、それをどれほどいろんな手段によって補助しても、その伝達や加工の過程自身は既存の物理的時空を出るものではなかった。ところが電気・電波を媒介することによってその超域がより大きく可能になったのである。音声や像や文字は電磁波に還元されることによって、印刷に億倍する伝播性をもつことになった。もっとも、音声や映像を蓄積すべく固定したり、人間の知覚との間でその入出力（インターフェース）をはかったりする場面では、当然科学的に結ばれた具体物を必要とし、そのことでそれは人間のふつうの五感に直接ふれるものになる。しかしこうした物体をしばしば介しながらもたえず電磁波の時空に変換されていくことで、知覚的情報はいっそう強力かつ広汎に現実を訪れることができるのである。

## 非文字文化の再形成と新しい人間

電話やラジオ・テレビなど電気通信技術がつくりあげたのは、比喩的にいえば、音声や映像の即座にどこにでも伝わる波であり網である。だからその波や網においては、あたかも人の声や映像がいわば地球大となって響き合っているかのようにイメージすることもできる。あるいはまた人の知覚が当の身体を越えて地球大に拡張しているようにイメージすることもできる。実際、マクルーハンはその次元をとらえ、前者のイメージを「地球村」（global village）と言いあらわしている。また後者について「人間の拡張」（the extension of man）と呼んでいる(28)。

彼が「地球村」と呼んだ理由は、この波や網が「すべての人間を単一な地球部族としてすっぽり包み込む新しい閉じて結び付いた社会へと運びこむ」ものだとみたからである。それは「現代における部族社会の再発生」である。というのは、この地球的な波や網によって、人間が離れ離れではなく「閉じた」「完全に相互依存的な人間」となり、また知覚内容についても、かつてリテラシーより低いものとされた「話しことばや太鼓のように聴覚に訴える」古い部族社会的なものがふたたび上昇してくるからである。[29] 言い換えれば、私たちは、この波や網によって、所属する当の既存の物理的場を越えた、あたらしい共存（コミュニオン）の可能性を手にしており、そこにはかつて「孤立した個人」がもっていた知覚とはちがった親密な感覚の響きが（良くも悪くも）流れるのだ、ということになる。[30]

たしかに、このような方向の提示は大筋ではあやまっていないと思われる。もっとも、正確にいえば、新旧の知覚を語るときのオングやマクルーハンにしばしば見られる「文字は視覚、それ以外・以前は聴覚」という二分法は適当ではないと私は思う。それは昔からのいわば視覚一般と、とりわけ文字によって際立たせられるロゴス的対象的な眼ともいうべきものを混同させている。視覚体験一般は昔からさまざまな彩りをもち親密な共感覚さえもっている。文字が引き起こしたのは、そうした視覚体験一般ではなくロゴス的対照的な視覚の突出である。そしてリテラシーを突き崩すかたちで起こっているのは、そのロゴス的な眼のヒエラルキーの崩壊である。視覚一般の崩壊ではまったくない。むしろリテラシーの逓減とともに、視覚体験そのものはますます顕著に人々に沸き起こっているのである。

したがって起こって来た事態とは、要するに、電話やラジオによって、まず音声が、また映画やテレビによってそこに映像が加わり、そうした（非ロゴス的な）諸感覚のひろがりが、旧来のロゴス的知覚秩序を脅かすようになった、ということである。そしてこうした新しい知覚のひろがりによるコミュニオンが、あたらしい媒体によって形成されつつあることは確かであろう。たとえば電話は、人々を密接につないで距離をこえた人間の親密な結合の可能性をひらいている。その可能性は昔はもっと限られたものだったが、コストの逓減をともなった電話のアナログからデジタルへの変化における質の上昇と普及は、それをもっと大きなものにした。現在の状態はもはや爆発的でさえある。

しばしば、マクルーハンは、現代のメディア的人間とその共同性を楽観視しており、それは、彼の、プロテスタント的な知覚の近代的狭隘化への反発をともなったカトリック的コミュニオン感覚のせいだといわれる。[31] それはまちがいではないだろうが、しかし現代におけるコミュニオン的な感覚の勃興そのものは宗派また枠組を越える問題である。

そして彼の「楽観視」といわれるものも、よく彼を読んでみればそう簡単ではない。「地球村」の背後に鳴る新しい音声と彩りは、意識と感覚の統合をめぐって「この時代を生きるすべての人に、激しい精神的苦痛と緊張をもたらさずにはおかない」だろうし、また個々の知覚の「拡張」は「個人および社会に感覚の麻痺をもたらす」のだとも述べている。[32] 現代人の知覚の問題性は見過ごされてはいない。ただ、マクルーハンの早すぎる感覚は、「地球村」と「人間の拡張」の成立条件を十分に注意してはいないし、またその「拡張」と「麻痺」の彼方に来るものの危機を立ち入って予測してはいない。

## 電子技術の進展と人間化

音声や映像などの情報は、電磁波の上であつかわれることで、時・処の限定を越えて即座にどこにでも伝わり、また増幅・選択・消去などの加工を容易にくわえられるようになった。がしかし実は長い期間、そのことができるための手間暇やコストは大きなものであった。電磁波の網や波と現実とをつなぐ道具は巨大であったり貴重であったりした。したがって電話は所々の場所にしかなかったし、ラジオは普及しても茶の間の高いところに一台あって皆でその下に集まって聞いていた（いまでは巨大なテレビや映画などの画面が、より緊張度を欠いた家族の中に君臨している）。戦後ところどころにあらわれたテープ録音機は大きなものであった。ということは、ちょうど印刷が長い間そうであり今でもまだ場合によってはそうであるように、この電磁波を用いた手段にも、やはり秩序化（ヒエラルキッシュ）された構造がまだ長くふくまれていたのである。

その手段は組織・権力・権威をもった大きな主体といつも結びつく。人々をふかくとらえる強力な働きをもつものであればあるほど、それはまたヒエラルキッシュなものとして守られる（そうすることが善であれ悪であれ）。このことは戦争期のラジオや映画を思えば容易にわかる。国家などによって秩序化されて善悪を規定する平時であっても支配に心を砕く者は何よりも情報の手段や内容の伝播を恐れそれを開放して人の手に渡すまいとする。たとえラジオやテレビがいわば自由化され大衆文化の担い手になったとしても、その背後の国家などによって秩序化されて善悪を規定する構造は見えないだけで残っている場合が多い。ある巨大な中心から一方的に「放送」(broadcast) すなわち「広くまき散らす」ことが行われてそれが受容されるという構造は、他の手段により伝え返しても結局は動かないからである。ラジオは「受信機」であり、テレビは「受像機」である。人々は管理のうえで配給された映像や音声をたいてい食べ物と一緒に体に入れている。

電磁波をめぐるこのヒエラルキーは、しかしその内部から生まれた新しい技術によって徐々に相対化され始めた。それは一九五〇年ごろから電子現象を真空管中にではなくトランジスタなど小型で長寿命な半導体の上で扱うことができるようになったことによる。半導体が集積化されるとともに、すでにあった音声や映像を扱う機器はますます小型軽量化しまた低価格となり人々の手元のものになった。これによって、電子機器を用いて音声や画像さらに動画をみずから生産したり、自己のもとに所有して自分自身の個性的な生活様式をつくろうとする人々がふえていく。一九六〇年代におけるカウンター・カルチャーの発生は、人々の意識と声とが、産業社会的・国民国家的な統一体からは み出し、一方向的なものではなく個性的に発せられるものとして多元的・分散的に動きはじめたことを意味している。そうした秩序破壊ともいえる自由な動きは電子機器の普及によってより現実化し始めたのである。

電子技術は、音響や映像の手段だけではなく、思考の手段についても、決定的な変化をもたらしだした。電子計算機（以下コンピュータという）は、はじめはプログラム（計算命令）を回路として配線して外から与えるものだったが、一九四五年にフォン・ノイマンがプログラム自身を二進法のデジタルデータとして計算機中に内蔵させる型を提案、計算処理自体がいわばすべて電子上のものとなって、現在のコンピュータの基本デザインが成り立った。その演算素子は最初は真空管だったが、一九六〇年ごろから半導体が用いられ、半導体の集積化の進展とともに、コンピュータの軽小化および低コスト化が加速的に進行した。その過程はただ物が小さく安くなるというだけでなく、同時に思考（計算処理）自身の集密化過程であり、また思考手段のたくさんの人々の手元への分散過程でもある。

人間にとって真に重要なのは、そうした急速な小型化・低コスト化の過程によって（知覚生産の手段である）機械と人間との関係自体が変化し、また人間において機械をもつことの特権性が崩れてきたことである。最初、「大型計算機」の時代には、コンピュータは巨大組織とともに保持され、そこに人間たちが手足を運びこれにいわば仕えていた。それは産業資本主義下における近代の「国家」「会社（企業）」「学校」と同じ組織形態である。ここでは、それをより利用できることがより有効な支配であるような生産手段が大きなものとしてまず人の外にある。その既成の巨大なものの利用に向かって人々が組織され序列づけられている。その生産また利用する手段が特権的にしか可能でないような技術の段階においては、そのような組織のもとに皆が分離・結集することこそが最上の状態をもたらす。しかしこれに対して、その手段がもう実はそれほど特権的に卓絶してはいないし、その可能性が誰にもあるのだったら、従来の中心に向かって皆が集まって使用・生産をいとなむ必然性はなくなってくる。そこで、その基礎となる手段を分散させ個々の人々自身の手元にもたらそうとするいわば人間化ともいうべき動きが生まれる。

七〇年代以降の電子技術は、この知覚手段の分散＝人間化の方向を推し進めた(33)。音楽・映像機器であれワープロ・パソコンであれ、従来では考えられないような能力をもったものが、個々の人々のものとなり、そのインターフェースも次第に人間の身心の具体的な働きに拠るもの、さらには代替するものになっていく。そもそも印刷が人々の机上のものになったことは、おそらく昔の人が文字というものにふれたとき持ったであろう〈ただならぬ決定的な感じ〉をもうわからないものにしたはずである。それがどこまでも広がるとき、文字の背後の実体的権威は消えて平明なものとなり、引き換えて感性的なものが次第に圧倒的なものとしてあらわれてきた。そのことは、私たちに新しい知覚手段をあたえると同時に、それが疑似的に身体に浸透するものであればあるほど、そこに文字時代とはちがったかたちで、感性的な「根拠なき空間」が形成される可能性があることを意味している。その時、何が人間に現出しているのだろうか。このいわば近代化が持った問題が、二〇世紀末以後、相互作用の拡大とともに、誰もが担うものとなりつつある。

## 生産・伝達技術と人間の心身

この分散＝人間化は進むとはいえ、九〇年初頭のいわゆるマルチメディアブームごろまでは、その過程は実はまだ不徹底なものであった。というのは、いくら情報が感性化したとはいっても、あたらしい知覚手段はいわば受容再生機器にとどまり、情報の流れ自体は、たとえばテレビやビデオによく現れているように、まだまだ一方向的なものであったからである。つまり、人間の手元に届きそして身体にまで浸透するが、しかしまったくじつは誰かが大衆向けにつくった受動的・一方向的であるような情報が増大していただけのことである。これは産業社会的な構造にもう一つの娯楽的消費のはけ口をあたえるものでしかない。結局人々は、きわめて集合的・欲望的でありまた同時に自閉的で夢であるような幻想のうちに封じ込められるだけのことである。

この情報の一方向性・受動性の問題に対して、九二年ごろから一般社会に浮上してきたインターネットは、大きな変化の可能性をひらいた。それは情報の受信発信のコストを極小化するとともに、その流れの双方向性を保証する。電子のあるいは光の相対論的な時空は、インターネットに至って初めて全地球的な規模で人間の知覚と媒介されることになった。マクルーハンが予感した「波」「網」は、あらゆる諸個人の知覚を結合しうるこのＷＷＷ（world wide web）によって初めて真に現実化してきたということができる。インターネット上のマルチメディアつまり複数媒体の結集によって人は、極限的には、あたかも音声・映像・文字もふくむテレビでも電話でも放送局でもあるものを自身の体のそばに持つ。たしかにそれは「人間の拡張」である。そのことの知的・感性的生産にとっての可能性の拡大はかりしれない。

ただ、はたしてこの「網（web）」によって人間の知覚の状況に妥当な解決がもたらされるだろうか。否、そもそも思考はどこに行くのだろうか。じつは、いま「根拠なき」といった問題はこの新しい波・網の上でもさらに発生し、また新しく要請が必要となる事態が各所で発生する。メディアの受動性・一方向性の問題は、インターネットにおいてもそのようにこの手段を用いる者にとっては同じことである。娯楽番組のチャンネルが万倍になったとしたら、それは少数のチャンネルの支配よりは好ましい面があるだろうが、「悪貨による汚染」可能性も、そこを人々が「漂流」する可能性も増大するだろう。それればかりか、双方向ゆえの危険性もまた拡大する。

従来型の情報ヒエラルキーにあっては、善悪の推進も抑止も責任は情報の生産と流通の権利をもった上位の特定の巨大主体に帰責すればよかったし、結局それ以外にありえなかった。しかしインターネットでは万人が能動的主体となりうる。悪や侵害もいくらも広がりえ、その抑止は簡単にはできない。インターネットは人間の意識をいわば地球大につないでみせたようなものである。人間はその操作こそがすべて自分であるかのように考えるかもしれない。そこでは人の善悪の意識もまた容易に拡大することができる。しかも働く情報は本当の物事としての事実ではない。操作によってそれが現実に向けて簡単に続くとされるならそれは間違いではないか。

ここには重要な事態と方向性がふくまれている。たとえば、この電子空間の波・網の上には、今後、文字は排除されるどころか、歴史上の文字も現在進行中の文字もふくめ、ますます電子上に蓄積変換されてつながっていくはずである。したがってこの波・網は地球大の図書館になり、また知性の強力なコミュニケーション手段ともなる。理科系の学問にとってインターネット上のやりとりはすでに欠かせないものになっており、それは人文科学にも及んで広がっている。そしてインターネットは文字どおり〈衆知〉の可能性をも開いている。その双方向性は、たしかに他者との出会いの可能性をひらき、従来の電子空間の自閉性を大きくひらく可能性も豊かにふくんでいる。とりわけ、地球的なさまざまな存在者を感覚する地平をひらいたことは、人類のデモクラシーやエコロジーの意識にも無視できない影響を与えるだろう。だが、その元来ある存在者の地平を持たずそこから離れ、操作と力だけの自己となり、そこから物事を具体的に操作して現実化するなら、それはとても良いことになるかもしれないが、翻って間違いであり悪や偽りを含むのではないか。ましてそこで力や勝利だけ考えるなら、欲求こそが動くのであるなら、それは取り憑かれているのではないか。

現代のデジタルな電子技術は、文字であれ音声であれ映像であれ、いずれも電子に還元して取り扱うことができる。またインターネットは、そうした媒介された知覚情報を用いての人間の究極的なコミュニケーションの地平につながっている。が、それにしても、知覚の生産手段・伝達手段がそうして「拡張」されつつあることのすぐ裏に、まともに位置づいた知覚の「麻痺」の可能性が貼り付いていることを私たちは忘れるべきではない。技術が私たちのものになるという意味での「技術の人間化」は、ただちに技術によって私たち自身がより深く浸透され支配されるという意味での「人間の技術化」と裏腹につながっている。字が人間化されることによって抽象的な「書斎人」が生まれたように、電子が人間化されることによって抽象的な「サイボーク」的人間が生まれうる。そこに力や金や欲望が専ら結合するなら、人間はもはや元来の人間ではなくなる。

だとすると、最後に残り、要求されているものは何だろうか。それは、私たちがそうした知覚情報を所有しつつも自分たち自身の身心をもってまさに生き死にし生活するという足下の事実である。いくら文字さらに電子に媒介されようとも、私たちはそれら媒介されたものを、いつも最後に私たち生きた身また心において、〈自身の体〉に担う。そして〈自身の眼〉において見て〈自身の声〉をもつ。嗅覚・味覚・触覚……そして運動感覚や生命感覚は、より直接性を要求するものとして私たちのもとにさらに根源的に存在している。そうした足元の諸感覚は技術によってどんなに媒介され延長されても、けっしてそれ自身の意味を失わない。いや、失わないどころか、そうであればあるほど、むしろ、いかに諸知覚を「麻痺」させることなく、物事が私たちの身心の直接性にまともに結びつき、その具体的に関係する地平からこそ積み上がり延長されていく社会形成が、ますます課題となるだろう。現在、「人間関係」すら「根拠なき空白」となるかもしれない。課題は「本当の関係」に繋がるその根拠から来る。そこから、他の諸存在との関係の知覚について、いかに知覚の直接性が共に積み重なって広がっていくのかが互いに要請されている。これは、私たちが、実際に身心をもちながら、どのようにして親密なものから遠いものにいたる〈共同体〉を形成するのか、という問題でもある。

電子空間にまで至ったメディアは、振り返って私たちを、現に生きている私たちの〈実際の人間としての関係形成〉という問題に立ち戻らせる。これは元来の意味における〈人間としての徳あるいは行為〉その地平からの形成という問題である。自己および他者の身体から始まるこの形成の社会的過程を忘れるなら人間はもう人間として生きていない。外部的装置が発達すればするほど、すべてを装置に委ねてしまうべきではない。むしろいっそう振り返って、それを運用する私たち自身の身心がみずからもつ情緒や思考、欲望や愛そして智恵が反省すべき課題となる。どのように交流して自己自身を形成して物事を知るか——それは、身心をもって関係する人間が、あらゆる道具的変化のなかで、最初からいつももってきた思考における問いである。目的と世界とはどこまでもその歴史的地平からさらに今後に向けて見出されるに違いない。

# 註

（1）『人間の学としての倫理学』（一九三四年。和辻全集九巻所収）、『倫理学』（一九三七〜一九四九年。和辻全集十、十一巻所収）など。なお、日本語の言葉をめぐる思考を和辻は「日本語の哲学の問題」として『続日本精神史研究』一九三五年の第六として発表している（『和辻哲郎全集第四巻』収録）。その詳細な位置付けを飯嶋裕治「和辻哲郎の言語哲学――「日本語で哲学する」ことの前提認識をめぐって」（『哲学論文集51』九州大学哲学会、二〇一五年）を参照。この問題は、日本の哲学において、主語と述語、主体と場所といった主題として近代史に流れる。また、言語学の側からは、第一章でもふれた鈴木孝夫（一九二六年〜）氏の社会言語学の論考がある。

（2）『倫理学』全集七七頁。

（3）『倫理学』全集八九頁。

（4）註(3)に同じ。なお、哲学・神学における「個」の問題について、中川淳男・金子善彦・田子山和歌子『西洋思想における「個」の概念』（慶應義塾大学出版会、二〇一一年）、また坂口ふみ『〈個〉の誕生』（岩波書店、一九九六年）、さらに朝永三十郎『近世に於ける「我」の自覚史――新理想主義と其背景』（宝文館、一九一六年。訂正改訂版一九四八年）がある。和辻哲郎自身は、「面とペルソナ」（一九三五年）以降、彫刻や芸能を追ってもいる。これを、坂部恵（一九三六〜二〇〇九年）が『仮面の解釈学』（東京大学出版会、一九七六年）以降、文化史の内実をとらえ、また小倉貞秀（一九二二〜二〇一三年）『ペルソナ概念の歴史的形成――古代よりカント以前まで』（以文社、二〇一〇年）が哲学史を遡っている。

（5）ウォルター・J・オング『声の文化と文字の文化』桜井直文・林正寛・糟谷啓介訳、藤原書店、一九九一年（Walter J. Ong, *Orality and Literacy: The Technologizing of the Word*, Mathuen & Co.Ltd.,1982）。以下、『声の文化』と略。

（6）『声の文化』第三章「声の文化の心理的力学」。

（7）『声の文化』一七一頁。

（8）『声の文化』一七二頁。

（9）『声の文化』一七四〜五頁。

（10）『声の文化』二一九頁。

（11）『声の文化』一九一頁。

（12）『声の文化』一九〇頁。
（13）マーシャル・マクルーハン『グーテンベルクの銀河系——人間の形成』森常治訳、みすず書房、一九八六年（Marshall McLuhan, *The Gutenberg Galaxy: The Making of Typographic Man*, University of Toronto Press, 1962）、以下『グーテンベルク』と略。マクルーハンの問題意識をさらに発展させたものとして、E・アイゼンスタイン『印刷革命』別宮貞徳監訳、みすず書房、一九八七年（Elizabeth Eisenstein, *The Printing Revolution in Early Modern Europe*, Cambridge University Press, 1983）、R・シャルティエ『書物から読書へ』水林章・泉利明・露崎俊和訳、みすず書房、一九九二年（R. Chartier (sous la direction) et Alain Paire (a l'initiative), *Pratiques de la lecture*, Payot & Rivages, 1985）。
（14）ちなみに同様の構図は、外ないし上から働く〈権威ある言語〉と内ないし下から働く〈日常生活語〉との間に時や場面を越えて見出すことができる。近現代日本の外国語リテラシーも、似たような構図でねづよい日本語世界に対して、制度においてはその文字を、対人的にはその声をほこってきた。
（15）阿辻哲次『知的生産の文化史』丸善新書、一九九一年、七二、八一、一〇八、一一五頁など。以下『知的生産』と略。
（16）『グーテンベルク』三三六頁。マクルーハンを発展させた著名な仕事としてベネディクト・アンダーソン『想像の共同体』白石隆・白石さや訳、リブロポート、一九八七年（Benedict Anderson, *Imagined Communities: Reflictions on the Origin and Spread of Nationalism*, verso, 1983）がある。なお、本書は繰り返し改訂されている。これについて『思想』一一〇八号（二〇一六年八月）「B・アンダーソンの仕事」を参照のこと。
（17）『知的生産』一一六頁。
（18）『知的生産』一一八頁、マクルーハン『グーテンベルク』二三一頁以下。
（19）アレクサンドル・コイレ『閉じた世界から無限宇宙へ』横山雅彦訳、みすず書房、一九七三年（Alexandre Koyre, *From the Closed World to the Infinitive Universe*, The John Hopkins Press, 1957）
（20）マーシャル・マクルーハン『メディア論——人間の拡張の諸相』栗原裕・河本仲聖訳、みすず書房、一九八七年、四頁（Marshall McLuhan, *Understanding Media: The Extensions of Man*, McGraw-Hill Book, 1964）。
（21）『実用的見地における人間学』第二部　人間学的な性格、E人類の性格（『カント全集15』人間学（岩波書店、二〇〇三年、三一八頁。ただし本論文での訳は本書と同じではない）。

（22）『福翁百話』時事新報社、一八九七年。

（23）『グーテンベルク』四〇頁。

（24）『グーテンベルク』一九五頁、オング『声の文化』二六一頁。

（25）『グーテンベルク』三五頁。

（26）『グーテンベルク』五四頁。

（27）このあたりを哲学・美学では、おもに第二次世界大戦期頃までだがベンヤミン（Walter B. S. Benjamin, 1892–1940）が、また中井正一（一九〇〇～五二年）がとらえている。

（28）『メディア論』の副題を参照。

（29）『グーテンベルク』一三、一四、四〇九頁。

（30）こうした感覚の可能性をはやく一九八〇年代末の日本でとらえたものとして、森岡正博『意識通信――ドリーム・ナヴィゲータの誕生』筑摩書房、一九八九年（ちくま学芸文庫、二〇〇二年）を参照。

（31）西垣通などがしばしば指摘する。

（32）マクルーハン『グーテンベルク』四二三頁、『メディア論』六頁。

（33）電子技術のこの人間化の動きには大別してふたつの流れがあった。ひとつは、アメリカを中心とした、パーソナル・コンピュータからインターネットに至る、思考およびコミュニケーションの道具としてのコンピュータの発展。もうひとつは、日本が活発に行った、音響機器などを始めとする感性的・民生的手段の発展。そのことの思想史的・文化史的な意義・問題点は興味深いが別の機会にゆずる。なお、この〈人間化〉は、「機械の人間化」だけでなく「人間の機械化」（サイボーグ化）の様相を反面で帯びている。こうした「人間＝機械」の幸福さと無気味さをとらえたものとして森岡正博『電脳福祉論』（学苑社、一九九四年）および西垣通の一連の仕事がある。西垣通『マルチメディア』（岩波新書）一九九四年、八六頁。

# 第七章　近代日本における「思想」への問い

## 一　出発点としての「思想」

### 近代日本の思想へ

本書では、思想と文化とをしばしば結び付けている。「思想」がある形態を成して広がるとき生活の様態として「文化」を成し、また「文化」には大抵その内実として思考の在り様である「思想」がある。その両方を総じて「思想文化」ともとらえる。

いまそれらの用語の基礎付け自体にはあまり入らない。ただ、その思想と称されるものが一体どのような状態・歴史にあるだろうか。本書でも、思想また思想史という語を用いる内部の文章がすでに多くある。状況としても、現在、「思想」という語は比較的よく使われている。書名にこれを掲げる雑誌・書物も、「文学」ほどでは到底ないが、雑誌『思想』をはじめ幾つもある。とはいえ、「思想」は近代以後になって漸くより用いられ得た言葉なのである。すると「思想」とは一体どのような状態を帯びているのか、本章ではそこにもう少し踏み込んでとらえ考えてみる。

まず一つ用法として知るべきことだが、思想は、思想、思想史などと単語のように用いられもするが、また政治思想、倫理思想、哲学思想、日本思想、社会思想など、ある分野の思想という位置づけも多い。これは最初に述べた形態や様態の「内実」に近い。例えば、「政治」は具体的に行っている。この政治はどういう考えや思いからなのかといった含まれ流れる思考の内容をとらえるとき「政治思想」になる。つまり、思想は、思考がもつ物事の内容・内実への入り込みである。それが種々の物事（政治、倫理、哲学、日本、社会……）と関係して、その用法がひろがるわけである。

本章で、とくに問いたいのは、近代日本において、文化にも結び付くその思想とは一体何なのか、その基礎についてである。これは分野でいうと哲学、倫理、宗教により繋がる。そこでは「思想」がどうとらえられたのだろうか。内実といったが、翻ってそれは、思想と称されたものは一体何なのか、といったことにも結局は繋がっている。そもそも人間の思いや想像は、その形としての思想は、拡散してしまうものではなく、組織立った蓄積また形態でもある。ならば、そこにある「思想」の形態や組織をこそ、その内容の位置付けをこそ、調べとらえることが大事だろう。その基礎をより把握してみたい。

いま述べたことは、時代や場所においてである。最初に近代日本また近代以後などとすでに述べたが、思想をめぐる物事は、日本の近代、いわば開国期以後に、発生展開したのである。これを辿ることで、その内容に入っていこう。

## 戦前——日本への結合

具体的に見てみる。「日本思想（史）」「日本（の）思想」といった用語の立ち上げは、近代日本において何度か出版とも結び付いて実際に行われてきた。それは、維新後の戦前日本の場合、一九〇五（明治三八）年すなわち日露戦争以後に始まり、大体は、大正期（一九一二〜一九二六年）からのようである。最初、日本をめぐる個々の思想史が生まれるが、やがて『日本思想』という雑誌が一九一三（大正二）年（また一九二五（大正一四）年三月）に刊行されている。「日本思想」ではなく「国民思想」だが、津田左右吉『文学に現われたる我が国民思想の研究』（一九一七～二一（大正六～一〇）年刊）は決して見落とせない。関東大震災（一九二三（大正一二）年）以後、昭和前期に向けて『日本思想パンフレット』（一九二六（大正一五）年）、『日本思想闘諍史料』一〇冊（一九三〇～三一（昭和五～六）年）が出版、『日本思想叢書』（文部省社会教育局、一九三一年）、『大日本思想全集』（一九三一～三四（昭和六～九）年）などがある。

ただし昭和前期の「日本思想（史）」には文字通り「国家の動き」さえ屢々結び付いていた。実際、一九三八（昭和一三）年四月には、平泉澄（一八九五～一九八四年）が東京帝国大学にて日本思想史講座を担当した。この時代を背景にしてだろう、津田左右吉（一八七三～一九六一年）は、一九三四年、「日本思想とか日本精神とかいうことばが、ひどく流行している。或いは流行させられている」「それは、日本民族には日本民族に特殊の思想がある……こういうことばを特に強調していい伝え、もしくはことさらに声高く叫ぶ」という風評を指摘している（同年八月『史苑』）。

戦後まで継承された日本思想家たちは、このように流れる「日本思想」「日本精神」にむろん迎合しはしなかっただろう。しかし、その内容に本当に踏み込むべきだ、とは考えただろう。実際、津田は翌年、「日本精神について」（一九三四年五月、『思想』第一四四号特輯　日本精神）を表現し、「日本精神を正しく理会しようとすれば、この歴史の発展の全過程の上にそれを求めねばならぬ」と述べている。和辻哲郎（一八八九～一九六〇年）も一九三四年九月「日本精神」を叙述している（岩波講座『東洋思潮』）。その中身については、また少し触れよう。

なお、村岡典嗣（一八八四～一九四五年）は、『日本思想史研究』とその続巻を一九三〇年以後出版した。その「日本思想史」は、「日本思想」把握としてはどうだったか。和辻とは違いはあるものの日本・天皇を中心とする文化史家として村岡は和辻に似てこれに先立つのではないか、と私には思われる。

## 戦後――日本思想自体の把握

戦後になると、戦前のような日本主義的な日本思想・日本精神あるいは日本文化史とはまた違った形で、日本思想自体をとらえようとする動きが、特に六〇年代後半から七〇年代を中心に発生する。そこではまた、学術上枠また国家枠を越えた運動も見出せる。個々の歴史家や思想家たちのものは今はさておく。大きな全体的文献資料集としては、時代的に前近代＝幕末（近世）までをとらえる、

『日本の思想』全二〇巻（筑摩書房、一九六八年一二月～七二年一一月）
『日本思想大系』全六七巻（岩波書店、一九七〇～八二年）

があった。また近代＝維新後については、

『現代日本思想大系』全三五巻（筑摩書房、一九六三～六八年）
『近代日本思想大系』全三六巻（同、一九七五～九〇年）
『日本近代思想大系』全二四巻（岩波書店、一九八八～九二年）

があった。近代＝維新後の「近代」「現代」では、政治・社会・国家などをめぐる関心がより現れてそこに諸々の資料が集積する傾向がつよく、前近代＝維新前の「日本」では、それら社会的関心からは一端離れ、何らかの思想的・資料的根拠から総合的に位置づける傾向がつよい。ともかく、これらは日本思想を実際に表現された記録からとらえる重要な手がかりとなった。人々はこれら集成された大系中の何かに入り、またその外に出て、思想の形態の更なる

把握へと踏み込むのである。

古代から近代まで通史的に思想の「系譜」をとらえる一貫した資料集もあった。

『日本思想の系譜』（文献資料集、上、中の一・二、下の一・二、国民文化研究会、一九六七〜一九六九年）

『新輯　日本思想の系譜』（上・下、時事通信社、一九七一年）

などである。これら資料集は、日本思想に「系譜」をとらえ、天皇を始めとする「歌」や「詔勅」を中心として掲載する点に特徴がある。これも、神道的系統を消すことなく諸思想を位置づける構造として、実はかなり重要なとらえ方である。

また日本思想を「哲学」と関連させた資料集があり、あるいは古代から近代までの思想家たちを集めた「現代語訳」資料集もある。

『日本哲学思想全書』全二〇巻（平凡社、一九五六〜五七年）

『日本の名著』全五〇冊（中央公論社、一九六九〜八二年）

などである。なお『叢書・日本の思想家』（明徳社、一九七七年〜）も一部資料編の体裁を持つ大きな「思想家」集だが、まだ儒学編に留まっている。

以上のように、戦後の日本思想把握の資料は、大体は、前近代についてほぼ七〇年代まで、近代についてほぼ八〇年代までの出版であった。もとより個々の出版や記録はあった。ただ、大きな状況としては、九〇年代になると、近代日本思想についての認識は次第に減ってゆき、前近代の日本思想についての認識は更に一層減少する、といった状況が生まれた。その意味では、二〇世紀末から二一世紀初頭には、日本史における思想は、端的な好き嫌いで決めて位置づけることはあっても、人々が実は本当には知らない考えないもの、まして一九世紀以前のものは、思いもしないものとなる空白傾向さえ生じた。

とはいえ、この思考の欠如は何なのだろうか。いかに価値づけるにせよ、足下の思想も文化もその伝統も遺産も知らない知ろうとしない人間は、何によって将来生きるのだろうか。このあたりの問題はまた追ってさらに考えよう。

## 二　思想・宗教の形態と変容史

### 形態としての思想と宗教

全体的な文献資料集を少しとらえたが、当然ながら実はこれだけでなく、さらに個々の文献が多くあり、さらに文献だけでなく言葉や行為の記録も資料として各所に広がっている。ただ、全体的な文献資料集をいま敢えて列挙したのは、個々の物事に入るためではなく、文献から日本思想の〈全体的形態を知るため〉である。

いま書名を掲げた資料集の各巻のタイトルに少しでも踏み込み改めて見るとき、まず指摘できることがある。それは、ここでは種々様々な思想あるいは宗教が複数組み込まれ併せて「日本思想」「日本の思想」として集結されている、という点である。

もちろん、そこには仏教・神道・儒教・国学など称される個々の思想があり、またそれぞれの形態や宗派があるから、その系統に入り込むことで、〇〇道、〇〇教、〇〇宗、〇〇学などなど、ある宗門など分類をめぐって表現の収集・結合やその拡大をとらえることも可能である。また、その中心と周縁の働きによって、「誰かを特に」立ち上げたりまた誰かをその周辺に布置・分類することも出来るだろう。

しかし「思想」自体は、そのような運動ではない。たとえ宗門や道統に入り込むとしても、そこに留まりもしない。そもそもある系統だけに留まるなら、それはもう「思想」とは称されないだろう。対して、聖徳太子思想、日蓮思想、伊藤仁斎の思想、宣長思想、朱子思想などと言い始めるとき、もう宗門や道統を越えてみずからの思考や連想をそこに持ち出している。

その意味で「思想」は、大抵すでにある系統的名称を乗り越えあるいは包摂する運動である。別言すれば、「思想」は、たとえ、どこまでも宗教心や信心に関わるとしても、宗教や信仰と同じではない。思想は宗教自身ではない。そこに入るとしてもどこまでも認知（理性）にとどまる。イデオロギーや流行に対してもそうである。それに関わるとしても、イデオロギーではない。ここには、実は、西洋にみられる、信と知、神学と哲学といった構造に、思想自身がかなり向き合っていることを示す。その意味でも、思想は――思想は元来は動詞なのだが、知的理論的な運動なのである。

「思想」について丸山眞男は、「論理的な構造をもった思想というもの」と述べる（「近代日本の思想と文学」一九五九年、『日本の思想』一九六一年所収、七九頁）。思想自体は、ただ宗門や道統に属するだけでなく、結局は論理に属する。私自身は、このとらえ方に組する。

そして、そのことは〈資料の在り方〉に繋がる。宗門や道統においては、大抵、表現された形態として、経典や祭祀が、言語や行為・生活の在り方の伝統的遺産として在り続けている。仏典における『大乗起信論』『華厳経』など、儒学（宋学・陽明学）における『四書』『六経』（詩書易春秋禮楽）など、神道における『古事記』『日本書紀』あるいは和歌（『万葉集』『勅撰和歌集』等々）、宣命などである。これらの伝統は、元来、誰でも自由に直接関与できるものではない。伝統である資料は、関与する人々自身の生活の形態さらには信心とも結び付き、それがまた翻って典拠の位置づけやこれに対する人の関わり方となる。しかし、思想においては、そうではない。それは元来、誰もが関与できるものである。

だとすると翻ってまずとらえ考えたいのは、その宗門や道統の運動は、どこから来てどこに行くのか、である。いまそれを具体的に追うことはできないが、ここではまず、以下、近世から近代への動きを大体把握しておきたい。

## 近世における宗門・道統の乗り越えと一般化

近世において発生するのは、宗教や信仰にあっても生ずるテキスト・資料の〈一般化〉(generalization)というべき事態である。近世は、和辻哲郎を始めとする思想家によってしばしば「鎖国」と称される。もちろん東アジア的交流はあり、欧州との関係から鎖国と称するのはやや一方的である。とはいえ、戦国期および維新後に比べ、より日本国内に閉じた構造が生まれたことは明らかで、そこに思想や文化の国内的形成——平安中期に比するなら「国風」化とでも言える——内的な形態の発生があったことは指摘できよう。

この〈内的一般化〉において生じたのは、いくつかの思想の国内的な習合形態の発生と幅広い形成である。異端的な不受不施派やキリシタンではないものとして神・仏・儒の宗門が結集され、さらに住民がこれに属することを証明する戸籍が作られる(一七世紀後半)。とはいえ、神儒仏をはじめ多くの妥当な資料はかなり開放され人々の手に取るものとなったのである。この点、たとえば本居宣長(一七三〇〜一八〇一年)は、「古今伝授」など和歌が秘伝のように継承されていることに悪をとらえ、誰もがそれを歌うことが出来ることを求めている(『排蘆小船』一八世紀半ば)。ここからまた彼は、皇国を位置づけ人々をまとめるものとして、『直毘霊』を前書きのように持つ『古事記伝』を完成する(一八世紀末)。あたかも西欧ドイツにおいてラテン語からドイツ口語の聖書が翻訳され位置づけられたように、東アジア日本では、漢文を背景に和文・口語をもつテキストが『古事記』を中心に位置づけられたのである。

以上は、〈世俗化〉(secularization)でもある。近世にあっては、他界ないし超越者・根源者に対して、これに関与する宗教者(僧侶・司祭・神主)及び人々との直接性が縮小し、翻って現世・現世利益観が拡充することになる。その世界観の変容に、戦国末における宗教的諸派と武士権力との戦いにおける前者の退廃・後者の勝利がある。このことは、総じて人為的領域の拡大と祭りや祈りの対象や形態の一般的な生活世界化でもある。とはいえ、近世においては、自然法・自然信仰ともいうべきものが残り続け、その意味で天地・天人相関の思想はあった、といえる。その意味で、「自然観における世俗化」といえるのではないか。

## 近代における国家・文明への結集と縮小

近代になると日本は、鎖国ではなく「開国」する。またそこに「文明」が結び付く。ただ、近世の天人相関・自然観は、明治期ある程度までは残ったが、生ずる資本の働きとも相俟ってやがて解体していく傾向をもつ。そこで対外観はより広がると共に、近世に発生した「日本」の中心性は、統一された「国家」(帝国)を中心としてより結集されることになる。

内部の言語や文化については、近代では、近世以上に「国語」「国文」「国史」「国民」など「国」を中心に称されることが多かった。これは教育とも関わっていた。たしかに、開国直後、明治一〇年代までは、「日本」を掲げる文献は、近世さらに西欧との対応を踏まえて、田口卯吉『日本開化小史』(一八七七〜八二(明治一〇〜一五)年)、西村茂樹『日本道徳論』(一八八六(明治一九)年)などが広がっていた。しかし、明治二〇年を経て大日本帝国憲法・教育勅語のあとはそれほど「日本」論は見えない。

これに対して、日清戦争以後、一八九七(明治三〇)年、高山樗牛「日本主義を賛す」が著されまた『日本主義』

が刊行される。つまり、朝鮮との関係もあっただろうが、さらに日清の戦いを背景に、文字通り他の「国」がより意識されながら、よりはっきりと時には強いものとして「日本」が強調されたのだろう。それが昭和前期に、思想と結び付いて「日本思想」「日本思想史」となる。その拡大的日本観・日本中心主義を、先に見たように津田左右吉が問題視したのだろう。

とはいえ、津田左右吉の国民思想は、日本思想自体を問題だとみている訳ではない。これはまた村岡典嗣の日本思想史も同様である。これに対して、私たちはどうなのか。どうあるべきか。もちろん、日本主義でいいとは思わないだろうが、さらに「日本」とただ直接的に結合して済むとももう思わないのではないか。少なくともそう求められているのではないか。

近代に発生しているこの問題は、「日本」についてだけではない。「思想」についても同様である。すでにふれたように、「思想」という把握は、もうどこかの宗門・学派には集束してはいない。「古事記の思想」「親鸞の思想」「宣長の思想」などというとき、表現した人自身はともかく、その「思想」をめぐる現在の語り手は、彼らの道統や宗門からはもう出ている。あるいは仮に一端「入ったとしても」他方で再度また「出ること」が求められている。その様な要請が「思想」にはある、と私には思われる。

とはいえ、先に少し述べたが、一九九〇年代以後、日本思想把握の動きそのものが止まって行われない傾向がつよくなった。それは人々においてだけでなく、研究・教育や出版など、学問・学文（「学文」は近世までよく用いられた言葉）的組織自体がそうである。さらには、近現代化によって私たちが動き動かされている文化・文明の流れが多分もはや足下を知らないものとして方向付けている。ただ、批判するにせよ評価するにせよ、それが何かを知ることは、私たち生きている人間自身の課題ではないか。もっと簡単に言おう。私たち人間にとって、思想は、日本の思想は、空白でいいものなのか。対してもっと必要なもの・本当に大事なものがあるなら、それは何なのか。もう少し考えてみよう。

## 三　思想自体への問い――知の根源に向けて

### 思想・思惟・哲学――学派を越えた思考

これまで「日本思想」について、近代におけるその意味の変化を追った。ただ、前提のように用いてその日本の形態を述べていた「思想」とは、一体どんな言葉として働くのか。その語自体とその周辺をさらに遡及して調べてみる。「思想」は漢字による二字熟語だが、それは、現代はともかく一九世紀以前の中国の漢語・漢文ではあまり見出せない。『諸橋大漢和辞典』にもその熟語は掲載されてはいない。ただ「思」と「想」が直接重なって用いられた事例はあったのだろう。それは「思想」に似る。そうした日本の古い例として、「仏心者大慈悲心是也とあれば、彼方に善心ぞ悪心ぞと思想なきなり」(『地蔵菩薩霊験記』一〇-一)とある。

ただ、この用法で気になるのは、「思想」が動詞的に用いられた可能性が大きいことである。漢字は、近代以前は、実字・虚字・助字などと分類され、「実字」では、名詞であれ形容詞・動詞であれ、大抵「働くもの」が把捉されている。そして「思想」(「思」「想」)はもちろん「実字」に属する。

「思想」が動的であることが、維新直後の日本に現れ始める「思想」の用例にはっきりと見える。中村正直訳『西国立志編』(初版一八七一(明治四)年)は「思想」を何度かはっきり用いているが、そこでは、「暗中に模索し、懸空に思想して」「道上に於て、思想することあれば、これを記録せり」などとある。この「思想して」の語には「カンガへ」という注が付されている。つまり「思想する」とは「考える」thinking なのである。

もちろん、結局、名詞的用法も多くなる。その場合、意味は何だろうか。以下、「思想」と「哲学」とを、両者参照しながら、そのあたりの言語を追ってみる。

明治初頭に「哲学」周辺の用語を位置づけた西周（一八二〇～一八九七年）については別稿に譲る。ここではまず明治一〇年代の一般化された大学・学問を中心に見てみる。

一八八一（明治一四）年の井上哲次郎『哲学字彙』では、

Think　思惟
Thought　思想

とある。「思想」がはっきり名詞的概念となり、またその動的部分は「思惟」が担ったことが判る。ところで、「哲学」については、

Philosophy　哲学

とある。ただ、その前の行には、改行されているが連記すると、

Philosopher　哲学士、Philosophism　詭辯、Philosophization　究理

とある。この「Philosophization　究理」は、明らかに朱子学の基本的な用語から来ている。また形容詞を付されて、

理学とされる例も多い。先の「Philosophy　哲学」の次の各行を、やはり連記すると、

Critical philosophy　批評理学、Divine philosophy　神理学、Dogmatic philosophy　独断哲学、Economical philosophy　財理学、Emperical philosophy　経練哲学、Ethical philosophy　倫理学、Mental philosophy　心理学、Moral philosophy　道義学、（中略）Positive philosophy　実験哲学、Practical philosophy　実践理学、Transcendental philosophy　超絶哲学

などと続く。「哲学」を立ち上げるが、さらに多く「理学」ともいう。これも、朱子学的な「究理」と結び付けて「哲学」が考えられていることから来るのだろう。

この朱子学・漢学的なところは、形而上学などの次の記述にもはっきり現れる（なお、「按」以下は注の箇所）。

Metaphysics　形而上学、按、易繋辞、形而上者、謂之道、形而下者、謂之器

Substance　本質、太極、按、易繋辞易有太極、是生両儀、正義、太極謂天地未分之前、元気混而為一、即太初太一也

One　泰一、按、前漢郊祀志、以大牢祀三一、注、天一泰一、泰一者、天地未分元炁也、泰又作太、淮南詮言、洞同天地、渾沌為樸、未造而成物、謂之太一、注、太一元神、総万物者、一儀、一箇

さらに易や漢代の資料がある。先の理観は実は仏教とも結び付くものでもある。こうした漢文の引用は明治人の教養としてある。だから重要な言説について、とくに漢籍による説明文を記す哲学周辺の概念把握は、ただ未発達だとばかり言うことはできない。

数年後の一八八六（明治一九）年刊で、広く出まわったヘボン（James Curtis Hepburn, 1815-1911）による『和英語林集成』三版（『改正増補和英英和語林集成』）では、「思想」また「哲学」はどうだろうか。まず「思想」については、次のように記述されている（なお初版（一八六七（慶応三）年）、再版（一八七二（明治五）年）では「思想」は記録されていない）。

Shisō　シサウ　思想　n. Thought, idea, opinion, sentiment: —— wo kaeru, to change one's opinion. Syn. SHIYUI, OMOI, NEN, KOKORO

『哲学字彙』の「Thought　思想」と出発点は同じだが、はっきり「思想」が立ち上がっている。また内容は、Thought だけではない。Thought, idea といわば思考・思索・理念を先立たせ、さらに opinion 意見、sentiment 感情まで含めている。その意味で、「思想」は、思考に拠りながらも意志や感情を孕むものであり、「哲学」よりは理が少なくまたより包括的なのである。また、そのことともつながるのだろう、連語として、「思惟」「思い」「念」「心」が記されている。そのうち「思惟」（Shiyui）は次のようである。

Shiyui　シユ井　思惟　—— suru, to reflect, think about, consider, cogitate

「思惟」は、いわば反省であり、何かについてのさらなる考え・熟慮なのである。ヘボンが、思惟について、cogitate と記すとき、デカルトのコギトに無関係だと考えていたとは思えない。

では、「哲学」についてはどうか。

Tetsugaku　テツガク　哲学　n. Philosophy: —— sha, philosopher

と簡単に述べるに留まる。しかし、それだけではない。

Metaphysics　形而上学、按、易繋辞、形而上者、謂之道、形而下者、謂之器

Substance　本質、太極、按、易繋辞易太極、太極謂天地未分之前、元気混而為一、即太初太一成

とあり、これは明らかに『哲学字彙』の再引用なのだろう。

以上のように、「思想」は、包括的な thought, thinking であり、思惟・意志・感情など心に繋がっている。「哲学」は、いわば思想における思惟を理としてとらえたもので、その形而上学は、当時の把握では、本質として「太極」に帰結する。

## 連続性としての新プラトン主義など

いま振り返ってみるなら、こうした明治期からの状態においては、「思想」はともかく、「哲学」の位置付け・把握は微妙である。そのような哲学は、内容的にも「理学」と称する方が、当代の前提的な知を背景にすれば、より妥当かもしれない。この点は、明治後半に中江兆民（一八四七～一九〇一年）によって指摘されることになる。

ともあれ、大摑みに見ると、近代初期知識人たちが出会った「思想」（Thought, idea, opinion）また「哲学」（Philosophy）、「形而上学」（Metaphysic）が、個々の位置づけはさておき、朱子学や仏教の世界観・概念やその背景と似たものと捉えられ、それらとどこか根本的には連続するもの、と考えられていたことは指摘できよう。

これを未熟なものと見る視点もあるだろう。が、それは大正期以後の学者の考え方かもしれない。なぜなら、明治初め、西周は宋学周辺の概念を用いながら東西の一致を志向していた。また大西祝（一八六四～一九〇〇年）は、明治二〇年代初め「プロティノスが万有の大原を観ずると云うは、理解力を超越したる働、分別思慮の及ばぬ所である。只だ一旦豁然として直覚するより外に道がない、之は仏法で云う仏智を聞いて言説思慮の境界を脱して居る真如の理を悟ると云う所に当る」と述べる（「希臘道徳移干基督教道徳之顛末」四六七、明治二三年七月、明治学院での講演、同一〇月収録）。大西祝は西欧の古代哲学の概念を明らかに儒仏の用語と関連づけている。

この大西祝を知っていただろう西田幾多郎（一八七〇～一九四五年）は、『善の研究』はもちろんそれ以後も、朱子学ないし陽明学をしばしば引く。また内容的にも、西田・東洋思想と新プラトン主義との類比も指摘されている（『新プラトン主義研究』（6）（特集　新プラトン主義と東洋思想、シンポジウム　新プラトン主義と西田哲学）二〇〇六年、とくに小浜善信論文、参照）。ただ、大西祝からの継承者といわれる桑木厳翼（一八七四～一九四六年）は、「認識論」への発展があったとも指摘されている（渡辺和靖『増補版　明治思想史』一九八五年、Ⅳ第三章）。西田と桑木、両者のどちらが二〇世紀に展開したのだろうか。

歴史を見てみるなら、そもそも明治一二年、東京大学に呼ばれた原坦山（一八一九～一八九二年）は『大乗起信論』から哲学を語っていた。その影響下に井上哲次郎（一八五五～一九四四年）・井上円了（一八五八～一九一九年）・清沢満之（一八六三～一九〇三年）などの仏教・朱子学やその背後をも知る哲学が明治期に主として展開したのである。その内容として「現象即実在論」があったこと、それが西田幾多郎に繋がることも、近来、指摘されている（渡部清「仏教哲学者としての原坦山と「現象即実在論」との関係」『（上智大学）哲学科紀要』第二四号、一九九八年三月、また船山信一「明治哲学における現象即実在論の発展」『明治哲学史研究』一九五九年所収など）。この流れは消えず、さらに西田に学んだ土田杏村（一八九一～一九三四年）の『華嚴哲學小論攷』（一九二一年）になった。

西田幾多郎は、晩年、昭和一九年の夏、「東洋には東洋の物の考へ方があるのだから、生活上の一切がそれによつて考へられるといふやうな論理が明らかにならねばならぬ。華厳や天台の論理といふものも幾分それに近いものだが、私の一生の仕事と云へば、それを探したと云ふただそれだけのことだ」と語ったと記録されている（務台理作他編『西田幾多郎（その人と学）』大東出版社、一九四八年、六八頁）。もちろん、西田自身は、晩年さらにプロテスタンティズムやロシア文化に踏み込んでいる。おそらく敗戦直前、西田の最後の形態をこそ更に見るべきなのだろう。また、その頃の西田からは、滝沢克己（一九〇九～一九八四年）をはじめ多くの思想家・哲学者たちが輩出している。その直接の継承者の「日本の思想」家として、私自身は、科学史にも踏み込んだ下村寅太郎（一九〇二～一九九五年）に関心をもつ（著作集一二巻、「Ⅳ　日本の哲学・思想」、一九九〇年）。科学と連関する哲学思想の行方こそ近代の問題を示すだろう。ただ、そのあたりの内容をさらに踏み込み考えるのは、ここでの仕事ではない。

ともかく遡れば、近代日本の哲学を含む思想のなかに、朱子学・陽明学・大乗起信論・華厳経などの存在論や宇宙観が流れ込み、さらにキリスト教が介入していたことは、指摘できる。そこには儒学や仏教さらにはキリスト教を背景に持った「日本思想」の展開があり、西周はもちろんのこと、原坦山・井上哲次郎・大西祝以来の「哲学」「理学」は、大きくはその歴史を準備した、と言えるのだろう。もちろん、いま指摘したように、そこには時代的状況があり、とくに昭和前期いわば戦時期における問題の集中があり、それこそは辿りとらえるべきである。ただ、大きくみれば東洋の思想・哲学またキリスト教の継承が近代日本にあることは、言える。

### 思想・思惟・哲学——戦前と戦後のゆくえ

明治期に表れた「思想」とこれに連関する概念を、敢えてこちらから纏めるなら、

「思想」：〈理性・思考・情・意など心の様々な状態としての形成、形成物〉
　Thinking, Thought. さらに、idea, opinion, sentiment
「思惟」：〈［その］思想における反省・熟慮〉
　To reflect, think about, consider
「哲学」：〈思惟による論理形成〉
　Philosophy
「形而上学」：〈未形の根源性＝太極・天地未分への関与〉
　Metaphysics

と捉えられていると言えようか。この把握が個々の史実に十分妥当するとは言えないが、まずはそう押さえておきたい。

そのうち「思想」について、前節では、動的な thinking, thought だが、包括的だといった。だから、思想は、実際に、大抵、何らかの動的な形態となっている。夏目漱石が「智に働けば角が立つ。情に棹させば流される。意地を通せば窮屈だ。兎角に人の世は住みにくい」といったが（『草枕』）、彼は「人の世」での彼自身の思想形成の窮屈さを述べたのだとも言える。漱石のいう知（智）・情・意を引きながら、思想の形態について更にいうなら、「知」はその形における認識や流通をとらえ、「情」はその内容における効用に関与する価値をいい、「意」はその形成を成り立たせる力をいう、とでも纏められる。また、それが「動的に形成された形態」となっていると共に、人の「心」にある、ということも出来よう。

ともかく、こうして思想は形成されて形態となっているが、それは様々な形態となり、またその形成史をもつ。いま、個々の形成史はさておき、ある程度出来上がった形態をみると、それは大抵具体的な物事と結びついている。その具体的な形態が、また言語によって求められあるいは記録されている。

その記録された思想の形態を、図書館などで、古いものから並べてみると（明治M、大正T、昭和S）、分野名からは、

政治思想M16〜、宗教思想M22〜、倫理思想M38〜、文学思想M42〜、科学思想T2〜、
仏教思想T2〜、国民思想T2〜、社会思想T8〜、基督教思想T14〜、哲学思想S1〜、
医学思想S13〜、神道思想S15〜、歴史思想S26〜、民衆思想S40〜

地域名からは、

世界思想M35〜/S3〜、支那思想M40〜、日本思想T6〜、東洋思想T12〜、
朝鮮思想S4〜、西洋思想S7〜、東亜思想S7〜、西欧思想S16〜

また大きな講座や出版として、大思想T1〜、世界思潮M45〜、『思潮』T6〜8、『思想』T10〜、岩波講座世界思潮S3〜がある。また、国内には、日本とも国とも思想ともとくに言わないで、日本思想の内部に展開しているものもあるだろう。

が、それにしても概観するなら、大正半ばころから昭和にかけて、従来の個別論を越えた大きな文化的地平に思潮・思想を認知し位置づけようとする運動が生まれた、と言える。「日本思想」もその一端とみることもできよう。

ただ、歴史・状況をもよく見てみると、ある分野からでも「日本思想」をとらえようとする動きはなかなか微妙で

ある。少なくとも戦前日本では、そこにまずは、経典、宗派、国家、日本、精神、イデオロギーなど様々の形態が刻まれる傾向がある。これに対して幾人かの思想家はそれを乗り越えるべく妥当な形態を用いて表そうとした。たとえば、津田左右吉「国民」、村岡典嗣「日本」、和辻哲郎「通路」「島国」、丸山眞男「原型」「通奏低音」、安丸良夫「民衆」などなど。具体的にはもう触れないが、そこには、彼らが、当時の戦いの中でみずから担った形態がある。

## 四　基本的な形・在り方

### 知の身体としての思想

従来の枠組はさておき、日本思想・日本思想史を、概念そのものに踏み込んで捉えるときはどうか。これまで、「思想」を歴史的に見出すとき、"History of Thought" "History of Ideas" と言われ、さらに現在は "Intellectual History" という語が当てられることが多い。これをどう考えられるだろうか。

丸山眞男は、History of Ideas をめぐって「日本語の思想という言葉」は「これ〔idea〕に劣らないくらい多様な意味があるだろう」と述べている（「思想史の考え方について――類型・範囲・対象」、武田清子編『思想史の方法と対象』一九六一年）。また Intellectual History については、外国人日本研究者から、「通観した書物がないかとよくきかれるが、そのたびに私ははなはだ困惑の思いをさせられる」と述べている（「日本の思想」『現代思想』第一一巻、一九五七年→『日本の思想』岩波新書、一九六一年）。つまり、思想には、Idea とばかり言えない具体性がある。Thought についても、別の意味で、同様にまだ足りないと考えているのだろう。だが、Intellectual については、「困惑」するという。これはどんな事柄だろうか。

この「困惑」は、Intellectual 自身への困惑ではない。日本に Intellectual History があるか、と問われることに対しての困惑である。Intellectual History は、思想史とされるが、さらには、知の歴史、精神史などと訳される。また、その名詞 Intellect には、大抵、知性、精神などの語が当てられる。それが日本に本当にあるのか、ということをめぐる困惑である。

その Intellectual→Intellect が何かについて、現代により立ち上がった用法はさておき、従来からの歴史はどうだろうか。日本を含め思想史・哲学史に詳しい坂部恵（一九三六〜二〇〇九年）は、それは中世に用いられた Intellectus Agens（能動知性）に関わる語から来ている。Intellect の原語 Intellectus は、本来は「知的直観をこととする能力」だった、という（『モデルニテ・バロック　現代精神史序説』二〇〇五年、一九五頁）。

ということは知の歴史的な位置に関わる。中世（トマス・アクィナス）の場合、人の霊魂は、可能性をもって能動態へと向かうものと考えられており、Intellectus はその能動態における知性・精神＝知的直観だった。それを踏まえるなら、現在、人が懐く知、精神としての Intellect にもかなり奥行きが含まれている。とはいえ、そうした把握が消えるならば、知性、精神の意味も変わることになる。そこに現代的な科学や物体主義が、あるいは資本や国家が結び付くかもしれない。ただ、そうであっても、Intellect 自体は、歴史的な変化を担いながらも、やはり人が懐く知ないし精神である。そして、Intellectual History は、（奥行きを持った）知の歴史、精神史ということになる。坂部恵は、その知・精神にさらに霊性をすら見ている（前掲書）。

このあたりの捉え方は種々あるだろうが、私自身は、現時点では、坂部の議論にほぼ従う。少なくとも、日本の思想、日本思想史における、Intellect は、人間の知的把握を捉えるが、そこに仏教・儒教・神道・キリスト教など様々ないわゆる宗教的形態が、可能態ないし完成態として関与している。それをとらえることは重要だろう。もちろん、知・精神としての思想は、宗教と同じではない。しかし宗教あっての、その形態にも関与しての、知・精神としての思想なのだろう。

それだけではない。可能態から能動態へというとき、それは人間の身心に具体的に担われている。だから、その知は、ただ身心や現実から離れた知ではなく、具体性を帯びている。その意味でも、思想が、知でありながらも情や意や実質にも関わる形成物であることが、文字通り Intellect なのだ、用語はその形態に対応している、と言えよう。

## 活物という形態

では、そこからどのような物事が成り立つのだろうか。先の第三節では、思想が、元来、動的なものであり、形態を成していると述べた。またそれを人が「懐くもの」とも述べた。このあたりのことをもう少し考えてみる。大事なことは思うが紙幅もあり、ここでは要点をいくつか捉えるだけにとめておく。

人が思想を懐くのは何故だろうか。いろいろな答えがあるだろうが、根本的に言えることの一つは、生きているからである。死んだら思想は持たない。生きるから思想を持っている。だから、思想は、さらにいえば、その物は、単なる物体に還元して済むものではない。ところが、現代の、自然科学を先頭としての科学文明の形成物が、そのような物体からの世界となっている、それは「全世界が「死物」の一大集塊」だと哲学者・大森荘蔵（一九二一～一九九七年）はとらえる（『知の構築とその呪縛』一九九四年、原版は『知識と学問の構造』一九八五年。現在、文庫（一九九四年）および著作集、第七巻（一九九八年）。以下の頁数は著作集による、七頁）。詳細は省くが、大森は、生物の働きをとらえるべきだ、とし、そこにあるべき、知覚と物体を統一する構造として「重ね描き」をいう（前出『知の構造とその呪縛』一七二頁、また『科学と宗教』同七巻、二九五頁）。また、そこから科学がしばしば外れて物体化しているし、病の人が物体をを見失って知覚だけになった幻覚をも見ている（同上、『科学と宗教』二九四頁）。どちらもある形態への「呪縛」なのである。大森は納得しないだろうが、両者は、一方は唯物論から他方は観念論から始まる、知覚と物との結集を失った、狂った思想の形態だといえるかもしれない。

思想自体に戻してみるならば、大森荘蔵は、それが易にあり、朱熹・王陽明にあり、近世日本の伊藤仁斎・本居宣長などにある「活物」観だととらえ、それをまた、西洋の古代・中世までの生命プネウマ観に見ている。翻って、それを失っての死物観・死物自然観への進行に西洋さらに東洋日本の近代を見ている訳である。この考え方は、実は、山本義隆が最近とらえている科学史の問題にも繋がるようでもある（『十六世紀文化革命』1、2、二〇〇七年以後）。

この活物観 vitalism は、実は、東洋・日本思想史では、儒教・道教に基本のようにあっただろう。神道における産霊（むすび）にもそれが当然ある。また、西洋の近代にも見出すことが出来る。たとえば、ゲーテ（一七四九～一八三二年）は、有機態としての存在観をもち、そこからニュートン（一六四二～一七二七年）を嫌った。そこには、広くいえば自然観の問題がある。ともかく、このいわば唯物論でも観念論でもない基礎から、どのような思想の形態が生まれるかである。

## 形成される形態へ

東洋・日本思想史では、先の活物観から表れるものとして、当然ながら、種々の道徳や礼楽刑政を見ることも出来るだろう。ただ、近代科学批判をした哲学者である大森はみていないが、その活物観の基礎からだけでは、不足がある。というのは、天人相関が語られ、理・法が述べられたにせよ、それらが本当の自立的な普遍性を失い、現実との癒着に収斂してしまう傾向がつよかった、という事実である。日本思想でも、先にみた、太極観またそれと結合して説かれた理は、すでに近世に批判されて矮小化され、近代にはもう無視されたように、近代ではもう論理的な力は失われたのである。この〈理法の自立的位置〉が失われて物事にすぐ癒着するということは、更には〈社会的な形態〉の形成が十分成り立たない、ということにもなる。これは日本思想では、近世においては十分見えないが、近代になると問題としてつよく発生するのではないか。

西洋思想史の場合、先にゲーテに触れたが、このゲーテの先達として、ヘルダー（一七四四〜一八〇三年）がいる。彼は、機械論的な自然観に反対して、人間が自然さらに神への敬意をもちながら自然や人を陶冶する論理とそこからの形態を見る、観念論ではない表現主義（expressionism）を説いたとされる。この流れは、現在、社会哲学者チャールズ・テイラー（一九三一年〜）によって重視されている。注目すべきは、彼について、早くから和辻哲郎が共感をもち、『風土』（一九三五年）で扱っている。また戦後、『倫理学下』（一九四九年）また『近代歴史学の先駆者』（一九五〇年）でも、ヘルダーの哲学を扱っている。ヘルダーが考える形態に世界史的な意義と可能性をとらえていた訳である。その大きな方向は、現在、思想がどのような形態を持つか、過去を知りながら将来を考えるためにも、納得できる。ただ、登張正實（一九一六〜二〇〇六年）が指摘するように、ヘルダーが「生ける自然」をとらえているのに対して、これを「自然科学的方法を混淆している」「弱点」とするのは問題である（「ヘルダーとゲーテ、ドイツ・フマニスムスの一系譜」『世界の名著　ヘルダー・ゲーテ』一九七九年）。これは、和辻の「風土」が、自然を含めての存在を無くし、また交流と歴史をあまり捉えていないことから来るのだろう。

現在、日本の思想は、地域を踏みながらも他地域に関わり、また国にありながらも他国と関わっている。そこには、（ただエネルギーや力の所有ではない）自然を越えながらも自然と関わる、また宗教とも関わる、地球的規模の社会と生活の形成が、方向としてある。日本の思想は、その一つの基礎であることが望まれているのではないか。

## 五　近現代に現れた問題と今後の方向

## 前提としての天地自然

日本について近世にまで遡ってみると、人間の営みはどのような形態であれ発達するものであれ、「天人相関」「天地人」的な枠組のうちにある。その枠組は、前提のようにあるとき、それがいわば言語化されていないことも多い。それでも、それは道や祭祀など行為を帯びた「形態」「道程」に大抵は成っている。ただ、そのもの、それが何かは、また何か問題に出会うときに、改めて意識され語られるのである。その構造は、日本では、神道や民衆思想などと言われるものに多い。しかも、それがただの流行ではなく、関与する人々の生死自身に踏み込み簡単には手放されないものであれば、そこには信ないしそれ以上の関与があるのだろう。

こうした構造を持つものについて、ここでは敢えて「天地自然」という名称を与えておく。これ自体は自然そのものではなく人為に由るものである。しかし、良く動きそこに沢山の人が結び付き落ち着いているとき、それ自体がありのまま（実態）であるかの如くなり、人々は利益や習慣をもってそこに入っていく。これを、元来の自然とは離れた意味での「第二の自然」と言うなら、それは自然ではないが、自然をやはり枠組として原型のように持っている。こうした構造は、たとえば農業を基礎にした営みをみるとわかりやすい。二宮尊徳（一七八七〜一八五六年）は、人の営み（人道）と天道との関係を次のように述べる。

> 人道は人造なり。されば自然に行はるる処の天理とは格別なり。天理とは春は生じ秋は枯れ、火は燥けるに付き、水は卑に流る、昼夜運動して万古易らざる是なり。人道は日々夜々人力を尽し、保護して成る。故に天道の自然に任すれば忽に廃れて行はれず。故に人道は情欲の儘にする時は立ざるなり。（『二宮翁夜話』巻一、四）

農業は、（1）根本的には「天道の自然」のうちにあるが、にもかかわらず、（2）そのままではない営みとして働き続けている。先の（2）「第二の自然」は、（1）「天地自然」と違うものであるが、これによって改めてまた位置づく。こうした構造は、循環型の当為ともいえよう。これは人間の身心の中にあるし、また近世の自然と関係した「講」の営みに見えるし、産業としてはやはり農業や林業に、より見ることができる。ただ、産業自体がさらに発展するとき、そのような地平は見落とされることになる。

## 国家中心への諸組織の収束と足下の自立組織・自然の解体

こうした問題がはっきり現れた近代の人と事件として、田中正造（一八四一〜一九一三年）の公害問題を一つだけ簡単にとらえておきたい。田中正造は、近代初の公害事件といわれる足尾鉱山鉱毒をはっきり問題とした。正造は、つよく動く産業、それに結び付く流行する宣伝や戦争に動かされず、元来の「第二の自然」を当為としてもっていたといえる。彼は、もと足利の出身で、「富士講」の家だったと言われる。富士信仰があるがゆえに、正造は一九〇一（明治三四）年一二月、天皇への直訴を試みたのではないだろうか。とはいえ、当時の天皇を中心とする神道は、田中正造とは違い、公害を問題視するごとき「自然」からは、もう離れていた訳である。

では、国家に結集する神道は、また社会的組織は、一体どうだったのか。重要なのは、この時は、日清戦争（一八九四〜九五年）後、日露戦争（一九〇四〜〇五年）前で、国家及び国民が、戦争によって大きく纏まって動いている時期だ、ということである。また直訴同年の五月、「社会民主党」が結成されるが、即日禁止処分を受けている。社会民主的な組織の成立は、弾圧されている。別言すれば、「国家によってのみ」社会的組織が生き長らえ、「自立した社会的組織は考えられない」ことが方向づけられている。これは宗教だけでなく、多くの組織は、足下の自然との連関を失い社会的自立を行わない、大きくは「権力や流行」によって動かされるという傾向を強くもつことになった。会社も大学も寺社教会も、そうである。

この問題は、「文学」「哲学」にもはっきり現れる。文学において私小説が広がる。その自然主義が、どう本当の自然を持っていただろうか。一番、本格的な哲学だ、といわれた西田幾多郎『善の研究』が出版された一九一〇（明治四三）年二月は、幸徳秋水ら十一名が死刑になった翌月である。この「時代閉塞の現状」（石川啄木）において、これを問題視しない哲学が誕生したのである。哲学も禅も本当に行われたにせよ、残念ながら、実際の万物への関係も社会的連関も本当の形では見えてこない。やはりそこにあるのは観念論ではないか。あるいは、近代では、いま「権力や流行」といったが、宣伝や風評を始めメディア的な運動が人を動かすことも多い（清水幾太郎『流言蜚語』一九三七年参照）。その物象化の中に井戸のようにあるのではないか。

とはいえ、夏目漱石が結局「則天去私」と「天」をいうのも、九鬼周造が「偶然性」を問い続けながらやがて「自然」に向かうのも（田中久文『九鬼周造――偶然と自然』一九九二年参照）、いま述べた第二の定義としての「自然」が方向としてあるからに違いない。

## 自然＝コスモスにおける人の営み

近代の思想史がまず教えるのは、たんなる内面主義でもメディアでもない。社会的組織を再生・持続させるという課題が大事だということである。と同時に、その組織が、自然を壊して、ではなく、改めて自然のなかに、という方向を持つことが要請されている。この問題は、戦後、原子力をめぐってはっきり立ち現れた。そのことに少しだけ触れて稿を終えたい。

二〇世紀後半おそらく一九六〇～七〇年代、原子力が実際に拡充しそこに発電が結合した（日本では、一九六三年東海村で最初の原子力発電より）。ところが、大きな問題を生じる。それが、スリーマイル（一九七九年）、チェルノブイリ（一九八六年）であり、また福島（二〇一一年）などの原発事故である。原発とその事故を、まず鳥瞰すると、そこには、エネルギーの巨大な所有と破壊物（塵）の莫大な発生があり、地球上全体に異様な状態を生むことがわかる。つまり、それは自然の流れとはまったく違う現象である。

それは、大きくは、世界観と繋がる。西洋中世までは、また一九世紀までの東洋・日本では、コスモス・天地自然観があって、それを背景に、人の営みがとらえ考えられていた。ところが、そのコスモス・天地を人間が乗り越え、それを使い・所有しながら、自分たちの生活形態を力と戦いにより上昇しようとし続ける。そこに原子力が結合するのである。

これが「間違い」であることを、科学史を含めて把握したものとして、高木仁三郎（一九三六～二〇〇〇年）また山本義隆（一九四一年～）がいる。山本は、従来の仕事においてあった生命・自然への畏敬が、失われる働きが一七世紀に現れ、その尖端的組織として、原子力をみる（『福島の原発事故をめぐって』二〇一一年）。高木は、原子力に拠らない先住民や民衆にみられるより自然に繋がる生活形態に、よき在り方をおさえる（『いま自然をどう見るか』一九八五年、増補一九九八年）。人間の「思想」はこうした方向と位置付けを課題として持つに違いない。

# 第八章　思想文化史の方法と「日本」

## 一　文化史と思想史

「日本」という場所には、人間が交流しながら何か意味ある物事・世界を形成して「文化」と後に称される「形」（かたち）を作り、これをまた継承・変容させる「歴史」がある。もう少し繰り返そう。いま、「意味ある物事・世界」といったが、そもそも人間は、何等かの関係する物事を散逸することなく何程か世界を「かたち」として懐きその意味を実感しながら生きている。意味のはっきりしないただの事物・事柄もあり、破り捨てたり忘れられる物事もある。しかし、大事な物事なら、これを散逸させず何等かの「望ましい」具体的な可能性をもった「形態」としてある文化を「形づくり」これを保持し更にまた形づくりそれがまた拡大する。こうした領域をもった価値ある物事を成り立たせる経緯、その営みやその継承が「歴史」にもなりそれが「文化史」をなす(1)。

その際、物事は大抵はただ真似て繰り返されているだけではない。それについて何程か「こころ」にはっきり集中して懐きさらに思考・想像しこれを言葉などの表現や種々の道具を用いながら記録する。そのことで、自分自身に対して遡及・学習・思考をし、また他の人々とも交流している。その「営み」には、大抵、何程か「思想」がある。その意味・価値をもった「形」（形態）を思考（理性）などに拠ってあらためて捉え直す人間の働きが含まれ、それが歴史を帯びてくるとき「思想史」と称される。

人間の営みには、いま「意味ある」「大事な」といった形成された物事・世界の何程かの価値を帯びた形・形態があり、それが人間の生において歴史的に現れ、捨てられるだけでなく形づくり持続・継承されて「文化史」となる。[2]「思想史」は、こうした営みの形成や継承の際に、その価値ある物事・世界の「内実を改めて捉え直す」まさに思考や想像さらに反省や再構成の運動として、歴史を帯びて立ち現れるのである。[3]

思考が「立ち現れる」とはどういうことだろうか。いま、物事の「形成」について、望ましい・捨て去るといったが、このことは生きている人間の「営み」の先立った「両面」でもある。そもそも人間は、生活において物事の「形成」をするが、そうではない物事の「排除」つまり捨象や解体を行ってもいる。その物事の形成・排除は「過程」があり時間性としての歴史をもつ。そこには、さらにそれらを担い「考える」「知る」ことが大抵含まれている。これについては、身心において、たとえば生まれたばかりの在り方・働き方（先天）、学習・習慣によるもの（後天）、あるいは既に十分知っているないし覚え（させられ）てしまう習慣のように、特に意識したり思考したりしなくても行われる状態（暗黙知）など、様々な位置づけが可能である。[4]

意味を捉え直す際には大抵、「記憶」さらに「記録」があり、位置付いた「筋道」や「論理」がある。既に記したように人間の営みという物事・世界自体は、ある程度であれまさに歴史的な事実・事柄として既に「形」（形態）となっている。だが、思想史としての思考や想像また反省や再構成をする「形」（形態）自体は、多くまずは「心」にあって更に「身」をもって言葉・書き物などによって位置付け・記録され、そこに身心の相互作用がある。のみならず、そのことが大事な意味に関わるなら、屢々更に改めて歴史的に言語化あるいは現実化しようとさえする。そうした動機と結び付いて、大抵、望ましい価値ある物事・世界が、何らかの在り方（形・形態）として言葉・文献・図像等によって更に描き出される。それが歴史をもった何等かの企画にさえなる。それらが、思想文化史における実は重要な対象・資料ともなっている。こうした記録は最初から何時もあるものではない。

「歴史」また「文化史」(cultural history)は、既に「人間は……営みにおいて」と述べたその物事自体でありそこにも記録がある。これに対して、「思想史」は、その物事の形をめぐる思考や想像などによる再把握の歴史である。この前者(営み)と後者(再把握)とは(また述べるが)繋がるが同じではない。思想史は後者の在り方――思考や想像・再構成の形態――を中心課題とする。そうした思想史の営み自体は古くからあったといえる。ただ、それが文字通り「一般化」され「学問」とさえなったのは、秘密性が減少し公開が拡大する「近世」に始まる。それが「近代」になってより広がり人々へと土着化し／され、屡々「国家」「国民」のものとさえなる。

日本では維新後の近代、二〇世紀日露戦争後頃からか、「学問」としての「思想史」が大抵は地域や分野と結び付いて表され始めた(教育思想史、支那思想史など)。ただ、それは何なのか、自分たちが何を思考しているのか、問題は簡単ではない。近代化とともに人々にとって物事は広がってくるが、すでに決まった分類、さらに特定の国家観や権力や宣伝によって動かされることさえ少なくない。

とはいえ、「思想史」と称される学問は、その営み自体への問いを持つ。「思想史」は学ぶ者を、対象自身、自分自身、また諸関係に向かわせることになる。このことは戦いの勝ち負けに入ることでも、懐疑や虚無に入り込むことでもない。学問であるなら、位置付く「論理」をもち、結局は「真理」に向かい捉えようとする方向を持つこと、少なくとも持とうとすべきではないか(5)。そうした方向が、現在にも至る「日本」の「思想史」学である――そのようにまず考えておきたい。

## 二　思想史の発生――人間経験の歴史から

### 経験史に対する思想における形と命――また同化と離反

本章では最初に、人間の営み・関係には物事を何らかの価値を帯びた形態（かたち）へと形成しこれを伝達・変容させてきた種々の物事の「歴史」がある。その「内実を改めて捉え直す」「思考や想像の立ち現れ」の歴史として「思想史」がある、などと述べた。人間の営みには、そもそも物事をただ拡散するのではなく集積・価値付けし意味を持つ形態として伝播する「歴史」がある。その内実を思考や想像によって捉え直しまた形作ろうとする考え方等の歴史が「思想史」である。では、形態の捉え直しとして立ち現れるその思考などの歴史とは、一体どのような在り方をして、どこに行こうとするのだろうか。

まず具体例を簡単に見てみよう。歴史的な事象・物事をめぐって、例えば、日本史と日本思想史、神道史と神道思想史、政治史と政治思想史、倫理史と倫理思想史などと言われるものがある。この際、「思想」を、付さない先の語と、付している後の語とはどう違うのだろうか。両方ともにある人間の営みをとらえるが、前者はその経験される物事自体の歴史であり、後者はその在り方・形態をめぐる思考などの歴史である。両者は、繋がるがまったく同じではない。では、歴史的な物事に思想が付され思考などが形をなすこととは、一体どういうことなのだろうか。

言葉に少し分け入ってみると、「思想史」は、大抵、（何かの／何処か・何時かの／誰か人々の）思い・想像の歴史である。今、思い・想像の歴史などと述べた「思想史」自体は、英語では、Intellectual History あるいは History of Ideas などと称されている。要するに「思想史」は、「思考さらに想像や理想の歴史」なのである。ただ、その際注意すべきだが、それは単なる抽象的な思考などではない。そこには、先立ってあるいはそれ以後に歴史がある。思想史には、先立って、営みの経験される事実の歴史があり、さらに営みにおける思考や想像や理想の歴史があり、後者は前者に屢々「加わって」「改めて」――「内実を捉え直す」歴史的物事としてある。それがまた事実にもなり、事実たらしめようとする。ここには物事との相互作用があり、それが歴史をなしている。

ではそこに含まれたこの内実を捉え直す・形態の捉え直しなどと既に述べて来たこと、そこに実際に何があるのか。大事だからそれをもう少し考えておく。

## (1) 反省・再考

安津素彦（一九一二～一九八五年）は、「思想上の」営みは「知力・知識」の「事実を基礎とし資料として……反省・み直し・きき直しの跡を記述すること」だと述べている。[6]「思想」が「知による反省・感覚による直しの跡」だという安津氏の把握に本書でもまったく同意する。だとすると、繰り返しになるが、思想・思想史は、ただ営まれた物事とその歴史ではなく、その営みへの「反省」「再考」「直し」を含むべきものなのである。それらの働きを本質的に持つが故に「思想史」なのである。「歴史」自体にはそれはないかもしれないし、暗黙知があるかもしれないが、それは歴史自体の課題ではない。それが問われるとき「思想」「思想史」が発生する。

では、「思想」「思想史」と総称される、屢々歴史的事実に対して「反省」「再考」し「内実を捉え直す」人間の営み――そうだとすると、そこにある思考や想像・理想は、人間のどこにどう働くのだろうか。物事をどうするのだろうか。物事における／物事への在り方は、何なのだろうか。

まず、基本的に、そこには何ほどか人の「心」が働き「物」があり両者をめぐる「形」がある、ととらえていい。このあたりを近代的な学問的把握を引くなら、物理的・心理的・医学的にどう把握されているか位置づけや解釈は種々あるだろう。が、どうであれ、そこに物事をめぐる（どれほどであってもある程度）「形作られた」「心」また「物」があることは間違いない。

では、それは、近代の精神医学がまず考えるように、当人の身心内部の働きであり観念としての物事なのか。確かに、まずそう捉えることは出来るだろう。が、「思想史」を称するなら、それだけでは収まらない。たとえまったくの観念であっても、拡散してしまわない内実ならば、その物事は大抵、少しずつでも意味をもち（たとえ断片であっても）大抵言語化され記述されている。

そこにはその言葉・意味を持つ・表し出す・まずは生きて働いている「当人」（本人・其の人）がいる。そしてその意味・内実をめぐる或る人の物事・言葉は、また別の当人にも同様に意味・内実を持ちうる。もちろん、事によっては拡散したり無意味かもしれない。にもかかわらず意味をもって伝搬することもまた必ずやある。人間の「営み」はそうした様々な基礎的な「ある一般性をもった形」の伝達・歴史からこそ作られている。既にあるその在り方とその意味は消せない。何かの論理や学問によって消滅させればその場所では無くなるが、そうしない限り、意味あるものは在り続けている。その事実と意味を思想史は消さないで捉えねばならない。

## (2) 形態――観念と現実との中間とその周辺

とらえようとしているのは、ただ観念やその伝授ではなく、たとえ観念であってもさらに経験的事実いわば生活的世界の地平とも結び付き／結び付こうとする考えである。だからこそ、思想史には、何らかのある程度の規定の「形」「形態」がある。そこから「言語化」があり、「史料」のみならず「古典」と称されるテキストが位置づけられもする。否、逆に、テキスト程ではなく、「断片」であっても、様々なものに示唆を与える深みと意味を持つかもしれない。逆に、古典といわれる史料も、実は現在、求める生活に根差さず、無関係かもしれない。むしろ断片がとても重要かもしれない。

安丸良夫「〈方法〉としての思想史」は、「民衆思想史」では日記をはじめ「史料はかならず断片的なのであって、全体をとらえる構想力・理解力に支えられてはじめて史料が生かされうるのである」と述べている。[7] 安丸氏の考えをここでもまた持ちたい。「思想史」にとっては、資料を包摂する「古典」も大事だが、ある既に決まった枠組みに入ろうとしないならば、時には「断片的」なものさえ、とても大事なのである。とはいえ、人間が宇宙・自然によって包摂されていることもまた歴史的基礎づけとして大事だろう。

このあたりの「方法」については、安丸氏の用語を引いて――ただし民衆などの語はさておき、いま敢えて自然・人間という語を用いて――強引にまとめさせてもらう。すなわち、思想史またその学問は、自然における人間が物事を生かすべく「反省・再考」しつつ「構想力・理解力」を働かせ何か「全体」をとらえようとかつての歴史を遡及し古典のみならず断面的史料にさえ向かう、運動なのである。

だとすると、ここにある「力」の働きとは一体何なのだろうか。「構想力」については後にふれる。まず「理解力」の面からとらえるなら、「思想史」は、

（思考・理性・理想であるにせよ）（1）観念としてあるだけではない、
（具体的な経験により現れ出るにせよ）（2）歴史的経験自体だけではない、

そしてこの両面の間における中間（媒介）的営みとして、現れ出てしばしば言語化されて何らかの物事・世界を捉え描き出している。だとすると、思想は、ただ事実の記録でもまったくの幻想でもなく、それ以上に観念と現実（経験的地平）との間にあるものとして、よりそれを合一される方向性・当為をもって、懐かれ・語られている、と言えよ

う。またそこからいわば弁証法的な展開がさらに考えられることもあり得よう。

戻って基礎を考えてみると、いま指摘した両面の媒介・合一・方向・当為といったことは、肯定的な場合である。否定的には、思想〔史〕が、観念になってしまうか〔離反〕、あるいは、経験的事実だけになってしまうか〔同化〕という、分化された両端、両者どちらかにだけに埋没することもある。

例えば、思想史が、ある何か歴史的経験の方だけに入ってしまうならば、一種の経験論さらには唯物論のごとき立場をもつことになるだろう。しかし思想史が、ある現実と離れた理想の方だけに向かっていくなら、観念論の立場をもつことになるだろう。あるいは人間の思想は虚無感になってしまうかもしれない。いずれにせよ、物事は未解決のままこのどちらかになってしまうことになる。こうした「位置付かなさ」に入ってしまわないために、思想史は、ただ離反するのではなくまた同一化するのでもない、物事によく関わり営みの「形」「座標軸」をもつべきなのである[8]。それは生活世界においては、自立して判断し営み続ける中間的組織の大事さという主張になる。

ともかく、思考をもつ歴史は、観念と現実との間の関係をもち／もとうとしながら運動を展開し続けている。その思想史が結び付き・関与する歴史的事実は、ただの史実ではなく、またただの観念でもなく、まさに生をめぐる思考・意味が現れ出るような形（かたち）としての史実である。その意味では、思想史は、《人の生の在り方と結び付いた形態・意味を含む歴史——その思考による把握史あるいは再把握史》なのである。「思考による形態の意味の把握」にこそ「思想史」はみずからの意義をもっている。

### （3）生命と関係・分与

また人間自体について振り返ってみよう。思想を懐くのはいま「まさに生きている」人である。当人は良く捉えてみれば、「み」（身・実）において「いのち」（命）また「こころ」（心）を持って、世界・歴史の「ある時処位」で生きている。それは物事のある尖端でもあり、物事の何らかの「限界」と「可能性」が集中的に当人にある。「意味」「命」といった物事は「そこ」に根本的に関わり孕まれており、それによってある当人が位置付き、実を結びまた限られもする。そこで、その在り方は、「ある」貰ったものとして「天命」「宿命」「使命」等と称されることもある。恩寵・慈悲・恩などと言われるものも、違いはあれ同様に根本的な限定と所与性をとらえているのだろう。

そしてそこに超越性や根源性が関係する。が、そうだとしても思想史からいえば、世界は単なるどこまでも無規定なものや内に形のない無限性やまったくの混沌でもない。だから、意味はそこにあって自然あるいは超自然「のうちに」位置付いて「営み」を方向づけているに違いない。「心」は超自然にあり「身」は自分の自然であり、その両方の結合が何時も営まれているのではないか。近現代ではそうした自然また超自然、現実また理念といった位置付けへの問いさえ持たず、身心も生命も曖昧だが、その在り方をも思考し知る必要がある。

また「人」「いのち」と言ったが、それは根本的に個に訪れることになるにせよ、その在り方と意味付けは、単に個体的なものではない。個は関係「によって」こそ位置付いている。言葉としての「自分」がまさにそうだが、自分はある一端としてあり、関係・世界によって分与のように存在している。「天命」等は、そこにおける自分の意味なのだろう。そのこともまた、近代的な個を考え直すためには、より遡って考えてみるべきではないか。

いま人の営みを「のうちに」「によって」という用語で表現したが、こういうとき、自分より先立って何かの「世界」「歴史」があり、それが自分たちを位置付けている。それを「他界」「幽界」などといい、現在の世を「世俗」というなら――そのような前者こそが存在する古代・中世までと、それが解体し後者こそが存在する近世以後と、世界観の違いもまた考えるべきだろう。

次に、このような人間の思考が発生する前提となっただろう物事もとらえ考えてみる。

## 三　前提としての文化史

### 総体としての在り方とその再考・象徴

そもそも人間はいかに文化ととらえられる歴史をなしたのだろうか。

端的また一般的にいって、人間という類は、地球・天地において、何かの物事とより関係し、身心に欲動・感情・意志また思考や理想などにおいてこれを把握し、それを実際の物事としての受容だけでなく、また再形成・変容など成し続ける歴史をもっている。その人間の周囲には、集積・所有されて「形態」となった物、また遮断・分散ない破壊され「拡散」した物がある。人間はかかる物事に囲まれた世界、物事の形態と拡散の間にこそ、根本的に生きている。

この「先立って」「集積・所有」「形づくられ」といった形態による物事は、ただ単なる事物ではなく、当然、人の働きが結び付き「意味」を持つ「物事」である。かかる「物事」は、その「意味」ゆえに、連続や変化をもち、人々の間で敢えてさらに把握・学習され継承され、あるいは変化され破壊される訳である。また、その意味ある物事は、人間において（例えば「日本」、「学問」などがそうだが）開かれあるいは閉じる（公開・秘密）といった種々の場所において位置づけられ、また、概念化また文献・学問などの言語化によってさらにより強く形成され、また実際に物事を位置づけ・結び付けていく。

こうした意味を帯びた物事に囲まれた世界の中に存在する生きた人間にとって「もの・働き」は、まず身心における思想として一体何だろうか。このあたり歴史を遡れば、そこには大抵、哲学史や宗教史で歴史的な根のようにとらえられる力動性をもった生命力というべき「ヌミノーゼ」（Numinose）「ダイモーン」（daemon）、あるいは「威力あるもの（物）」さらに「神」が感得されていることである。実際、本居宣長は、「もの」のうち特に力動性を帯びた畏敬すべきものが「神」だという。(9) そこからの体験がある。この身心の体験をいま経験（自体）と称べておく。

## (1) 経験自体と解釈と――呪術（神懸かりと解釈）また祭祀へ

このあたりの経験感と展開には、普遍的なものがある。つまり、語・把握の差異はあれ、畏敬の感において何か力動する根本的なもの、十分判らないが何等かのエネルギーが立ち現れ、それを不可測感と一緒に身心に実際に納得され受け容れられる。そこからさらに再生感や喜びのようなものさえ出て来ると共にその意味を（大抵さらに別の人が）解釈するという仕方が結び付く。そこにある不可測を含む行為と思考との仕方を「呪術」というなら、その二つ（行為と思考）が結び付く在り方・枠組は、東西南北・地球上に元来は根のようにある／あった、といえるのだろう。(10)

「畏敬・神懸かりと解釈と」が「根のように」あったとしても、そこからどんな「営み」がいかに形成されるかは、様々であり、また時代による変化がある。とはいえ、ある程度でもかなり普遍的に指摘できることは、そこにまずは「呪術」とその「形態」として「祭祀」がある、そして追って「言説」があるということである。何程か・何らかの「祭祀という形態（かたち）」をまず持たずしては人間ではないのではないか。そしてそこから様々な営みが追って言葉とも結び付いて形成され伝達されていく。(11)

人間の営みの基本的なものをより歴史的に遡ってみると、祭祀・歌・神話・芸術など宗教芸能があり、家族・親族などに始まる共同体形成があり、また農業・商業を始めとする産業や交通や戦いの組織があり、それらが「かたち」（形態）を成し、それが後に文化ととらえている。縄文文化、弥生文化から奈良文化、平安文化さらに明治文化へと種々に見出される。いま、それらに個々に入ることはしないが、ここで問いたいのはそれらの「かたち」（形態）が

「どのように思想史として位置づけられているか／働きとしてあるか」である。

先に安津氏の把握を引きながら、「思想」「思想史」は、歴史的事実に対して「反省」「再考」し「内実を捉え直す」人間の営みだとした。だとすると、そこにある思考や想像・理想は、どうなった・どうなるべきか。その内実の捉え直しは、一体どこに行くか、あるいは、どう先立った経験と連関するのか。それがまた問題である。このあたりの課題をまとめると、要するに、

(1)「経験」と「思想」とが、どう違いながら重なるか・重なりながら違うか、

(2)「思想」は、どのように観念論・唯物論・虚無感などに陥らない「かたち」（形態）を持つのか／持つべきか、

ということになる。

## (2) 原型的「かたち」からの展開・浄化・宇宙

この点で、論理的ないし哲学的に示唆されることが多いのは、カント（一七二四～一八〇四年）の構造を用いるなら、彼の「純粋理性批判」ではなく、「判断力批判」を方法とすることからの展開である。

前者（純粋理性）では、論理的な批判のみに収束して、抽象的な観念論や理想主義になるか、翻って厳粛主義や唯物論になる――といった構造に入り込むことが多い。これに対して、後者（判断力）では、批判する直観に踏み込み、「直観」（図式）さらに感情や美など「象徴（シンボル）」による動的な働きがとらえられることになる。この「判断力」的な哲学は、一九世紀後半・二〇世紀には、西欧では、物事の階型・型論、神話から科学にまで及ぶ哲学の動向、日本では理気合一論からの「百一」（西周）・「批評」（森鷗外・大西祝）・「象徴の哲学」（土田杏村）・「構想力の論理」（三

木清）とも称されるもの、そこに見えている。

だとすると、根本的にどのような構造・仕組みが現われるのだろうか。例えば、土田杏村（一八九一〜一九三四年）の場合、森羅万象に関係する『華厳経』を哲学的認知の根底のように持つ。その構造は、思想史でいえば、経験と思想と合一・分離をとらえるか、仏教や神道や宋学また老荘思想さらには新プラトン主義が根本のようにもつ「多人称性」を見出すようである。これはインド哲学や西田幾多郎を読み込むと出て来るものでもある。それを、主客分離以前の行為的な道行き、あるいは知と感情との結び付きととらえるなら、三木清（一八九七〜一九四五年）の『構想力の論理』が、カッシーラー（一八七四〜一九四五年）を知り、神話・制度・技術・経験などの展開をとらえているのも類似した展開なのだろう。戦後、丸山眞男や武田清子たちが追った「原型」「執拗低音」なども似た形態をめぐる思想史の運動だともいえよう(12)。

そこには単に論理だけではなく物事と結び付いて直感的・感情的・具体的・美的なものが生まれる。すると思想史はかなり文芸史でもある。このあたりは、日本思想史の古代から近代までを、ただ分化するだけでなく総体としてとらえることにもなる。象徴的働きが総じて「精神」と結び付くのもこの局面である。

だが、また重要なのは、そこで現れ出る何かをめぐり、基礎となるような妥当な「言葉」（概念）またテキストが生じ、そこに正統性が考えられてくる、ということである。すでに『華厳経』に触れたが、東洋日本思想史では『易』が宇宙の形流を示すかのように用いられ、様々な「経書」「緯書」がある。また「心」「理」「気」また「陰陽」「五行」などの基本語、さらに例えば仁・義・礼・智・徳・忠・恕・誠などの用語・概念が現われ出て来る。これらの位置づけこそが、世界観や生活観の根本枠となって、思想史上の大きな出来事となる。

とはいえ、言葉が言葉であるだけなら、近代により生まれる虚無感やニヒリズム・取り憑かれた善悪のような問題が出て来る。しかし、そうではないということは、人間の実際の「思想文化史」を見るならば、「象徴」が意味を持ち、近代以前は、どこでも変化・違いはあるにせよ、「宇宙」（天地・コスモス）を「世界」として《前提のように・向かうべき在り方として》持っているからである。またそこに意味と世界があるからこそ、これに関係する「祈り・瞑想」などが魂の「浄化」「完成」（メタモルフォーゼ）また「聖なるもの」が位置づく。また「象徴」論は、いまふれた総体に向かう流れだけでなく、「異端」的運動になっても展開することもあった。それも、大きくは宇宙（コスモス）の中に位置づくことによる。そうした場所が、近代以前はおそらく前提のように存在していたのである。

しかし、近代史にあっては、限定付けるコスモスが乗り越えられると共に、物事の「物象化」が生じて、「象徴」を位置づける宇宙や地平自体が大きく破壊され出す。それら位置づけをもはや失って力に取り憑かれた現代は、戦前に現れ出たそうした構造を、破壊とともに改めてはっきりと見出すべきかもしれない。ならば、コスモスにおける「象徴の位置づけ」「妥当性」をより思考すべきである。間違った象徴を捉え、それを批判し、改めて妥当なものを位置づける論理——その批判・完成がともに必要であり大事だと、考えられる。(13)

## 四　人間における思考——その位置と目的

### 象徴としての内実に対する思考——決疑論と目的

前項で、思想史における「象徴」の天地における、また対異端的な「位置づけ」の大事さをみた。では、その意味は、どのように改めてより捉えられるのだろうか。思想史は、人の営みの内実・伝播・再把握に結び付いた「思考」として立ち現れ、その「再把握」は何らかの言葉によってまさに記録・表現されていることが多い。言語によってよく示され把握される象徴性をもった歴史的形態・物事の内実——これを執拗低音というか本来性あるいは伝統ないし超越というか――その中味にこそ「思考」は踏み込み、またそこからの把握・形成を考えているのだろう。ならば、思想史における、象徴としての物事の形態（かたち）が現れ出る内実に向かう思考、それは一体どのような在り方をするのか、それが問題である。

　思想史における「形態」（かたち）は、単なる観念でも物体でもなく、先に判断力において見たように、動的な働き、種々の階層における象徴としてある。象徴によって表現される動的な総体は、ただ論理的・知的な把握に対しては不可測性をどこまでも持っている。だからこそ、その把握には、より本当のものへ向き合う道程もあるが、表裏や偽善さえ生じるのだろう。

　これに対して思考が、いわば判ってしまう乃至判らないと定めてしまう、「完全な決定論」あるいは「懐疑論」あるいは「迷走」「逃走」も、あるだろうしあり得るだろう。そのことが、あり続けることなら、それらが本当のものとしての内実に向かう思考であるとは、決していえない。

　では、それらでないものは、無いのか、在るのか、といえば、思考には後者が在り得る。つまり、思考にとって、まだ完全ではないけれども、にもかかわらず、判断としてかなり妥当なものが必ずある。そのような可能性をある程度でも持ち、そう考えているから、人の思考は働くのではないか。

　そもそも思考・論理が、思想史という生きた人間の思考の歴史において位置付くのは、人間の生死・生活を成り立たせ関係する形態その歴史から、である。そこに判らなさがあっても、そこに妥当性がある程度でも必ずあるだろう。だから、人間は思考を持って普通に生活しているに違いない。また、だからこそ、大抵、終身もつべき当為、黄金律などが規範・規則として成り立ち・所有されている。それを成り立たせるのは前提的な応報に基づく信頼やさらには信仰なのだろう。

　見出される思想史の働きを、近代以後よくあるように「数量的な物・関係に還元」することも可能である。もちろん数量や図形などを時にはある面で用いてもいいだろうしその必要性も大いにあるだろう。だが、思想史自体は、根本的には数量や図形などに「還元されるもの」ではあり得ない。なぜなら、思想史が向かい関係している物事、その基礎的な根のような「在り方」は、繰り返すが、「生きている人身により形成され顕れ出る意味をもった物事の形態（かたち、ゲシュタルト）」だからである。この交流を持って繰り返される動的で重層的な在り方は、ある面で数量や情報や図形を持つにしても、それら自体に還元して済む訳では決してない。

だからこそ、その内実を本当によく知ろうとするなら、人はそれを消したり何かのデータに還元して終結させたりはしないで、より何度も踏み込んで習慣をもって出来るだけ知ろうとする。記述や把握はそこから出て来る。それはただの関係という以上ないしより深い本質的な関与であり、そこからある了解（「合点」）が出て来る。そのあたりが、「感情移入」（empathy）あるいは「追体験」（vicarious experience）などと呼ばれもする。[14]

それだけではない。人は根本的にその営み自身たろうとし、またその地平から現れ出る言葉や物事の在り方をみずからのものとし、それを出来るだけ辿ろう・知ろうとしまさに身に担おうとする。そこにある特別な在り方・伝達は一般論としては「信仰」「教理」と称され、中世までは「秘伝」「秘密」などといわれる。

ただし、「思想史」は、秘伝・秘密・信仰論からの立論ではない。たとえ秘密に関わったり夢や幻想や予言を扱ったり信仰の中味を調べたり、それらをめぐって想像や理想を持つとしても、どこまでも理性的な思考が、経験・体験の信仰にさえ関わる「地平」に踏み込むことから出てくる。

ここにある信頼さらに信仰によって現れる経験（体験）の側面――超越や根源に関わるものとしてのいわば宗教を、解体したり還元してしまうことは思想史にとって本質的に出来ない。もしそうした経験を壊すなら思想史と称される物事の意味が、限定を失いそれ自体瓦解するだろう。「思想史」と称される物事は、そこに数量や図形もあっていいが、にもかかわらず、単なる物体・事実ではなく、また夢や神話や信仰であってもいいが、それらではなく、どこまでも思考をより持ち続けている。と共に信頼・信仰とその限定・教理に真理を懐きつつ関係し続け、決してそれと無関係ではない。

## 真理と信仰

とはいえ、思想史が関与し踏み込み再考するのは、生きている人がまさに懐く何程かの状況や学習を帯びた「経験的な意味を持った物事」である。そして、だからこそ、その物事は、何程からの「意味」や「かたち」（形態）を持った事柄としてあり、それをまた当人あるいは他の人がこれに向かい把握・記述している「歴史」が孕まれ、また当然何程か意味が見出され・伝えられあるいは伝えられなかったりする。思想史は、その価値を帯びた形態の「内実を捉え直す」「理想でさえある」思考の過程――たとえ不可測であっても根本的には「真理」に向かうこと、そうした営みとしてある。

「思想史」におけるこうした意味の内実、物事の本質を知ろうとする運動は、反省を含め、また理想であれ、歴史的事態と関わって現れ出てくる。それは、神話を始めとするいろいろな世界観や物語の内容、さらには信仰あるいは科学にさえ関わっている。しかし思想史は、どこまでも理性・知性の運動であり、だから不可測性を知りながらもどこまでも真理に向かってこれを求め続ける[15]。が、そこには前提的な決定があり、だから「信心」さらに「信仰」がある。またその思考・把握にとどまらず、信心・信仰からの祭祀や教理をそれ自体論者が身心また生活に持つならば、当人は思想をもつだけでなく信者となる。

信心・信仰について触れたが、だとしても、思想史や哲学が追い続ける「真理」はそこに結び付かない訳ではない。いや、それだけでなく、信仰における在り方と思考・理性による真理とは、懐疑論や相対主義に陥ってしまわず生活自身を成り立たせるためには、共により結び付くべきだろう。信仰による祭祀や教理といった形態は、論理や理性的把握を越えているが、かといってどうでもいいものでは決してない。論理・理性と信仰上の生活とを結び付ける「ある形態」なのである。では、信仰と理性との両方に関わるこの「ある」形態という端的なことは、一体どういうことだろうか。

この問題の重要な方向の一つは、前節より何度か触れた「天地」「自然」にある。人間における「象徴」は決してただ無限・無関係でも虚無でもない。象徴は、少なくとも、近代以前は、宇宙（天地・コスモス・万物）を「世界」として持っており、自己はその一端（自分）であり、根本的には、それに中心的に関与する「浄化」「完成」（メタモルフォーゼ）また「聖なるもの」として在った。そこへの成就に物事の「目的」がある。また信仰はそこから祭祀・教理としてあり、理性はそこに向けて人間智としてある。

これに対して、もしもそうした枠組や目的自体解体してただ「自己発達」するなら、その無礼・傲慢（hybris）は、止めどもないものとなり、互いの人間や万物をも伴った自滅にさえ至るだろう。しかし本当に謙虚であり物事と関係するなら、「目的」また「真理」も方向として見出されるだろう。

以上の点は、認識論にも繋がる。人間はすべてを知る訳ではなく、全然知らない訳でもない。ある物事についてある程度知っているのであり、そこでの知にはまさに程度や状態がある。物事の形態における「象徴」としてある内実にも、人間にとって不可測性や偶然性があるだろうが、「天網恢恢疎而不漏」（老子）というように、ある程度の在り方、規定・法則がそこに持続しつづけている。それは最初からなのか先入観を捨ててなのか、ともかく知ることが出来ると考えられている。だからこそ、これと結び付いて人間において良心があり、物事の妥当性としての決疑論（casuistry）が偶然や危機の中でも成り立つ。

そしてこうした不可測性の中でも妥当性を知ってまたその拡充を願う人間は、自己の「浄化」「成化」に見えるように、ある程度でも位置づけられた自分なりの完成を目的として持つ。その目的の中で、関係する物事をとらえ考えながら、互いに決めて交流し生活していく。そこにおいて当為は大きくは位置づけられている。

自分自身の在り方と当為とを、互いの対話また万物（環境）との関係を行いながら、より形成し改善し続けることが、人間の営みにおける物事の決め方・働き方の基礎なのではないだろうか。そうした経緯・経過が無いならば、また二元論的対立か融合癒着かになってしまう。そうではなく、その経過・道筋を自分自身でまた人々が互いに作っていくことが、生きている「自分」にとってとても重要なのである。

## 五　思想文化史における日本——従来また近世

これまで思想文化史「一般」をとらえようとした。これから地域「日本」により入っていく。ただ、「日本」という場所は、それをいかに把握するか実は簡単ではない。近代のように法律また国籍によって「国家」に収束するものとするなら、「日本」は論争あるにせよ明確な規定をもって既に位置付いている。しかし、文化史・思想史においてみるなら、「日本」は決して一定ではなく交流をもったある程度の形成物である。ここでは、この後者の視点に立ち、〈交流による文化形成の場所〉として「日本」を大摑みに、詳細ではないが大きな傾向において捉える。まずその位置づけをおこない、次にその性質の様態を中世までと近世からの二つに分けてとらえる。そこから最後に近代とそれ以後をとらえ考えたい。

### 東アジアにおける島国「日本」の傾向

「日本」という地域は、地球上では東北アジアと称される中国大陸を中心にする諸地域のうち外端にあり、極東において「列島」と称される複数の島の集合体としての「島国」である。その「日本」には、北海道から本島・沖縄まで諸島が列島となる諸地域があり、それをどう捉えるかは歴史を含め簡単ではない。ただ、ここでは現在、その内外の位置づけを意識した上で、まずは列島の諸地域のうち、本島・四国・九州あたりを大摑みにとらえる。すると、ヤポネシアといった視点（島尾敏雄）から、北海道・奄美・沖縄などの諸地域を外化する傾向を帯びることになる。それは問題だが、ただ、その「内側」形態の質をより見ることにもなるかもしれない。ここでは、この微妙に限られた大体の観点から、その「日本」の地域文化の在り方を俯瞰的に見てみる。(16)

交流によって「文化」を成り立たせる「日本」は、大陸をはじめ朝鮮半島・他の諸島などの近くに位置する「島国」である。そこで内側では、土地へのつよい関心と共に外部・上位への崇敬・関与の傾向がつよい。そこで、外部ではともかく内部では、戦いを長く行い続けるより自足的な構造を作り保とうとする傾向がつよい、といわれる（村岡典嗣・和辻哲郎・丸山眞男）。

前近代の思想文化において、東アジアの諸地域との交流をしつつ、その自足的構造・持続の焦点としてあるのが、後述するが神道と称されるものとなる。むろん、東アジアの交流といっても、それだけでなく、仏教はインドに遡りうるし、戦国末から近世には、欧州からキリシタンさらにオランダ文化が鎖国期でも少しずつ入り残り続けた。近代・開国以後になると、欧米のものが、表立って強く流れ込む。それは脱亜とも言われる。その「近代」が何かはまた問題である。が、まずは、その脱亜以前、前近代における東アジアとの交流での「日本」ではどうだったかを見る。それは可能であるし、またそもそもそこでの言語（漢文・漢籍）の働きの大きな展開を思えば、必要でもある。では、その前近代「日本」の思想文化はどのようだったか。指摘できるのは、大体次のような傾向があったことである（これは、詳細に触れないが、和辻哲郎の風土論・文化論からさらに諸氏の議論を参照にしたものである）。

まず先立って押さえておきたいのは、東アジア一般の傾向である。「風土」として、日本を含めアジア諸地域は、中東など沙漠地域とは違って、モンスーン地域と称され水・火・空気などが充満する場所である。そこから思想文化史的には、「理」と共に「気」をも重視し、生気論・活物観 vitalism が生まれる傾向を強く持っている。これは概念的に位置づく以前をみるとき「呪術」ともいわれる。

ただし、それはただまったく不可解な事・働きではない。近代より前、東北アジアでは、人間にとって物事は、まったく無秩序ではなくある程度は必ず「天地」「宇宙」を基礎とする「秩序」をもっている。つまり、物事は、不可測観を持ちながらも総じては「天地人」「宇宙」また「法」「自然」また「天人相関」といった位置づけを持っている。そこに「天文」「暦」さらに「易」また「陰陽」その他の概念が形成されそれが更に（完全ではなくある程度だが）物事の状態を位置付けている。物事の時空・歴史はそこに生じそこに回帰すべく位置・意味をもつことが多い。むろん仏教からの末法や他界観なども展開するが、だとしても大きくはかかる天人観と活物観の中にある。とはいえ、その上で、東アジアまた日本における違いがある。この特異さを以下四点、指摘しておきたい。

## 島国の活物における四点

第一は、その諸地域内部において実感される「時空」が違うという点である。総じて、時間性・空間性が、インドや中国はより大きく幅広く、日本はより小さく細かい。その意味で日本の時空はより瞬間的な流れにおいてある。この時空のあり方は、秩序の様態にも繋がる。

秩序の内実は諸地域において同じではない。既に易・陰陽などと言ったが、それら諸語がどこでも同様に用いられるとはいえず、さらなる傾向や選択を帯びている。いまその詳細には入らないが、簡単にいうなら、「中国」では広い時空の中心性から「中華」「華夷秩序」観が形成される。天地にあっての中心からの関係として物事がある。また「朝鮮」では半島としての緊張観から思想的な「事大主義」や「理想主義」が形成される傾向がある。中心との緊張がその物事にあるともいえよう。だが、島国「日本」はかかる広い中心化や緊張からは距離を持つかなり限定された自足的な場所である。人々は細かな時空の中から当の場所やその流れをそれぞれ営む。その時空の瞬間的な流れから、例えば四季などをもとに諸々の仕事や芸術などの表現を形成するのである。

第二に、この瞬間的な自足的運動は、否定性をつよく持たない・融合性を持つことでもある。「日本」では、戦いは外的にあっても内部では相互関係で解決することが多く、巨大な革命は体験することがあまりない。そこで、受動的ながら自足的な思想文化の習合体が形成される。実際、他との交流を持ちつつ思想・宗教の融合体が生まれる。そこに呪術と祭祀さらに芸能をもとに思想文化としては「神道」が位置づく。神道（思想）が文化的歴史的な中心性を帯び、特徴をなすことになる。

とはいえ、その中心性への意味づけは、場面や時期によって違う。また、物事は宗教や文化だけではない。政治や戦いでもある。この両者いわば文武がどう位置付くかは、重要な歴史や事件をなしている。[17]

第三に、以上は言葉・概念さらに論理・範疇といったことに繋がる、日本では、（第二に関係するが）言葉を実践や具体的物事により結び付ける傾向がつよい。先に触れた「易」「理」「気」「陰陽」「五行」などをはじめ諸言語が数多く用いられるが、その論理・範疇は大きくは天地のうちに位置付いている。日本でもそれはある。ただし、それがより実践・体験に結び付く。それが内容の変化を生ずる。これは、例えば現代の国旗における韓国の陰陽・天地日月と日本国の日の丸（日章旗）との連続と違いにも見ることができる。

「小国」「島国」では、言葉が物事にまた体験の中により結び付く傾向がつよく、すると言葉自体の自立性が消される傾向さえ生じる。「小国」「島国」であることも相まって、第二に指摘した、物事の細かさへの集中や変化への依存がより生まれる。大きな形而上学や理想主義をとらえるよりは、個々の形而下の在り方に収束する傾向がつよい。そこに生気論・活物観（産霊信仰）がつよく結び付く。理は個別理となり、理よりも気へ、抽象より実践を強調する動きが拡大するのである。このことは、次の第四に繋がる。

第四に、以上の言葉をめぐる概念・実践といった物事は、さらに〈世界観の形成〉や〈中心の形成・変容あるいは反転〉にもなる。そこには大抵、言語としての漢文・和文が関係する。たとえば、『日本書紀』と『古事記』を見ると、『日本書紀』は、中国語の正音の漢音が用いられ種々の系統も多い。『古事記』では、呉音また朝鮮漢字音で朗唱され、天照の系統への合一化がある。氏族によるより日本の中心化が内部ではある訳である。

仏教や神道また政治においても、天竺・震旦・本朝の三国観あるいは本地垂迹あるいは中華・夷狄などと称される世界観や伝播論がある。と共に、そこに言語としての漢文・和文が結び付いているがゆえに、対して手元の言語の使用と世界とが歴史性を帯びて上昇してくる。すなわち、反本地垂迹説や日本の「神国」としての中心性の強調が祭祀論と共に浮かび上がる。かかる、構造を前提として持つが故に[18]、近世以後の「国民国家」形成が「小国」において早かったのである。こうした物事の内実は、また以後の節で見てみよう。

## 古代の呪術から祭祀また治世

以上を意識しながら、まず古代の要点を大摑みに捉える。日本では、「呪術」が長く持続し続け、その内部から「浄化」「祭祀」を「神道」が取り仕切りつつ、そこに諸々の思想・宗教がそれぞれの地位を持ちながら結び付く。そのことで思想文化の融合態が歴史的に形成されていく[19]。こうした強くもち続けることになった傾向にある「持続的な在り様」を、和辻哲郎（一八八九〜一九六〇年）は次のように述べている。

日本民族が、原始時代以来一つの連続した歴史を形成し、そうしてその原始時代以来の伝統をなおおのれのうちに保持している……そこで、日本における社会構造の変遷は、異民族の外からの介入なしに、同一の国民の内部における原因により内部でのみ遂行された変革として、あたかも蝶や蛾の変態と同じような観を呈している。

（『日本倫理思想史』上、一九五二年[20]）

この「民族」「同一の国民」といった語は問題である。そうした概念が早くから成立したとは言えず、古代は実はそうした同一性以外の幅を朝鮮や中国などに持っていたに違いないからである。ただ、「伝統の保持」「内部での変革……蝶や蛾の変態と同じような観」という指摘は相当に当たっており、それは繰り返すが大摑みには「神道史」だと考えられる。そしてそれが前節の第二から第四に見たような傾向を生んでいるのだろう。だとすれば、それは一体どういうことなのだろうか。

このあたり詳細な議論には入らないが、和辻自身の語を引くと、以上のような傾向を和辻は日本の精神や文化の「重層性」「並在」だといい、それが「外国崇拝」「外に対して己を空しくする姿勢」から来るものだ、という（『日本精神』一九三五年[21]）。またここに尊ばれる「神」が、ただ「祀られる神」ではなく「祀らるるとともに自らもまた祀る神」、それはまた「不定の神を媒介する通路」だという（『日本倫理思想史』上、八七、九三頁）。

つまり和辻は、以上のような傾向を持つ日本には、「不定の神」、また「祀る神」「不定の神の媒介」「通路」として「天皇」が尊敬される者としており、それがまた「祭り事の統一者としての天皇」でありその「権威」だとする（同上、一一〇頁）。

こうして和辻は、日本の倫理的文化的な形態として、天皇に纏められる祭り・祀りを、「統一的」「権威」だとするのだが、その「祭祀」は、能動的な主体ではなく、超越的な何かに対する統一された媒介＝受動性なのである。神により関わる者は、（たとえ現人神と称されようと）それ自体が神では決してなく、別言すれば、降臨する「依り代」である（三橋正「神祇信仰の展開」『日本思想史講座1　古代』一八〇頁）。そして天皇はその「依り代」の結集者なのである。天皇は古代からかかる受動的総合性をもち、武家などの「権力」主体もそこに結合する。

天皇の働きとして見落とせないのは、たとえば「崇神天皇」の例である。崇神天皇は「疫病」の流行に対して、三輪山での大物主神が夢に現われたことから、「祟りを鎮める」べく「天神地祇の社を定め」てまた治まったという（『日本書紀』崇神天皇七年、また『古事記』中つ巻）。要するに、日本における「天神地祇」には祟りの鎮めがあり、その社のいわば纏め・担い手として天皇とそれによる祭祀が大事なことになる。このいわば供養に関与するような全体的な天皇の働きは、見えないようでも重要な歴史なのだろう。そしておそらくは、そのことが清め・浄化とも結び付いて、寺社の形成また神道の社の中心的な清浄性としての「かたち」ともなった、とも思われる。先に、呪術から祭祀へと持続する総体が形成される、と述べたのはこのあたりのことである。

と同時に、やはり改めてとらえ考えておくべきことは、呪術・祭祀と結び付いて治世・権力がある、という点である。このことをめぐり「古代」（『古事記』など）では、八岐大蛇を征伐して剣を取ったスサノオが、それをアマテラスに捧げるといった物語がある。その剣が「三種の宝物」となりまたやがて熱田神宮に奉納され、「三種の神器」の一つとなる。いま、この三種の神器の立ち現われはさておき、この剣を捧げるという祭祀と治世との結びつきが、その後の「中世」「近世」の歴史として、天皇と政治、公・文に対する武といった構造として残存し続けた。つまり、和辻的にとらえるなら、受動的総合的な「権威」が持続しこれに「権力」が変動しつつ結び付くのが日本史なのである。

だとしても、「近代」では、元来「権威」である天皇が「権力」であるかのように強調される。対して、和辻哲郎および石井良助（『天皇　天皇の生成および不親政の伝統』、初版『天皇　天皇統治の史的解明』一九五二年）は、天皇の象徴性は権威をもつが権力・政治力ではないと主張してそこから古代からの日本史をとらえ、戦前の権力的天皇制を異様だと考える。このあたりの問題、古代・中世では十分見えないが、戦国期さらに近世以後、とくに近代における大日本帝国憲法や戦時期にはっきりと焦点が発生する。

## 中世的な在り方——根本的な論理、密教、顕密、心

日本で古代といわれる時代における、呪術と祭祀と関連する語り物またそれと戦いとの関係など、こうした史実や表現をとらえることはとても重要である。とはいえ、その事実を日本における「思想史」だとはっきりいっていいのか、よく考えてみると微妙で簡単ではない。なぜなら、先に第一・二節で、「思想史」は、営みの形成や継承の際にその価値ある物事・世界の「内実を改めて捉え直す」まさに「思考や想像さらに反省する」「思考の過程」だ、その歴史・展開だ、などといった。かかる定義を用いるなら、そうした「思想」が、日本古代の呪術や祭祀や語り物や戦いの記録のなかにすでにあったのか。必ずしもそうではなく、古代といわれる時代より中世に向かう方がその「思考の構造」が増すのではないか。

このあたりの問題は、要するに思想史の「思考の内実」といったものが、最初は「外来」（の史料・資料・言葉）だった、だろうことと連関する。思想史的なものが「その」物事には在るが、「この」物事には無い、ということが古代にはあったのだろう。古代の場合、そうした微妙な表現が伝播し時には重視されているのではないかとも思われる。とはいえ、その伝播の中から、「この」自分たち自身のもの／そう考えられるものが更に改めて表される——そのことも同時およびその次に追って考えられるのである。「中世」により向かうとき、その反省や思考に向かう働きがより出て来る。それがまさに「思想史」ともなる人間的な思考の表現となる。これは後に振り返って形づくられるのである。

この点で、より史実として判りやすいのは、古代末から中世にあって、「神道史」からさらに「神道思想（史）」を見出せるという点である。その中世に発生する「神道思想」その種々の「再発見」「形成」が、近世における「理論化」「普及」にもなる（註18『日本神道史』の目次参照のこと）。ここには明らかに、中世において神道史自身と周辺に見出された思想・論理が、近世におけるさらなる展開を後に生んでいることが見えてくる。

以上の運動は「暗黙知」把握の運動だともいえるだろう。それが「中世」論の方々が捉えている「心」「内なる神」、あるいは「道理」さらに「冥」でもある。このあたりの根本には、仏教の「曼陀羅」また「法」や易・宋学の「太極」を連想させるものがある。そこでは、「論理」と共に、まるで万物が「融即」(participation)するような在り方が考えられているかのようである[22]。いずれにせよ「中世」人には、根本的な宇宙観のようなものがあって物事が現れ出ており、それをただ判らないというだけでなく、近現代人のように宗派によって分類するのではなく、世界や歴史に繋がる道理・論理でもって位置付けようとしているかに思える。「神」「アマテラス」さえ、こうした大きな位置付けをもって展開している[23]。

中世におけるこの「広がり」をも知るべきであり、と同時に、戦国期における神道を中心化する形態の主張と連関していくことをも更にとらえるべきなのだろう。だが、いずれにせよ「中世」までは、先立つ世界・冥、超越者根源者あっての顕、あるいは全一性あっての個である。そしてそこにまた救済論があった[24]。その構造が「近世」以後、次第に人間中心性および手前の具体的な物事へと変化していくことになる。

# 六　思想文化史における日本――近世から近代へ

## 近世における日本的「世俗化」と技芸・学文の展開

日本では、戦時期いくつもの秩序や宗教をめぐる争奪を経て、武威を懐く「実力」により国内が「天下統一」される。その統一と支配とくに徳川幕府から明治維新までを大抵「近世」と称する。そこに対キリシタンによる「鎖国」下の「宗門改」の拡大と「寺請・檀家」制度があったが、「国内的」には内部の物事の形成や交流が拡充し担われる内容がとても充実・展開した時期である。武士の権力のもと地位は固定的であるにせよ、徳川の平和（Pax Tokugawana）のもと、様々な仕事が生まれ都市化・流通による町における文化の発展が大きく行われる。「人間の思考」についても同様の充実・展開がある。

ただ、その近世の思想文化史的な形成には、⑴戦時期からの在り方がかなり背景・前提としてあり、また⑵近世日本的な社会的状況がかなり内容の位置づけとしてある。そのことと近世思想の内容とは結び付いている。では、その「近世」はどのようであったのだろうか。その個々の様子は、当然ながら優れた多くの論文があり、これを辿っていただきたい。ここではやはり、各論でも時々触れられている当代の枠組を大体とらえる。

## (1)「中世」までと「近世」との違い――限定された合理性と国家へ

まず、「中世」までの世界観その位置付けの変化が「近世」にはある。「中世」までは、手元の生や関係は、《超越的ないし根源的なもの》からの此方のある程度決まっているが時にかなり偶然的な或る時・所・持続である。それが依存と共に無常性また理の展開をも生む。しかし、「近世」にあっては、その越境者はより外縁化し、生や関係は、人間が具体的に家族をもち労働し仕事をする《人間的・生活的な営み》自体の持続形態である。実際にイエやその職業の持続が強調され、人倫日常また経世済民などの倫理や政治などの形態の形成が人々にとって何よりもまず課題・目的となる。「思想史」やそうした近世的在り方により位置や概念をもつ。

これは近世における人間の「知」の拡大でもある。「中世」では、みずから知的経験を持つにせよ、根本的に超越・根源からの訪れ（啓示）であり、しばしば「秘密」性をもち秘伝として特定の人の声や手によってこそ具体的に渡されるものでさえある。しかし「近世」では、「知」はより広く開示され、人々が差異はあれ共に誰もが何れ何程か持つものとなっていく。そこから物事の判断・位置付けにおいて「合理性」がうまれ、関係において実際に語として「実」また「公共」という語が用いられもする。むろん近世における権威や権力による位置づけがそこにあり、まずその内部のことだが、そこに合理性・普遍性が発生しまた求められるのである。

従来型の秘密性や限界との関係を持たない「経験と結び付いた実知とその媒体の公開性」が人々のものとなり、それが、「近世」では、特に言語や絵の在り方として紙の配布・写本・印刷とも結び付いてやがて「日本」全体へと伝播されていく。また東アジア地域から伝わってくる。そこに相互関係も生まれる。

この人間の知は、天地や政治による位置付けを超えない限りは、宣伝に動かされない限りは、言葉を基礎にしながら誰もが持つだろう「広がった実感のなかに」考証性をもつ。これは、言語と結び付いた人間の経験から成り立つ規定された「合理性」である。そこで担う営みとして実際に「学文」「学問」と呼ばれる仕事の内容が人々に伝播する。様々な分野で、何程かの《限定を懐きながら》だが、普遍的「学」が発達し広がっていくのである[25]。

この「広がり」は、いま「天地や政治による位置付けを超えない限り」といったように、「天地」「国」といった限界面を持つ。限界面の位置付けは、中世よりは「世俗化」(secularization)にあってである。とはいえ、近現代のように判らないものが無いかのような思考形態に入り込むのではない。不可測性を残しながらも形付ける「天地」「活物」「威なるもの」等があり続ける。それをどう位置付けるかが、近世思想史家たちにとって本質的なテーマとして流れ、そこに時期による変化がある。またそこに大きくは「国」の枠組が、「中世」より「近代」に繋がるものとして近世後期にはっきりと生まれてくるのである。

## (2) 近世日本――「天下統一」「天地」での経験的な実践知の展開とその位置付け

では、その内実はどうだったのだろうか。それを個々にとらえることも大事だが、近世は、展開する場面が多く、それはかりに入ると、全体的な視野が得られず個々に正しくとも一面的になることさえ生じる。だからここでは、不十分ながらもまずは総体的な観点から大摑みに時代を把握し、そこにいくつかの状況・動向を見出しておきたい[26]。近世日本の「天下統一」における秩序の在り方は一体何だったのか。まずその位置付けについて、次にその内容について、簡単にとらえる。

まず位置付け――いわば限界の在り方についてだが、その「天下統一」は多くの宗教的な戦いと受難によって、力と共に形作られたものである。このことを少なくとも歴史を知るならば看過すべきではない。これは近世の営みにおいて信仰が、中世までに比べて減少し、無くなる訳ではないが、既定の形態のうちに収束するという事態でもある。その形態の背後には天・天地がありまた威力・権力がある。宗教や信仰はそこに何ほどか治まることになる[27]。

いま、仏教ではなくキリスト教の方を見てみると、戦国期、キリシタン布教は（とくに前半にだが）信よりも知を重視している。ただ、この「合理的」な教説の伝播は、キリシタン教理のいわば表面であり、さらには三位一体、基督、殉教とそこからの救済といった論理も当然ながら信者には伝えまた担われ、後になると一層そうであった。ただ、そのことがより見えたが故に「伴天連追放の文」での主張もより強調されたのである。もっといえば、その時期には、ほとんどの宗教は一定の「現世的な枠組み」の中に入っており、表立ってはそれ以外あり得なかったのである[28]。

この「追放令」では、はっきりと神道・仏教・儒教のよりよき「融合」が述べられ、死者を奉る十字架を敬う信者の「異常さ」が強く否定されている（括弧内の語は原文ではない）。ここには権威ある論理があり、それと違うものは、キリシタン信者はもとより普通の人でも位置を失うことになる[29]。このような在り方が、まず近世を位置付けるものとしてあった。世を超える形態を否定ないし問わない論理は、近世に向けて残り続けた。こうした問題は、近代になって、また改めて発生することになる。

この近世的統一の内容についてだが、法制史家・瀧川政次郎（一八九七～一九九二年）が「非理法権天」と時代の諺を引きながら述べている（『非理法権天』一九六四年）。意味するところを述べれば、近世の「世」は、まとめるなら、天・神↓権・威↓法・令↓合理↓非理、なのである。中世において大きな「理」こそが人々を包んでいた。近世でも、それはあるが、さらに具体的な「法令」「規則」が人々を支配する。が、それらも実は状況において力を持つ「権力」「威力」にかなわない。が、そうした「権」でさえ、「天」「神」など根源的ないし超越的なものの下にある——そのように解釈できよう。だとすると、これはどういうことか。注目したいのは、天・神↓権力・威力である。

まず「権」(権力・威力)だが、近世日本は、これに当たるもの、すなわち武力等による支配が大きな前提のようにあり、それがあたかも勢力のように表現と共に政治的・社会的に働き人間を自他共に支配していたことは確かである。「近世」では「武威」という言葉による指摘が各所で屢々行われている。このことをめぐって近世には、強者の支配、「御武威」「御威勢」「御威光」に恐れ入らせる「抑圧的権威主義体制」があったと渡辺浩『日本政治思想史——十七〜十九世紀』(二〇一〇年)が指摘する。(30) たしかに、近世は、戦時期以来の武家支配からこそ時代が始まりそれを体制としては大きく変えはしない。これに対して、一七世紀末頃からそれへの批判と文・礼楽などの主張も発生し会読なども行われそれは各分野に広がりもした。ただ、その抑圧的権威の支配力は政治的には一九世紀まで大きく君臨・持続し、そしてその中で幕末・維新の変動が生まれた——こうしたことは福澤諭吉が思い出すように確かにあっただろう。

## (3)「天」の上昇と「理」の個別化

とはいえ、近世にあって、それ以上のものとして内向して持続しまた変容をもたらしたのが、更なる「天」「神」「天地」またそれに関わる「心」である。いま神とも言い加えたのは、神社・神道もそこに関わっているからである。またいわば分類を越えた根本的な「心」も微妙な形で何時も「住み着いて」いる(大桑斉)。それは神道であれ仏教であれ儒教であれ何等かの枠組みの中にありそれをまた越えているのではないか。簡単にいえば、「近世」にあっては、物事・営みは、大きくは宇宙観・超越根源観としての「天人相関」「天地人」によって根本的には位置付いていた訳である。

「天」は、天道・天地・天神などとも称され、戦国期から使用されて近世に至りそして近代でも初期には見出される用語である。既に述べたように近世的世界を位置付ける根本的な概念として用いられる。近代において「天」が次第に解体するのとは違って、近世にあっては、「天」（天道・天地・天神）は、把握に差異はあれ、全体として包括者・総体のように実感されて「心」や「営為」に関係していた(31)。ただし、それを物事と如何に結び付けるかは、思想史家の把握その歴史によってやがて大きな違いを生む。

とくに、「理」の重んじ方、理を物事にどう連関させるかには違いがある。人間としての自分が世の中を治める、そう考えそう自分を位置付ける中華・朝鮮では、「天理」それ自体を捉えこれを見出す傾向が強い。しかし科挙なく、政治的には不自由でも、表立たない運動として自由な近世日本思想史家にとって、用語の傾向として大きいのは、理（天理）よりも個別理となり、心また道、さらに活物（気）など、具体的な身心の在り方と結び付いたことである。これは先の諺での理の低さまた具体化にもすでに見える。これがまた仏教や神道や陽明学あるいは闇斎学の根のような概念とも結び付いて展開してゆく(32)。

また生命観の強調も日本史にあってはとても強い。「活物」からの諸々の営み、さらに国学における産霊への関与などは、近世史において、時として典拠を異にしながらも展開することになる(33)。むろん一方で、天を「理」に結び付ける展開もある程度ある（佐藤直方さらに横井小楠など）。とはいえ、大きくは活物観・不可測性をとらえつつ「理」を個別化し「気」を中心にとらえる傾向がつよく展開する（伊藤仁斎など）。また「聖人」をとらえこれへの「信仰」を実際に述べる（荻生徂徠『答問書』）。幕末に向かって、理・気の二系統はそれぞれあるものの、後者が神道とより合一する、あるいは神道が「気」また「産霊」を用いる、といった展開が近世後期には強く発生する（本居宣長・水戸学など)。

これらは、当然ながら、神道の上昇とも結び付いていた。この近世後期的展開への重要な中心の一人である本居宣長は、ただ産霊をいうだけではない。三教ではなく、はっきりと神道の中心性を主張する。また天照を、中世また近世前期までのように仏教とも融合しながら変動するものではなく、『古事記』によってはっきりと皇国の人々を包括する焦点とする。その「古事記伝」的な天照観が、水戸学と結び付き「臣民ナショナリズム」として近代人の前提にもなった(34)。これらが「経典」への強い関心を基礎にした運動であり、いわゆる有名な思想家はそこに見出すことができる。ただ、それが漢文への運動と和文への運動の両面をもち、その後者への中心の転換が、一八世紀半ば過ぎに発生したのである。

とはいえ、近世人は、すぐナショナリズムに向かう訳では決してない。人々は大抵ある限られた場所にあって、限定された物事の中で、経験とその拡充において合理的な働きを出来るだけ実践的に展開していく。その際、人間の営みは、大きくは宇宙の「天人相関」「天地人」によって歴史的に基礎付けられ、その一端・分身またその相互関係としてある。そこからの生の形態として「人倫日常」「礼楽刑政」「経済(経世済民)」またそれに関わる「祭祀」が意味付け・方向付けられ、それに向けて多くの思想家たちが表現を展開したのである(35)。

こうした人間の経験的な学習・習熟には、「経典」があるだけではない、例えば二宮尊徳は「天地を以て経文とす」という(『二宮翁夜話』)。彼に限らず近世人にとっては、天地自然からの様々な「型」があり、そこに実学がある経験的な合理性をもって様々に把握・展開されていた。また自然・関係がまずあるが故に、現代人以上に経験に基づいた対話があり、書物においても「会読」があった。後に、科学思想、自然科学、博物学、と分類されるものも多いが、これらも近世における経験的学習の中から見出されたものといえる(36)。

## 七　近代日本の問題

### 「文明」周縁とその後

維新後はどうだったのか。近代日本において思想はどうとらえうるのか。近代では、やはり思想文化史の内実が従来の仕組みを超えあるいは消して大きく変化する。その点に深く入ることは大事であれここでは到底できない。ただ、現在は、まさに戦後、「近代以後」なので、その面も少し含めながら、幾つかの問題を見出し、それを列挙するにとどめたい。

近代は、「文明開化」から始まると言われ、実際に当時の思想家また人々自身「文明」の語を用いた。その重要な論者、福沢諭吉（一八三五～一九〇一年）は『文明論之概略』を刊行したが、彼の文明論は、当然ながら好ましいことに「権力」に阿るものではなく、従来の権力・門閥にとらわれない自由・独立・争論・自治に基づく国家を求めるものであった。そして、その物語は生き続けたが、その危険性はあまり注意されていなかった、といわれる。[37]別言すれば、「文明」が「国家」に収束するということ自体の問題や危険は、福沢にはまだ余り見えなかったのだろう。

この論点は、文明論ではなく宗教論においても似ているようである。仏教界はただ「御用宗教化」したのではない。そこには国家との「関係構築の過程」「制度的位置づけを獲得する」「区分」があり「めざしたこと」があった。それは「国家のイデオロギー的要請にたいして……有効性を証明してみせる自由競争」（安丸良夫）だった、という。[38]ただ、この「仏教」の場合も、過程はあるにせよ、やはり「国家」に結合してゆく。戦前、日蓮宗系統は両面があるが、多くは大変に国家宗教の一端であり、戦後もそのことへの問題視は長期にわたって無かったように見える。

キリスト教ではどうか。まず「国家」に収斂しないキリスト教思想家として、新島襄（一八四三〜一八九〇年）、植村正久（一八五八〜一九二五年）さらに新渡戸稲造（一八六二〜一九三三年）また内村鑑三（一八六一〜一九三〇年）、大西祝（一八六四〜一九〇〇年）などがいる。ただ、そこからさらに昭和前期、実際にどうなったのか。昭和前期の閉塞にあって日本で流通するひとつは「浪漫主義」であり、キリスト教において神との断絶をとらえる「危機神学」である。あるいは、南原繁（一八八九〜一九七四年）・岩下壮一（一八八七〜一九四〇年）・矢内原忠雄（一八九三〜一九六一年）など時代を担った運動がある。その意味が何であったかは、戦後にまた現在にも示唆と再考の大事さを示す。

「宗教」は、実はただ観念ではなく「社会」問題でもある。日露戦争後頃から生まれた「社会主義」は多くキリスト教と結び付いて展開した。ただ、そこには直ちに国家による弾圧があった。その後の社会的運動は国家に依存することなく展開することは難しかった。国家依存ではない、私小説、内面主義、アナーキズム、マルクス主義、あるいは大正生命主義、あるいは大正期の人格主義・教養主義、それらはどうなのだろうか。確かに、そこには「国家」にだけ収まらない可能性もあるのだろう。ただ、一見すると、結局は戦時中の構造に入れられたのだし、その体験を経て、戦後、よい形で再生したようにはなかなか見えない。そもそも、ドイツとはまた違って、日本ではかなりの政治家は、戦前と戦後と持続している。そこにある「転向」は一体何だったのだろうか。

この戦前と戦後の「持続」には何があるのか。そこには天皇の「象徴性」への回帰という方向・枠組みがある、と歴史を踏まえるとき考えさせられる。和辻哲郎はもちろん丸山眞男また法制史家の石井良助も、先の新渡戸から矢内原への国家批判をも持ったキリスト者たちも、おそらく「大日本帝国憲法」による天皇像には同意しないが、それ以前の天皇にはきっと同意したのでは、と考えられる。そこには昭和天皇が戦後、人間宣言するとともに自分自身を関係づけた「五箇条の誓文」があり、その意味を反省とともによりとらえ再考する必要がある。

戦時中の『国体の本義』（一九三七（昭和一二）年）は、和辻哲郎を始め何人もの知識人・文化人の産物であったが、その「国体」問題自身は、戦後、彼らによって再考されることは無かった。だだ、人間には「思考すること」「反省」「批判」することが大事なのではないか。

この反省・批判・思考のために、「哲学」はどうだったのだろうか。例えば、田辺元（一八八五～一九六二年）は、戦中末期から戦後にかけ、「懺悔道としての哲学」を執筆・刊行する（一九四五～一九四六年）。また、戦時中まで遡るなら、「三木、戸坂、中井らによる文化の形成をめぐる構想力・想像力の哲学」「「批評」の論理」があった。その意義が「今後新たな視点から解明されることになるであろう」と指摘される。[39]そこにある「構想力」「合議」が大事なことは確かである。ただ、にもかかわらず、彼等がかなり殉死し、また戦後十分展開されなかったことも見る必要がある。ということは、遡って、大西祝の「批評」の論理に対する帝国の特に日清戦争期以後に顕著となる壊滅の働きをも消すことなく見るべきである。そこには、そもそも「社会」を自立的に形成させない、天皇像と結び付いた国家主義の展開がある。[40]

天皇像・秩序観としては、どうだろうか。近代国学の中心にいたともいえる折口信夫は、天皇は「魂の容れ物」だとし、また養子の死を経て「神道以前の神道」を説いて、あるべきは祖先神ではないとした。折口は、近世後期・近代に強調される「古事記伝」的な天皇像を断ち切って、神自体の超越・根源を説いた訳である。[41]

おそらく以上が、「近代」日本の思想文化史が、その後、戦後の人々に向けて示した大事な要点なのだろう。このあたりをまたこの後どう考えるのか、その課題が私たちに与えられている。「近代」日本は戦争の間違いと社会的組織の壊滅を私たちに教えた。その後、冷戦後、二一世紀になる「現代」は、取り憑かれた力や成長の間違いを原発事件と共に私たちに教えた。ここにある歴史を踏まえることから、現在の意味とあるべき今後が見えてくるだろう。[42]

# 註

(1)　そもそも、物事は生き物によって「いかに」形作られるべきなのか。科学哲学では、開かれた流通する在り方、物事が散逸する流れの中でなお定常的な構造としていわば自分が自己組織化されていく「散逸構造」「自己創出」があってそれが生命に繋がると、中村桂子、河本英夫、今田高俊といった哲学と科学との両面を知って社会的構造をとらえる論者が指摘する。またさらに民俗学では、そこに儀礼と人間の浄化・いのちの受け渡しをとらえる(佐野賢治『ヒトから人へ――〝一人前〟への民俗学』春風社、二〇一一年)。人間の文化はこうした仕組と結び付くべきなのだろう。

(2)　ゲーテ(一七四九～一八三二年)は、物とくに生き物に、造形・成型する働き(Formen)があるとして、そこにある纏まりをもった「形態」(ゲシュタルト Gestalt)をとらえた(芦津丈夫『ゲーテの自然体験』一九八八年などによる)。本章でもこの把握に従う。ゲーテの場合、その形態の根底に根・種・卵のようなある「原型」(Typus)をさらに見出す。たしかに、生き物さらに鉱物、翻って人間にさえ、生・生活の形がある限り、こうした形態・原型を何程かとらえ得るだろう。人間なら、たとえば、生活形態の根として持続する家・寺社また言語としての古典・史料などにそれをとらえることが出来る。ただし、人間の活動は、ある原型や形態が生活を成す基底のようにあるとしても、大抵は一定の範囲に収束せず、より構成と破壊、拡大と消滅をなし続けている。このあたりの問題は、まさに人間がみずからの「思想史」を如何に位置づけるかとして、まさに「近代化」と共により発生することになる(後述)。次節の(2)形態を参照していただきたい。

(3)　「思想史」はどんな営みとその伝統にも生まれるけれども、まず歴史的に特別の意味をもつものとして記録されるとき、何らか特定の関係や組織また宗門を持ち、さらに政治的秩序やイデオロギーといった枠組みさえ生まれる。そうした決まった枠組みに入るだけでなく、人間の思想やその歴史をそれ自体とらえ再考しようとする運動は、人間の思惟・考察として、元来、人間に本質的にあるべきもの・担われているもの、とも言えよう。

ただ、それをある系統や宗門や信仰にむかわせるのでなく、一般的・歴史的な「知」(理性)の運動として方法的にはっきり捉え営もうとするとき、所謂「学問」としての思想・思想史が生まれる。これは日本では、二〇世紀に入り少し経ってからの物事である。

思想史自体を、戦後、比較的早く捉えようとした論集として武田清子編『思想史の方法と対象――日本と西欧』（創文社、一九六一年）がある。これに丸山眞男・家永三郎・竹内好・中村元など多くの各分野「思想史家」が参加している。戦前また戦後発生したこうした「学問」としての思想史に、時には批判を持ちながらも関与し、日本思想史の形成・形態また把握を具体的に追って捉え直すことは、現在また今後とも意味があるだろう。丸山・武田たちは、その後、古層論・執拗低層に向かった（次の註4参照）。

安酸敏眞「《思想史》の概念と方法について」『歴史と解釈学――《ベルリン精神》の系譜学』（知泉書館、二〇一二年）は、「思想史」の英語圏・ドイツ語圏などでの用例を幅広くとらえる一方で、村岡典嗣からの継承・再検討を述べている。結論に、宣長の『うひ山文』の「わざ」「学びやうの法」の引用で終えているのは、ベルグソンから宣長に転じた小林秀雄に似る。日本思想史の側では、子安宣邦の批判をも知る必要がある。

「近代日本」における「思想史」をめぐる動向を取り扱ったものとして、田原嗣郎「日本思想史研究の歴史と課題」『敬和学園大学人文学部研究紀要8』（一九九九年）が、二〇世紀末までの近代の研究史をまとめ、思想史をその社会的現象から考えることの必要を主張する。またかつて、『日本思想史講座　別巻2　研究方法論』（雄山閣出版、一九七八年）があり、とくにその「1　日本思想史学の成立」（栗田直躬・湯浅泰雄・梅澤伊勢三）が手掛かりとなる。

（4）　この経験と知が合一し特に意識されないが如き在り方は、東洋や日本では、また西洋でも前近代では、昔から営みの基本のように考えられていることがよくあった。このことを、マイケル・ポランニー（一八九一～一九七六年）が、「暗黙知」（tacit knowledge）と述べている。註3の武田清子は、同書の二十余年後の編著『日本文化のかくれた形』（岩波書店、一九八四年）では、「かくれた」と述べるように、文化の深層に内在する無意識的な「アーキタイプ」（archetype、基礎的な規定・原型）をとらえようとする論集を再度編んだ。これが同書、丸山眞男「原型・古層・執拗低音――日本思想史方法論についての私の歩み」、また木下順二「複式夢幻能をめぐって」などとなっている。これらの把握は、近代日本哲学史では、西田幾多郎（一八七〇～一九四五年）などの「純粋経験」もそれに似る。ただし、いずれにせよ人間にとってそうした無意識のような経験の形態はただ基底であるだけでない。次段落以後に述べるように、必ずや更なる発見また更なる形成や変容があり、それがまた改めて当為にもなるだろう。つまり、それはとらえ回帰すればいい訳ではない。それをどう歴史を踏まえ位置づけるかは、より思想史的に問題となるだろう。

（5）大桑斉は、「近世仏教世界論をいうに、なぜに思想史という方法なのかと振り返れば、仏教史や宗教史研究には理論的研究が少なく、思想史には理論があるという思いからである」という（『近世の王権と仏教』思文閣出版、二〇一九年、三一九頁、傍点引用者、以下同様）。たとえ分野は違っても、この位置付けは同様だと本章も考える。

（6）安津素彦『神道思想史』神社新報社、一九五一年、四頁。

（7）安丸良夫「Ⅰ　歴史学の方法としての思想史」『方法としての思想史』（安丸良夫集6）（岩波書店、二〇一三年、一八頁）。もと『「方法」としての思想史』（校倉書房、一九九六年）より。安丸は、歴史からの思想史である。逆に思想や観念からの思想史＝歴史、という考えもありうるだろう。西欧の思想史はややその傾向が強い。いずれにせよ、共に位置づくことが大事な方向としてある。この結び付き方は、哲学史での唯物論と観念論といった根本的課題としても流れている。

（8）両端の分裂したままの「日本の思想」の在り方を丸山眞男は、「実感信仰と理論信仰とが果てしない悪循環をおこすのである」と指摘する（『日本の思想』『日本の思想』岩波新書、一九六一年、六六、二一一頁）。これは近代日本では、思想というものの把握の難しさや位置の欠如であり、その「日本における思想的座標軸の欠如」が「無限責任と無責任」（六六頁）をも生じる、という。これに対する、本章での「中間的組織」は、丸山では「市民」等の主張になっている。

（9）「ヌミノーゼ」について、第五章などで触れたが、ルドルフ・オットー（一八六九～一九三七年）の『聖なるもの』による。「ダイモン」について、F・M・コーンフォード（一八七四～一九四三年）の『宗教から哲学へ――ヨーロッパ的思惟の起源の研究』（*From religion to philosophy : a study in the origins of western speculation*, 1931, 廣川洋一訳、東海大学出版会、一九八七年）。また宣長の文章は、「何にまれ、尋常ならずすぐれたる徳のありて可畏き物を迦微とは云なり」（『古事記伝』三之巻）である。このあたりの体験を、日本において、諸々の思想・宗教のキリスト教への動きとして精神史的に追った論考として魚木忠一『日本基督教の精神的伝統』（基督教思想叢書刊行会、一九四一年）があり、また近世国学の信仰論としてとらえた書物として中野裕三『国学者の神信仰――神道神学に基づく考察』（弘文堂、二〇〇九年）がある。

（10）卑弥呼による神懸り（交霊）「まつり」と「さには」による解釈（審神）が、さらに変容しつつ、天皇と大臣・大連、さらに公と武、文と武、天皇と将軍といった歴史になることを、石井良助『天皇――天皇の生成および不親政の伝統』（山川出版社、一九八二年（もとは『天皇――天皇統治の史的解明』弘文堂、一九五二年）がとらえる。

(11)　宗教的経験から神話また祭祀また物語などへの展開をとらえた書として、それぞれ要点は違うが、ウィリアム・ジェームズ『宗教的経験の諸相』〔初版、以下同様〕（一九〇一～一九〇二年）、ジェーン・エレン・ハリスン『古代の芸術と祭祀』（一九一三年）、J・L・ウェストン『祭祀からロマンスへ』（一九二〇年）がある。前註でふれた石井良助『天皇――天皇の生成および不親政の伝統』は戦後、法制史による祭祀・政治把握ともいえる。

(12)　この論理、階型・型、さらに象徴に向かう哲学者として西洋では、ラッセル（一八七二～一九七〇年）、ホワイトヘッド（一八六一～一九四七年）、カッシーラー（一八七四～一九四五年）、S・K・ランガー（一八九五～一九八五年）がいる。また日本での、土田杏村（一八九一～一九三四年）、三木清（一八九七～一九四五年）はカッシーラーを知る哲学者である。先に触れた、戦後の丸山眞男・武田清子などによる『思想史の方法と対象』（一九六一年）からの展開は、カッシーラーたちに似る日本での流れともいえる。

(13)　西洋の場合、「象徴」の否定的転回が、それが悪魔論にもなり、近代ではこれをマンリー・P・ホール（一九〇一～一九九〇年）が興味をもってとらえる。ただ、エゾテリスム（秘教、魔術）、オカルティズム（隠秘学・神秘学）、グノーシス（キリスト教異端）と後に称されるもの、そこへ入ればいい訳ではないもの、それの応対が正統性論と結び付いて歴史としてあった。東洋・日本の場合も、たとえば親鸞の「歎異抄」は異端論であるし、道元の『正法眼蔵』とその周辺も、「疑滞」（ぎたい）、「疑」（うたがひ）への応対面をはっきり持っている。近世でもとくに山崎闇斎学派での正統・異端論から後期水戸学の「国体」、あるいは横井小楠の「国是」のごときがあり、これはやがて近代における国体論・議会論にまで繋がる。とにかく正統性の位置づけは思想史にとって常に重要なテーマである。

(14)　「感情移入」「追体験」については、ヴォリンゲル『抽象と感情移入』（*Abstraktion und Einfühlung*, 1907, 草薙正夫訳、岩波文庫、一九五三年）が有名である。二〇世紀初めこのあたり大きな議論があり、ヴォリンゲルは、単なる移入ではなく、そこに法則や形のあらわれがあり、それが抽象の根源だった、ととらえる。いずれにせよ、このあたりの在り方は、従来までは、秘伝的・体験的な継承の中身ではあれ、思考による把握のテーマではなかった、それを改めてとらえるのは二〇世紀の運動である。

(15)　この経緯については、カッシーラーの著書、また地平・対話・真理についてはガダマー（一九〇〇～二〇〇二年）の『真理と方法3』（Wahrheit und Methode, 1960, 轡田收他訳、二〇一二年、法政大学出版局）、第三部による。

(16)　「日本」という場所を思想史において大掴みにでも規定してとらえることは、敢えてすれば大きな間違い・先入眼さえ生じる。ただ、歴史を踏まえ・他地域と比較しつつ在り方をある程度でもとらえることは、自己意識・問題発見のため、ある程度可能だし必要でさえあるだろう。以下の風土論・島国論は、村岡典嗣・和辻哲郎・丸山眞男・家永三郎・相良亨といった日本思想史家の議論の大体をとらえたものである。

(17)　佐野大和『呪術世界と考古学』（続群書類従完成会、一九九二年）が呪術から祭祀への展開をとらえる。岡田荘司編『日本神道史』（吉川弘文館、二〇一〇年）は、祭祀自身の歴史を神道史としている。本章は、かかる二人の立論を結合し周囲を関係付けて神道史またその内実形成史と捉えておく。また「呪術」「祭祀」が思想の形態をもつ際に既に言語化された従来の思想と融合する場合も、両者を分けるのではなく神道の側から体験的に結び付けて歴史を見ていわば精神史のような位置を持ちたい。文化的諸内容の融合性については、後にすぐ触れるが、和辻哲郎が「精神史」での「並在」ととらえている（『続日本精神史研究』一九三五年）。また魚木忠一がやはり体験的な融合性を「精神」として基督教史を追っている（『日本基督教の精神的伝統』一九四一年）。「精神」はいわば戦時期に微妙な形で説かれたものでもある。「象徴」については、本論の第三節以降を参照。また近代においては位置の変動・解体によりさらに問題を生じる。

(18)　前註、岡田荘司編『日本神道史』「II　神道の歴史」における、「三　多様化する神道――平安時代・中世」（加瀬直弥）またその「4　中世神道思想の展開」および「四　理論化する神道とその再編」（西岡和彦）を参照のこと。なお「近代」における祭祀・制度については、同編著「五　新たな神道体制の確立」（齊藤智朗）があり、また子安宣邦『国家と祭祀――国家神道の現在』（青土社、二〇〇四年）がある。両者、具体性と批判性と視点の違いは大きいが、近代の祭祀論に踏み込んだ点で共にとても重要である。

(19)　「神道」を本章では、註17で述べたように、呪術から祭祀へと持続する総体と捉えている。この段落でも同様である。この「神道」は、日本に現れているが、未だ「日本民族」といった定義に限るものではなく、谷川健一『日本の神々』（岩波新書、一九九九年）が沖縄にまで見ようとするもの、またさらには福永光司『道教と日本文化』（人文書院、一九八二年）、吉野裕子『易と日本の祭祀——神道への一視点』（人文書院、一九八四年）が見るように東アジア的な広がりの地平上にあるもの、と考えている。近世の徂徠は、日本の神道を殷代からのものとも見ている。ただ、「日本」でその持続が相当に歴史的にあったことは、和辻の指摘の通りだろう。

(20) 和辻哲郎『日本倫理思想史』(一)、(岩波文庫、二〇一一年、三六頁）による。

(21) 和辻哲郎『続日本精神史研究』（和辻哲郎全集4、岩波書店、一九六二年）による。

(22) 「太極」は『易』繋辞上伝にあり、北宋周敦頤『太極図説』また朱熹『太極図説解』などがこれをさらに展開して後に繋がる。この太極は新プラトン主義の「一者」にも似る。東洋日本思想史では、中世末から一九世紀ぐらいまでの概念枠やその変更に際して批判・再構成における原テキストともいえる。ここにある「理一分殊」は「融即」でもある。「融即」は、中世によく現れるが、時代を越えてまた宗派・分類を越えて見出せるものでもある。森田康之助『日本の史眼——顕と幽との相関相即』（錦正社、二〇〇一年）は、これを様々な歌や演芸またベルグソンや九鬼周造にも見ている。ある種の生命体験が感じられているのだろう。

(23) 斎藤英喜『アマテラスの深みへ——古代神話を読み直す』（新曜社、一九九六年）、また佐藤弘夫『アマテラスの変貌——中世神仏交渉史の視座』（法蔵館、二〇〇〇年）がアマテラスの歴史的な変貌をとらえる。神仏は、古代においては人々が直接向かえるものではなく、近世においては秩序と結び付いて位置付く。ただ、中世においては、神仏は救済性をもって拡大し民衆との深い関係をもつ。この民衆的な性格とその時代について、佐藤弘夫「中世の民衆思想」（『岩波講座　日本歴史　第7巻　中世2』二〇一四年）が場面ごと詳細に位置付けている。

(24) 大桑斉「戦国思想史論」（『日本思想史講座　2中世』ぺりかん社、二〇一二年、三六五～四〇二頁）は、「多神教を前提とした最高神による一神教の形成」（三七六頁）をめぐり、仏教や宋学の根本に、理一分殊論の類があり、またそこからの更なる展開として「救済」を見出す。ただ、吉田兼倶あたりから権力者に浸透してゆき「宗教的国家論」となり現在の「祖型」をなした、という。たしかに、そのあたり形態への回収や集中性はあるが、つよい否定性を含んだ救済論はどうも見出せない。

(25) 近世的な学問の展開は、当時の印刷や流通による一般化とも結び付いた物事の展開に繋がっている。

(26)「近世一般」については著書が多いが、戦後論者（丸山眞男・相良亨・源了圓・安丸良夫・子安宣邦）など、また田尻祐一郎『江戸の思想史』（中央公論新社、二〇一一年）がまず手掛かりとなる。思想史的な視野における神道については、戦前の村岡典嗣による『神道史』（刊行は戦後一九五六年）、伊東多三郎『近世国体思想史』（一九四三年）、また戦後の渡辺國雄『神道思想とその研究者たち』（一九五七年）が手掛かりとなる。いずれにせよ、神道とキリスト教とは「近世思想史」にとって基層的中心また周辺的異端となる歴史的な流れであり、これらをも全体として捉えた展開・変化といった意識は、時代の当人の感覚においてはともかく、私たちには未だ十分にはないようである。

(27)『日本思想史講座　3近世』（ぺりかん社、二〇一二年）所収の各論を参照のこと。このあたりを秩序との関係で、曽根原理「キリシタン・東照権現・天皇」、また、仏教の側での布教の様態について、西村玲「近世仏教論」がとらえている。

(28)キリシタン側で、より後期に、信や三位一体、受難する殉教論が述べられるようになる。この点については黒住真「キリシタンと仏教」、末木文美士・編集委員『新アジア仏教史13　日本Ⅲ　民衆仏教の定着』（佼成出版社、二〇一〇年、四七、五二頁）。

(29)さらに「幽霊」「怪談」が近世に流れることについて、註28黒住、七五頁。また詳しくは、堤邦彦『江戸の怪異譚――地下水脈の系譜』（ぺりかん社、二〇〇四年）、佐藤弘夫『死者の花嫁――葬送と追想の列島史』（幻戯書房、二〇一五年）、「第五章　幽霊の発生」を参照のこと。このあたり、近世的世俗化における死者の位置付けの「無さ」からより来るのではないか。

(30)渡辺浩「第三章「御威光」の構造――徳川政治体制」『日本政治思想史――十七〜十九世紀』（東京大学出版会、二〇一〇年）、また「「御威光」と象徴」『東アジアの王権と思想』（東京大学出版会、一九九七年）。両書において、「御威光」の章立ては一つだが、近世日本の「政治思想史」全体にそれが流れ、それへの応対とその変容として諸思想とが捉えられているとも読める。

(31)熊沢蕃山・藤原惺窩などの著として一般に広く伝播した『心学五倫書』『仮名性理』では「天」「天道」が神道・儒道・仏道の合一する万物の包括者としての天また人の「心」であり、天心のもとでの神・儒・仏の習合があった。このあたりを大桑斉『民衆仏教思想史論』（ぺりかん社、二〇一三年）、第一部・第一章「因果法則の矛盾と心の主体性――『心学五倫書』の悪人富貴・善人貧苦と天心一体説」がとらえている。また末木文美士『日本宗教史』（岩波新書、二〇〇六年）は、ここに「近世」における「世俗の中の宗教」を見る（Ⅲ八）。また一般論としては、佐藤正英『日本倫理思想史』（東京大学出版会、二〇〇三年、増補改訂版二〇一一年）は「近世」を「天をめぐる思想」とまとめる。また歴史観として、植手通有「江戸時代の歴史意識」は、江戸時代に「歴史における天道の支配」が様々な思想家に行われたという（丸山真男編『日本の思想6　歴史思想集』解説　日本の歴史観の歴史　第三章、筑摩書房、一九七二年）。

(32)「理」の根拠性と個別性について藤原静郎「所以然と所当然：朱子学における理の性格をめぐって」（『中国哲学論集』九州史学、一九九四年）の分類がある。「心学」について末木文美士他編『日本思想史講座3　近世』の「心学の東アジア的展開」（崔在穆）。また、「心を媒介とする神人一体の思想」が神道・闇斎学を始め広い展開を持つことを、同「心と神」（高橋美由紀）が短文ながら重要な要点を指摘する。また、前段落で「心」に「住み着いて」といったのは、大桑斉の論説、「仏教的世界としての近世」第二節・第三節（大桑斉『近世の王権と仏教』思文閣出版、二〇一五年、第二部・第二章）また、「日本近世民衆思想と〈心学〉」（同上、第四章二）からである。また近世思想史にとって重要な焦点である闇斎学の「心神」については、近藤啓吾氏の諸著があり、高島元洋『山崎闇斎・日本朱子学と垂加神道』（ぺりかん社、一九九二年）、朴鴻圭『山崎闇斎の政治理念』（東京大学出版会、二〇〇二年）、田尻祐一郎『山崎闇斎の世界』（ぺりかん社、二〇〇六年）、澤井啓一『山崎闇斎──天人唯一の妙、神明不思議の道』（ミネルヴァ書房、二〇一四年）などの論考があり、さらに知る必要がある。

(33)「国学」について議論・把握が多い。そこにとくに流れる活物観について黒住真『近世日本社会と儒教』（ぺりかん社、二〇〇三年）の諸論。またその根柢である生命観とその展開を中村禎里『胞衣《えな》の生命《いのち》』（海鳴社、一九九九年）、また同『生命観の日本史──古代・中世篇』（日本エディタースクール出版部、二〇一一年）がとらえる。

(34)桂島宣弘「近世帝国の解体と十九世紀前半期の思想動向」（『日本思想史講座　3近世』ぺりかん社、二〇一二年、所収の終章）を参照のこと。ここでの「近世帝国」は、一七世紀頃に東アジア各地で現れ出た、従来の朱子学的支配（華夷秩序）の変容による支配構造のことである。その解体過程に国民ナショナリズムが生成する、ととらえる。

(35)本文で掲げた思想家以外に、吉田兼倶など吉田神道、度会延佳など後期伊勢神道、町人としての石田梅岩・富永仲基、農本主義ともいえる安藤昌益また二宮尊徳、さらに三浦梅園・海保青陵など、多くの優れた議論が展開している。

(36)「経典」あるいは「書物」を従来の形態にとどまらず対話的な仕組みからとらえていく仕方が、たとえば伊藤仁斎・荻生徂徠などにすでに窺える。このあたりにさらに展開する「会読」を前田勉氏が「近世儒学論」（『日本思想史講座　3近世』ぺりかん社、二〇一二年、所収）、「儒学・国学・洋学」（『岩波講座日本歴史　第12巻　近世3』二〇一四年）において広く把握されている。博物学・科学思想などについて同上「江戸時代の科学思想」（吉田忠）。また経典にとどまらず、近世思想の経験的合理性における実学また「型」をとらえた代表的論者として源了圓（一九二〇〜）の多くの諸論がある。

(37) 松田宏一郎「福沢諭吉と明治国家」（『日本思想史講座　4近代』ぺりかん社、二〇一三年、所収）の把握とくに結語より。

(38) 大谷栄一「明治国家と宗教」（前掲『日本思想史講座　4近代』）が論ずる（引用は一五六、一七九頁）。

(39) 田中久文「近代日本の哲学と京都学派」（前掲『日本思想史講座　4近代』三三六頁）。

(40) 大西祝とその後について、郭馳洋「明治中期における批判理論としての「批評」――大西祝の批評的思考を中心に」（『日本思想史学』第50号、二〇一八年、一七一頁以下）が示唆すること大きい。

(41) 石川公彌子「民俗学と折口信夫」（前掲『日本思想史講座　4近代』二九六頁）を参照。また黒住真「天皇を中心とする「神の国」形成と歴史的体験」（稲垣久和編『神の国と世界の回復――キリスト教の公共的使命』教文館、二〇一八年、第4章）は、日本における「神国」の歴史と折口信夫の戦後の運動をとらえている。

(42) 近代化において生まれ戦後さらに大きく発生した「公害」その他天地・環境解体また社会問題については、黒住真「近現代にあらわれた問題と今後の方向」（「自然と人為」『岩波講座　日本の思想　第4巻　自然と人為』第五節、二〇一三年）が課題を捉えている。

# 第九章　文化史から見た完成の形態——天地・幸福・愛

活きて動く存在者たちは、自分自身の可能性を各々より完成した形にもたらすことを生の目的としている。たとえ無意識的にであれかかる目的を懐きながら互いの関係や交流の方向を持つのではないか。——本書では、このような観点からこの終章のタイトル（題目・副題）を設けた。また述べるが、「天地」は地球など活きている根本的な「場所」であり、「幸福」は諸存在における「完成」であり、「愛」はこれに向けた互いの「充実」のことである。それはどういうことだろうか。

この課題をめぐって、第一節では、向かっていく在り方をめぐる言葉・概念の内容を再考する作業を行う。把握する「文化史／思想史」、地平としての「日本」などの要点、また「天地」「幸福」「愛」などの言葉が何なのかをある程度でもとらえる。また第二節では、それらの大体の形態としての在り方、歴史的展開に触れ、これらの変化を位置づけてみる。位置・場所といった考えは意外に大事である。その際またとらえたいのは、わたしたち人間が動かし動かされている「ちから」（力動）についてである。それが仕事や産業を意味づけている。そのことがまた総体としての様子や方向の是非を示す。この問題はいわゆる「近代化」によってより立ち現れる。第三・四節では、その様相と動向をとらえる。最後の第五節で近代的産業の在りさまを知る。目的である完成の形態は何なのか。それは手元の歴史を知ることで改めて現在、見出されるだろう。

なお、この作業は〈方法〉として、要点となる在りさまを幾つか見出すだけで、決して詳細な把握・叙述ではない。大体の在り方を総じて見付けようとするので、史実に触れ典拠を示しても引用は少ない。把握の視点は、本書が懐く文化史・思想史である。それをここでは、此処の事実把握だけではなく、かといってイデオロギーや批判だけでもなく、文化史（思想史）の価値ある様相・内実をこそ幾つかとらえようとする。

この大摑みな作業は十分で完璧なものでは全くない。ただ対象とする言葉（概念）は、元来の物事また人間の営みにまさに関わるものだから、差異は大きくとも、内実を形づくる同様な在りさまが、時処を越えて何程か必ずあるだろう。ならば、その形態《かたち》や様態《ありさま》は、歴史や状況を含めながらも普遍的で、ある程度「改めてとらえうる／とらえるべき」ではないか。するとある時代・場所、他のそれらとの相互の連続・差異、また現代・今後のあるべき姿、そうした広くまた具体的な局面が、俯瞰し介入するとき見えて来るのではないか——そう期待している。

内容をめぐり総じて「具体的また普遍的」な視野を求めたとしても、接触点・要点を幾つか見出すに留まり、その把握自体に賛否いろいろあるだろう。ただ、それも人間の営みだから端的には似るだろうと考え、これが文化の本体に向かう一端になればとは願う。この歴史・対比・総合に結び付いた地域文化への大摑みな関心から「文化史から見た」という題目をあえて掲げた。以下、まず言葉をとらえ直しながらその中身に入っていく。

## 一　文化と思想との関係——事実化と言語化

まず「文化」（culture）だが、これは、人間たちがある場所で働きにより形成して在る生活上の動態である。文化は、個々の様子は種々あってもある時・処にまた包括として時代的に見出せる可能性と傾向を帯びた産物である。その可能性ゆえに、当の人間は、（無意識的にであっても）過去や将来を考え自分たちを何程かの世界に関係させせつつ活動している。そのため文化には既にさらに歴史性をもった世界観が含まれている。その状態に孕まれた持続・変容をもとらえるのが「文化史」（cultural history）である。(1) また、諸文化をより大きくまた進展するものとして時代的・総合的にとらえ得る枠組み（パラダイム、原型）が「文明」（civilization）である。本章では「文化」を中心とするが時に「文明」にも触れる。

文化的産物としての物事は、入ってみると、大抵、種々価値を含む記録であり判断や期待をもった史実や言葉がそこにある。それが「史料」「歴史」をなしている。また、その文化としての意味に踏み込むなら、表象される意味は多く、たとえば史実や言葉自身、形成される文芸・美術・社会的状態など様々である。ただ、そこには大抵、人の心から成る生活や思考による様式が基礎的な形態として含まれている。

この生の形態となる人間の「思考また観念の様式」が「思想」（intellect, idea）である。その思想の様式は、人間が何かに応じ物事に関係して様々な組織形態を為している（例えば、社会思想、政治思想、倫理思想、経済思想など）。また、何かに向けて時所を越えて関係する歴史をなしており、それがまた（社会、政治……）「思想史」（intellectual history, history of ideas）と称される。(2)

この基礎的な様式・形態は、まずは図形や文字にも記される思考の断片であるが、さらにテキスト、経典も形成され、それらは文化の基底にもなる。逆に、総じた形態（文化）にならない端的なあり方・流れとして、ただ批判・部分にだけまず留まる史料も少なくない。人がもつ意味や解釈は、前者（経典など）ではよりそれ自体として位置づくが、後者（端辺など）ではより結集や再考が必要になるだろう。(3)

が、いずれにせよ、そのあり方にも歴史がありまたその変容がある。なぜなら懐かれる人間の思想また文化は、たとえ永遠不変たろうとしても、そのままで時処を越えて持続するわけではない。その物事自体そうだしその意味は、当の生きて生活する人の行為・営みに関係してこそある。だから文化また思想は、活きている人間の働きによる位置や在り方をもった「産物」なのである。この産物をさらに大きな総体としてとらえるとき「文化」「文明」をなす原型・パラダイムがまた見えて来るだろう。そこにまた、思想形成する枠組みがある。その際、宗教といわれる限界面にかかわる哲学思想の用語や枠組みには、物事の根のような意味付けがある。

産物としての文化は、様々な人の生のあり方と結び付きながら形成・持続・変容さらに破壊さえ生じ続ける。だとすれば、文化がどんな様式や方向を思想として持つのか、そこにどんな価値が働いているのか——こうしたことをとらえ考えることは、文化について記述だけでなく関心を抱いて内容をとらえるためには、必要なことだろう。

そもそも、α文化［史］とβ思想［史］とは、繋がるがまったく同じでは決してない。α文化史が向かうのは歴史的事実・形態であり、β思想史が向かうのはそれらをめぐる言葉や概念にもなる当のひとにとっての意味またその把握である。そのとき二つ（史実と意味把握）は繋がっていても同じではない。

二つの関係・あり方について、注意すべき事がある。それは、

①αが有ってβが無いないし潜在的に含まれる、そのβが後に関係・刺戟によってやがて形成される、といった事態がある。また逆に、

②αが無いし僅か・断片的だがβが有ってより働いている、そのαが後に関係・刺戟によってやがて形成される、といった事態がある。

①は、宗教や芸能の生活における表立っては見えない「根」ともいえることである。これは第八章第五節でも述べたが、例えば、神道をとらえるとよく判る。すなわち、神道史・神道文化史〔α〕は、史実・形態としてあるが、神道思想史〔β〕はまずは無いことも多い。βは時代と関係によって後により言葉を帯びて記録・形成されるのである。

$\beta$たる形作られ言語化された概念や経典は無いままで、$\alpha$が在って働くということが神道では屢々ある。が、だからといって神道が無いというわけでは全くない。

この点は、本質的な中味として$\alpha$を祭祀、$\beta$を教説ととらえるとよく判る。教説が無くとも祭祀（としての神道）は持続している。（神道においては）経典や教説は無かったり後からの形成態として大抵はある。だが、その方向だけではない。その言説が、更に祭祀に関与し重なっていくこと、教説の形成が改めてまた祭祀に影響する、という相互連関もある。この「後から」は②である。

②については、思想史が観念史である場合をとらえるときよく判る。教説がイデアとなっており、それが具体的な祭祀など物事になる、ということがある。プラトンやある宗教たとえば仏教やキリスト教が永遠・普遍的だといった場合は、いわば普遍的な観念からの現実化の歴史である。

ここに含まれる史実と言語、祭祀と教説といった状態は、コンテキストとテキストといったことにも繋がっている。両者のどちらかだけを見ればいいのではない。コンテキストとテキスト、$\alpha$と$\beta$との両方を、相互関係史をも、結局はとらえるべきなのである。ただ、そのプロセス、言語化の仕方が、形態によって違い、神道はやや後発・受け身の傾向を持つ。キリスト教や仏教は、特に日本では屢々、言語化が先立って働き、事実となることが後である。その際、テキスト（例えば聖典）が能動的な傾向を持つ。こうした物事の傾向はかなり持続し、現代でも残り続けている。(4)

とはいえ、この①②はそれぞれ進展するにせよまったく分離してしまうのではなく、総じて位置付いている。また、その組み立てが大きく総体（パラダイム）として「文明」であるときも、そこには大抵、祭祀も言語も含まれている。

少し面倒な議論に入ったかもしれない。ともかく、文化を大きくとらえるなら、そこには大抵、人の心の様式が思想の（批判や持続や変容の）形・形態として、その内部や周囲にある。思想との関係が種々の文化的産物の内実を形成しあるいは変化させている――そのように本章ではまず端的に考える。その考えのもと、その「文化史」の（形成・

変化・離脱等の）言説の歴史ともなる「思想史」を簡単にでもとらえる。さらにいずれ「日本」に入ってみる。(5)

## 二　天地また全生としての幸福

### (1) 天地・宇宙

課題とする物事の言葉・意味をまたとらえる。まず「天地」また「宇宙」について。これらは「日本」等の場所を越えて大きく包括的に位置づける世界として従来から用いられる時空で、また「コスモス」(cosmos) の用語でもある。この語の用法について、この日本文化史では、大きくは近世日本に大きく実際の用語として現れる「天地」を選びこれをコスモスと同じだとも考えておく。また近世・近代日本語としての「自然」も、その働き・位置をとらえるもので、元来の本質はほぼ同義語だ、と考えておく。

当時、近世まで、「天地」は〈万物の世界〉であり人間の営みの〈根本的・超越的な位置づけ〉ともなっていた。その「天地」（コスモス）は、混沌性もあるが単に無秩序ではなく、だから一般的に「自然」とも称される。またそこにかつて「天命」が感得されたように、「天地」は物事の根源的な位置づけ・意味づけをするものとしてあった。そこでとくに「天地人」「天人相関」などといわれる。むろん、そのあり方や展開は、微妙であり、位置づけをどうとらえるか、そこにどんな変化があるか、大きな思想文化史的な問題である。

この思想文化史的な展開において「天地」（コスモス）は場所・限界に関っている。これについて計四つの局面をとらえておきたい。すなわち

「現世的」（一）と「超越的」（二）、さらに「より超越かつ根源的」（三）また「現世との分離」（四）、である。

一（現世的）は、天地ととらえられる現在の秩序自体を重視する現世主義（secularism）のような運動である。二（超越的）は、天地における位置をより求め、例えば歴史を遡ってある「古代」を「理念」のようにとらえそこから「現実」を位置づけていく、あたかもプラトニズム（Platonism）のような運動である。また古代ではなく「未来」を同様にとらえるプラトニズムもあるだろう。東アジアでは「三代」（夏・殷・周）論がプラトニズムに似る。これに対して三（より超越・根源）は例えばキリスト教や仏教など根柢的地平に関与する宗教である。仏教やキリスト教またイスラム教の内部が本質的に出家するならば、それは「より超越的」である。とはいえ、それはまた「より根源的に」地面に結び付く（三）。これに対して、そこに四（世界分離）もあり得る。世界がグノーシス主義のようにまったく二分化してしまう。ただこれは、当の人々にとってまともな意味を失ってしまう。だから、真理性を地平に抱く者（二）は、グノーシス的なものとの戦いを経験しながら、より超越的であるがより根源的にいわば根のように天地また現世へと入り込むのである。このあたりは、近代だと全体主義と戦った、例えばシモーヌ・ヴェイユや新渡戸稲造を思えば、見えて来る。

意味また地平を失うのは、宗教論としてのグノーシス主義だけでない。すでに全体主義といったが、力と結び付いたイデオロギーのようなものも人間とくに近現代には発生する。これに対してあるいは向かって、単なる一方的な観念論ないし現世論になる場合も少なくない。そこには大抵、何等かの威力や虚無が結び付いている。この異様な観念に対する批判として唯物論などが発生する。

「意味・地平を失った」といった事態とは何なのだろうか。そもそも近現代になると、人為が上昇・拡大し、「天地」の位置づけ自体もはや全く持たない世界が広がる。現代の都会において交通し携帯やネットで物を知ったと思う人間界には、天地はもはや無い。あるのは投影された使える物・情報、その流通・売買・勝ち負けだけである。また発生するのは、国家であれ家族であれ一定の擬似種族観のようなものである。ただ、それだけであるなら、勝ったとしても上昇したとしても、それは人間性なのだろうか——そうは考えられない。元来人間の営みには、意味に関わる「位置づけ」が理念として限定としてあった。それを失っているなら再生すべきであり、別の力に結び付いているなら全く改善すべきだ、と考える。

「宇宙」は、より時間性を帯びるが、元来はしばしば「天地」と同語となって来た。ただ、二〇世紀以後の現在は、科学と結び付いて地球を越えたまったくの時空を意味するように展開する。その宇宙には、かつて先立った基底や世界とされたような万物や地球などの地平は視野から消えていく。この「現代の宇宙」は科学や論理や大きな実験・機具によっていかに把握するのか、という点に専ら向かうかのようである。そこには近代以前にあった具体的な物事の位置付けは、別の情報の流通によって無視されさらに喪失されていく。(6)

ここでは、その流れを追って行こうとは思わない。少なくとも文化をとらえるならまず地球上の位置を知るべきと考え、現代の科学もその文化的内容と妥当な形で結び付く営為を持つべきだ、と考える。だから、「宇宙」を用いても、かかる変容以前の形ととらえる。その意味でも「天地」(コスモス)の語をより選んでおく。

## (2) 幸福

「幸福」(happiness)は、元来は宇宙また天地に「おいて」あり、まさに人間など生き物の「あり方」(位置)から因果関係にも連関して形成されて来た。これについてはまず近代以前、元来、生物の基本的なとらえ方だったといえる

「全生」観を見出したい。すなわち、生きるものは無限ではなく有限だがそこには可能性があり、それを道筋として辿ってその身を保ち生を全うしようとする。そのように前世代を養って生を尽くすべきなのだ、といったある程度の一般論がかつて天地においてあった（「督《トク》に縁《よ》りて以て経《つね》と為さば、以て身を保つべく、以て生を全うすべく、以て親を養うべく、以て年《よわい》を尽くすべし」「縁督以為経、可以保身、可以全生、可以養親、可以尽年」荘子・養生主篇・人間世篇）。

この「生を全うすべし」という「全生」論では、当の個的なあり方が、最後の、養親・尽年において、世代持続的な展開ともなっている。つまり、個的なことが一般的・全体的なものにも、「往相と還相」あるいは「一即多」のように、根本において結び付いている――それがまた宗教にも繋がる。また、そこに意味がさらに生命がよりとらえられもする。

こうした考えが、この引用では、人間についてだろうが、動植物でも考えられていた。ここでは、いわばその種・卵からの充実、完全性に向けての成熟（全生）が、よりよき有り方としてまさに「幸福」なのである。だが、その幸福は、ただ個的なものではなく、同時に、関係を担いまた歴史と結び付くことで意味をもって見出されていく把握物である。

ここでは物事の前提として『中庸』などにも既に見出される「天地」（コスモス）がある。可能的な生をより完成する、それが天人合一に向けての生の形成また一般化でもある。それは天人相関、天地人観によって形成されて位置づき、またその完成的中心がしばしば「聖」と称されたのである。

こうした全生的な思考は、現代の人にとっては唐突かもしれない。しかし遡れば、老荘・中庸のみならず孔子や孟子さらに荀子などにも前提のようにあって見出せる。また西洋では、例えばゲーテの原型観にもまたコスモスを前提としたギリシア思想にもまたそれに繋がる中世思想の宇宙にも似たものを見ることが出来る。もとより、人間だけでなく動植鉱物との関係をどう見るかは地域によって微妙だろうし、すべてを総体のようにそこに類似させて把握することは大摑みに過ぎるだろう。だが、そのあり方や地平を消去しさらに考えもしない現代とは違う、大きな前提的な構造がそこにはあった。少なくともそれを大体でもまずとらえておく必要がいまはよりある、と考えられる。(7)

「幸福」をめぐり天地・宇宙との関係を基礎のようにとらえた。ただ、歴史的にその構造が同様に持続したわけではない。人間の場合、動植物以上に、善悪をもち、生活形態を元来の在り方から変容させ、そこに学習や習慣を結び付けて何か在り方を形作っていくからである。それの「形成」は、家族・氏族さらに寺社教会、君臣関係、学校、政治、経済、国家等々としてある。本章ではその詳細には入らないが、第三節で大摑みに「形成」の問題を追っていくつか考える。

### (3) 愛と気 (生命力)

とらえた全生・完全性に向けたそこからの「幸福」という在りさまは、「愛」に繫がる。これと連関する「正義」は物事の良し悪しの分配である。ただ、「愛」はそれだけではなく「当の生の充実の働き自体」としてある。その意味で「愛」は、人間にとって正義に比して無規定で無限に関わる。がしかし、決してそれ自体は無規定なものではまったくない。(8)大きな意味で、天地・宇宙の中に総体として位置付きその完全な充実としてある。

それは何なのか。例えば、キリスト教における「アガペー」(Agápē)、仏教における「慈悲」(mahā karuṇā)、宋学の概念における「気」また「活物」またその表現としての「愛」に、違いはあれその本質・本体やその関係を見ることができる。そこにはいわば生命力(エネルゲイア)がとらえられており、また先立って前提のようにとらえた宇宙(コスモス)において人々はその力を見出すわけである。

とはいえ、愛、慈悲、生命力また気をその本体に対して「どう位置づけるか」さらには「位置づけるか／位置づけないか」また「何と関係付けるか」といった問題がある。そこには文化史(思想史)の根本的な場面となる大きな歴史がある。（2）の最後に述べた「形成」がそこにある。それもまた次の第三節で触れていく。

＊

この第二節で、位置づける世界として「天地」があり、これにおける生の成熟・完全性として「幸福」があり、それを成立させる形態また働きとして「愛」があることなどを端的にとらえた。ただ、その在り方について、更に加えとらえておくべきことが幾つかある。まず考えたいのは、そうした物事を成り立たせているのは「人間」であり、その生活における活動だ、ということである。その事実をとらえるなら、そこある「活」には、当然ながら「生」を成り立たせるための形態が対象・内容としてあり、これを成り立たせる人間としての在り方やその歴史がある。だからこそ、そこに人間としての自分たちの生の持続や形成また生産や破壊が行われている。ベルグソンやシモーヌ・ヴェイユは、二〇世紀にその問題をこそとらえたのだろう。

次の第三節以降では、このあたりの基礎を時代を含め構造・仕組みとしてとらえたい。人間的な〈基礎また展開〉は何なのだろうか（第三節）。また、そこに含まれた論理としての〈受動・能動また完全における不可測性・否定性〉をとらえる（第四節）。そこにさらに強い活動である〈産業〉との様相を見出す（第五節）。これらが一般的に問題として立ち現れるのは、人為が拡大し始める「近世」以後であり、そこにより発生し改めて発生する「力」を帯びた「社会」問題がある。ただし、その内実のあるべき方向と位置は「古代」また「中世」とこそ関係している。

## 三　生の持続と基礎からの展開

### (1) 古代・中世・近世・近現代

人間自体をとらえてみると、生きている人間は時空の内にあるから、そこには世界観ともいうべきものが時代的・場所的にある。ただ、その世界、題目としたような「天地」は、ひとにとって何時・何処でも基礎・限定のように必ずあるのではない。天地はいわば「自然」として当然あるのだが、それ以外ないし以上の世界が屡々さらにとらえ考えられている。それを「第二の自然」ということも出来よう。これは歴史的には「近代」以降、より拡大してまた問題になる。このあたり、詳細にではなく、ここではまず時代において大体見出していく。

「古代」においては、神話がまた風土が文化的に強く働く。とはいえ、思考をとらえるなら、基本的な思考の位置づけとして「天地」（コスモス）があった、と押さえられる。ただし、より「中世」に向かうとき、物語や説話が展開するとともに、世界観として、他界・天国・地獄などと総称される「天地を越えた別の世界の実在」が考えられて来る。

「中世」は、その超越や根柢を永続的なものとしてはっきり形成・完成させる。これは確かに自然的な在り方やその持続ではない。この考えでは「死を倣う」ことで振り返って顕れる「超自然」こそが元来の本当の実在また愛だ、とされる。とはいえ、「天地」は元来のまた生きている人間の位置として在り続けてもいる。(9)

「近現代」の場合、これらに対する大きな変化がある。「人間の営為する世界こそが実在」だ、と考えられ、中世的な「超自然」はもとより、追って「天地」の解体が生じる。そこに一見、他界は無く、物語も神話も無いようだが物象化が発生し、と同時に、古代・中世的な位置づけを、追って持たなくなる。その「文明」化において「第二の自然」が、「科学」に収束するか、「力」や「幻想」によってか、大きく人間に結合することになる。関係するのは天地ではなく人間自身でもない。

本章では、「中世」にはっきりあった、他界・天国・超自然等をこそ実在とし手元の世界をそこからの「啓示」だとする考えは「まだ」持たない。まずは、天地との関係・位置こそまず手元の実在だととらえる。その意味で思想史や哲学の立場に立つ。と同時に、かといって（近現代に拡大するように）人間の営為だけが実在とする考えは持たず、その営為は天地との関係においてこそあって位置付くものととらえ、その中で中世的な世界にもいわば実践的に触れてみる。

この位置付く天地は、日本史では「近世」においてより実際に現れ出るので、そこに人間の営みの基礎付けを見出すことが出来る。とはいえ、天地は、「中世」において無いのではなく、ある程度あるいは無意識にもあったが、それ以上のものが考えられたのである。また「近現代」においても無いわけではないが、無化され何かへと還元されることで、近世にはあった人間の営みの基礎が変容してしまうのである。が、現在、それを改善し営みを改めて位置づけ直すべきものとして天地が現れ出ている、と考えている（第四～五節）。

## （２）営みの位置づけと生の形態をめぐる言葉（概念）

以上、先立って時代把握を述べたが、そもそも実在といったものの内実、人間が位置付くとは一体どういうことだろうか。元来の生きた人の営みの在り方をとらえると、その本質として時間・歴史を孕んだ関係する経験・体験があり、基礎づける「生」がありその否定性をも含む「持続」がある。文化や思想は、大抵はその持続や展開に関わっている。

持続する在り方の基礎として判りやすいのは、「黄金律」のようにとらえられる個々の関係における当為となっている行為である。具体的には、思いやりとしての「忠恕」また信頼としての「信」あるいは「誠」等が本質的な基礎として屢々とらえられる。また、かかる黄金律的なものの成立を、東洋・日本文化史では、元来は天地・宇宙の働き自体またこれに対して人間の営みに見出される「道」として基礎づけられて来た。

もとより、人間は、そこからさらに、人為的な形成関係・活動によって、何らかの生の形態をなし、そこにある習慣・学習によって、それがまた伝播されもする。それは持続しあるいは断然また変容する働きである。そこには人間自身の活動やその変化と結び付いた形態の過去・現在・将来に繋がっていく歴史があり、それが物事を形作っている。とはいえ、人間の営為は独自に行われるにせよ、やはり天地によって基礎付けられる、と近世までは考えられている。ここでもその考えに同意する。そしてそこから、人間的な営為の幾つかの形態が形成され展開する、と把握する。

ところで、その形成・展開を基礎づける「もの」は一体何なのだろうか。日本語としての「もの」は、その語自身、結び付いてある結晶となっている。その組織立って結晶でさえある「形づくられた」「もの」は、もちろん現代科学によって何かへととらえることも出来る。が、前近代の生きて活動する側からとらえると、その働いて形づくられたものは、それだけでは済まない。当然ながら指摘すべきは、その形成にはいわば生命力に繋がる「ちから」が働いている。またそこに「形」(かた／かたち)としての在り方がある、ということである。

ここにある事実は、以前の用語を用いるなら「気」「元気」でありまた「理」でありその結合である。[10] これが人間の身心にとってある「中心」をなして展開する。前者(気)の動的な働きは、例えば健康に誕生して働くいわば少年少女や若者をみれば現在でもすぐわかる。が、そこにまた在り方としての論理が個々にまた位置づける本質としてとらえられる。それが実際かつての思想史での人間的本質をとらえる用語にもなっている。

こうした動的な働きのとらえ方として注目すべき大事なことは、その本質・本性をめぐって、「種」と「徳」との把握がそこに行われ、「種」の強調が一八世紀末表立ってくる、という点である（本居宣長『くず花』一七八〇）[11]。「種」とは、ものが懐く次の世代への結晶であり、文字通り種族的な連関をそこにとらえ得る。「徳」とは、ものが懐く能力であり、それは種族等の関係に必ずしも結び付かない、一般的な可能性ととらえ得る。次節でみる継承の内実では、この二語の用法や位置に違いがある。このあたりから倫理や祭祀に繋がる種々の形態が変化を帯びて形成され、それがナショナリズムに繋がるのである。

## 四　完全には判らない中での成立また越境と否定

### (1) 不可測な力動また受動・能動における規定の成立

形成される種々の形態はここでは余り扱わない。むしろその在り方自体を少しふり返ってとらえ考えてみる。

近現代では、物事が（例えば科学によって）「すべて判っている」などと人々が考える傾向がある。言い換えれば、人間は誰か何かに投影して不可測性を持たない・向かわない傾向をより持つ。しかし歴史的に遡ると、人間は元来不可測・不可解な在り方の中である営みをみずから形成している。それは近現代でも残り続けるのである。この前提としてある物事の判らなさを近代ドイツの神学者オットー（一八六九〜一九三七年）は、「ヌミノーゼ」（Numinose）ととらえる。人間には判らない何かへ感情的な畏怖・魅惑・敬意等の直感・感覚があり、そこから宗教的な営みが「聖」に向けて位置づけ形成されて来た（『聖なるもの』*Das Heilige*, 1917）。

とはいえ、聖への位置・方向にばかりあるのではない。このあたりに成立する論理は何なのだろうか。これまで「黄金律」などといってとらえた物事は、規律としては不変であっても、当人にとっては動的な関係する働きにおける成立以前の物事である。だからそこにはそもそも、①成り立ちうるのか・どのように成り立つのか、②全然成り立たないのか（不可知論（agnosticism））・絶対に成り立つのか、といった基本的な問題が常に含まれている。それらは物事に関係し生きて働く人間にとって向かう意識や学問の根底に繋がっている。この未決定なものをめぐる思考また働きは、意識的であれ無意識的であれ、自分たちの生の位置づけに関わっており、実はとても大事である。

①に対して完全に決めてしまうなら、翻って②になる。そこに虚無や傲慢あるいは決定論・予言のようなものが生まれる。生を担う人生において、全くの決定は、先天性や死後のように、どこかあるにしても、本当に生きて働く意味また当為はそこから現れ出はしない(12)。だから普通の人間の生は、①において、②から例えば虚無や傲慢な知に入るべきではない。つまりある不可測性、不確定性を懐いた・知った上で、何程かの定め方（規定）を意識せざるとも「決疑論」（casuistry）においてみずから担い、その在り方・関係において行為し働いている。その「不可測な中での成り立ち／成り立たせようとする営み」が、みずからまた関係において当為として為され続ける。そこにある相互作用の中に、先の「黄金律」がまた「信」さらには「信仰」と称される規定的な働きが含まれ形成されていく(13)。

いま論理的な面をとらえたが、既に生きて働いている、といったことがまた大事である。つまり、その論理的な判断等をする人間が、まさに生きているその事実である。そこには、すでに述べたように、気・エネルギーともいわるような「ちから」「生命力」の働きが身心においてある。要するに、何程か超越性や根源性また力といったものがあり、それを自分たち自身に位置づけることが人間には大事である。それがまさに「霊性」論ともなる。

思いやりとしての忠恕が「終身」行うべきものとされたように（『論語』衛霊公）、こうした関係の地平の上に、通常、倫理ととらえられる諸形態さらに種々の祭祀・礼法などの営為が、種々形成されてくることになる。前節の最後に形成・展開といったのはそれである。また「命」「恩寵」などと称される責任性を帯びた使命・任命あるいは運命観なども、この基礎に関わる。

よく見るならば、これらは、傲慢でないなら依存たる「依り代」あっての働きである。この不可測性への関係として信（信仰）・命・恩などによる働きがある。これをとらえてみると、大抵、何かに対して、受け身というべき「受動性」があり、また何かとの一致をこそはかる「能動性」がある。東洋さらに日本の文化・思想史では、その「根柢」をめぐり前者（受動性）たる場合が多い。対して、西洋のそれでは、後者（能動性）が説かれる場合が多い[14]。確かに、この二つの局面は、傾向や展開物としては違い、世界を構成するしない、越境に関与するしないといった違い・変化にもなる。が、いずれにせよ、その内実に、いま気・エネルギーといった「ちから」「生命力」がどうもある。また両者は、不可測な何かを究極的に前提とする限り、結局は同じ方向や規定を「理」として持つに違いない。そして「愛」はその本体としての充溢なのだろう。

## (2) 前提また否定性における天地・力動の位置

いま、不可測・不可解の中で何か前提とするその内実にいま気・エネルギー・ちからが、その根本としての「愛」また在り方としての「理」がある、などとした。だとすると、ここから何があるか・あったか、改めて三つとらえておきたい。

第一、その前提し位置づける「何か」「内実」が、既に何度も繰り返して述べたが「天地」（コスモス、自然）またその働き・在り方・ちから・生命力である。

第二、人間はまた宗教はその位置づけを乗り越え、その意味で否定性をもつが、改めてその前提・位置づけに種族を越えて関わる。

第三、以上のような、前提・関与を持たない傾向が、後の時代近代以後に肥大化する。

これらの在り方と「幸福」観とは当然ながらまた結び付いているのである。

まず第一だが、先に述べた老荘思想また神道などにはっきり見えるが、人間の様々な文化活動は、天地の働きまたその生命の流れと重なりその一端のようである場合がとても多い。そこでは祭祀はあっても言語化が無かったり、言語化があっても概念の偽りを否定して、先立った物事に戻ろうとする傾向もある。こうした場合、営みの前提は、いわば風土や季節であり森羅万象の働きであり、その在り方や連続やリズムは、人間にとっても殆どみずからの生死・生活の前提でもあるような力動であった。こうした在り方を、プレ・アニミズムあるいは「古道」（南方熊楠）ともいえる。儒学はさらにある形態をもつが、こうした背景から形成されている。

この「天地」においては、力動性（気）や論理（理）がとらえられる、さらに「天」を指摘しまたそれを「主宰」と述べることもある。かかる天地や主宰は、西洋で「自然的秩序」と言われるものとかなり似ている。むろん、風土の違いをとらえることは当然可能だし必要でもあろう。しかし本論での「天地」はこれらや自然的秩序などを包摂して含むもの、と考えたい。が、だとしても、そこから成立する形態の大きな歴史的な変化は問題なのである。

第二は、いま歴史的といったことに繋がるが、人間は、いま述べたように天地（コスモス、自然的秩序）の在り方を基礎のように持っているにせよ、みずから完全に天地自然ではなく、それを否定して乗り越える働きをもち、そこからの持続・歴史を説く。ここに含まれたものを「否定性」と称しておく。ただし、その否定性は人間自身の血縁などを越える生死の体験と結び付いており、それが歴史的に顕著なのは普遍的な宗教においてである。

例えば、仏教やキリスト教は、第三節の「中世」で触れたように、天地を越える世界の実在・目的を説く。またその往生や神国・超自然的秩序における慈悲・幸福・愛をとらえる。この「否定」は、大抵の妥当な宗教では、超越だけ二元的にあるのではない。また幽冥性でもない。いわば往相に対する還相、一元性と多元性、そこでの唯一性と全体性を説く。先の閉じた方向が天だとすれば、後の開かれたあり方が地である。その意味では「天地」を空と大地のように否定性において共に持っているのである。

ただ、天地自然における否定性が、はっきりと働くことなくただ有縁な回帰になる場合もある。西洋の思想史ではこの点が強く問題となる。例えば、古代の場合、ギリシア思想、新プラトン主義の段階では、東洋と似た天地観・宇宙観があった、といえる。[15] ただ、これを背景にしつつも、アウグスティヌスでは、ユダヤ・キリスト教の結合により人間は、天地（コスモス）を明らかに乗り越える「否定性」をもつ。この否定性は、宗教の本質にも繋がる「殉教」「受難」また「聖霊」論ともなる。[16] 一方、グノーシス主義では更に宇宙を二元的にとらえる。[17] これに対して、アウグスティヌスでは、自然を離れ否定性を担う人間性に自由と共に原罪がとらえられ、これを神国観と歴史的に結び付ける一元論を説く。また、そこからの正統派とされるトマス・アクィナスでは、コスモスを「完成」する構造としての「超自然的秩序」がはっきりととらえ位置づけられる。それが「中世」までの在り方とされる。[18] これらは人間自身が担うものだが、「人間関係」ではない。

ここでは、その中世的構造の詳細には踏み込まない。ただ、そこでも古代ギリシア思想を背景に、人間が向かう後者（超自然）が前者（自然）の「完成」であり、その意味で天地（コスモス）が大きくは前提としてあり、その「完全な成就・善としての幸福」があったのだ、とはとらえておきたい。元来の宗教において、神仏に似る人間は自由・原罪を持つが、それでも天地の「完成」という目的に向かう当為をもつ。その意味で、コスモスの解体・無化を人間にとって妥当なものするような後代の考え方は、少なくとも「中世」までは無かっただろう。

「近代」に近付くと、人間の営みがより拡大し始め、そこにロマン主義やより自由な人間の働きが生まれる。とはいえ、そこでも決疑論（casuistry）がとらえられ、天地（コスモス、自然的秩序）とある程度結び付いたあるいはその超自然ないし天国への完成が一八世紀頃までは「枠組み」として考えられていた、と大きくは把握できる。だとすれば、人間が懐く否定性にもまだ前提としての天地があったのである。

第三は、天地（コスモス、自然）を専ら無化しこれを使用する近現代の仕組である。これは後に見るように人間の産業とも結び付いており、問題としては「近代」の一九世紀半ば頃から、労働・社会問題ともなって発生する。

これに対して、シェーラー（一八七四～一九二八年）は『宇宙における人間の地位』（*Die Stellung des Menschen im Kosmos*, 1928）をあらわし、人間の地位を改めてとらえようとする。先のオットーは、第一次大戦後、インドや東洋・日本へと旅する。このあたりをみると、かつて人間は天地宇宙「における」中心性に位置するという論理があったが、その位置づけの解体が発生している。ゆえに、オットーは中世やインド・日本に動いたし、シェーラーは更に虚無観とイデオロギーの中から「宇宙」（コスモス）を描いたのだろう。また数学・論理学・芸術を知るロシア神学者フロレンスキイ（一八八二～一九三七年）は「天動説」また「逆遠近法」を述べたが、やがて銃殺されることになる。[19] 彼らにとっては、かつて「コスモス」があり、それを位置づける論理があった。が、その喪失ゆえに東洋・日本に行くか、あるいは古代・中世の文化を遡及し顕そうとしたのだろう。そこには問題意識としても持続すべきものがある。ただ、二〇世紀半ば、東洋・日本でもコスモスは解体される方向をもち、その問題を考えることさえ失われてくる。

ここで人間は何に取り憑かれているのだろうか。二〇世紀半ば、とくに戦時中・戦後における、こうした前提が無化する事件が発生するこの時期から「現代」と呼ぶ。この時代に拡大するのは、「関係の地球化」であるが、それはまたコスモスを無視した人間の成長やエネルギー所有であり、異様な「ちから」獲得でもある。一九世紀半ばから徐々に発生し、二〇世紀に拡大するこの状態については、次の第五節（２）（３）でまた触れたい。

## 五　人間の産業と力動の分類

## (1) 天地における仕事また中心としての農業

近代以前をとらえてみると、物事の価値付けは、周囲の環境・循環の中にあり、また人々自身、無意識にまた意識するにせよ、まずは天地自然からの世界内の位置を前提のようにとらえ考えている。何を世界とするか、風土や状態や程度の差異はあるにせよ、大きくはいわば「循環型社会」のうちに人々は生きている。これまでの殆どの人類は、決して現代のように、都会において人工の光のもとで一緒に動いて喜び、車や電車・汽車・飛行機に乗り、瓦斯や電気や石油を用いたりは「してはいない」。近代以前の人間は、そもそも光と闇と水や土地や山また花・木を実感として知っている。人は平等ではなく、地位があり、仕事を担い、エリートか否かも、働きの良し悪しや、幸福も、大きくは天地自然またその働き・位置と結び付いていた。

この人の在り方は「諺」にもなっている。「人間万事塞翁が馬／禍福は糾える縄の如し／沈む瀬あれば浮かぶ瀬あり」あるいは A joyful evening may follow a sorrowful morning. といった言い方が実感をもって聞かれ語られていた諺としてある（『淮南子』人間訓など）。テキストとしての『易』もかなり同様であって、天地に流れる道の在り方と人の禍福とを間接的にであっても方向として関連付けている。要するに「天人相関」する在り方が、人の生の仕組や人間の「健」を、大摑みにあるいは神秘としてであれ、何程かの妥当性として人々を位置づけてこれが実感されていた。

仕事さらに営みとしての各産業も、その価値付けに変化はあるにせよ、基礎的・根本的には天地自然（コスモス）によって位置づけられていた。これは近世日本をめぐっていわれる、士農工商などの仕事の順番に見えている。戦いさらに政治が最上位だが、それを元来支えるものとして農業がある。次に工業があり、商業は最も下位ないし周縁である。むろん近世も半ば以後、商業や都市化の拡大によって、それが徐々に成り立たなくなる。だが、そのような形は後々まで主張され続け、近代においても政治家の多くは農業の重要性を主張し続けたのである。

### (2) 産業の分類と力動

とはいえ、いわゆる「近代化」が始まると、諸々の物流や権力などとも結び付いた交流が発生し、人間の国家・宗教・文化などによる、明瞭な「位置づけの変容」と「越境」が行われる。そこにある学力・技術力・経済力・軍事力などの組織は、まずは、個々の自立したものではなく大抵は「国家」に結集し、低層の外部に向けての働きが展開する。そこに形成されるのが資本主義と植民地主義である。当の国家では、しばしば、元来の「低級」な産業を外化しながら、己れの「高級」な産業を内化・充実させようとする中心化・周縁化の運動があり、そこに根本的に技術と物さらにエネルギー獲得とが結び付く。そして「労働」「社会」問題が生まれるのである。

まず西欧に発生する状態を一般論のように述べてしまった。少しそのあたりの歴史を遡ると、例えば一七世紀半ば、イギリスにおいて国内の産業の充実・拡大がある。それを数量を含めて算術として統計的にとらえたウィリアム・ペティ（一六二三〜一六八七年）『政治算術』がよく知られている。重商主義の発端に関わるといわれる彼は、「世の中にはなほ大いに進歩を計らねばならぬ政治算術（Political Arithmetick）と幾何学的正義（Geometical Justice）がある」と手紙で述べ（一六七四年）、十章からなる書物を作る。これが「政府のことは勿論、並んで国王の栄光、また人民の幸福並びに盛大に至までのことが、算術の普通の法則に依って証明されてゐる」という国王への献辞（シャルパーン卿を付した書物として出版される（一六九〇年）[20]。本書は、国内の諸分野での多くの物の計算を政治・経済的な局面から行い、それが「国王・人民の栄光・幸福」のためだ、と述べている。

要するに国内の「栄光・幸福」に向けて、産業・仕事としての「農業、製造業、商業、漁業……税・銀行」これに建築や航海などがまさに政治経済交通を中心にとらえられている。そこには、大きくは、産業が農業から製造業、商業へと経済的に発展することが国家の幸福・富裕になる、という観点がある。国内において、従来の手元の産業「ではなく」これを「超えた組織」が「生産力」と共に拡大し、これに人々が関与することが大事であり、まさに幸福だ、ということになる。

これを、産業の在り方自体で見てみると、一七～一八世紀になると、重商主義が拡大した。応対する重農主義もあるが部分的な主張にとどまる。のみならず機械工業が拡大しそれがまた「産業革命」と称されもする。この経済的文化史上の重要な時期に、いまも広く知られている「経済思想」が発生する。アダム・スミス（一七二三～一七九〇年）が『国富論』（諸国民の富の性質と原因の研究）を現す（一七七六年）。そこには、富を求めようとする事業が「見えざる手」（invisible hand）として導かれるという議論がある（第4編第2章）。このあたりの解釈は専門家にゆだねるが、ともかく一八世紀後半のアダム・スミスでは、まだ天地（コスモス）が調和・調整的な構造として考えられていたのだ、ととらえておきたい。

しかし、一九世紀になると、富への欲求は資本と結びついた運動となり、そこから労働また社会といったいわゆる社会組織自体の位置づけを如何にするかがはっきりと問題となる。そこに従来の「国家」を超えた植民地主義さらに帝国主義ととらえられる力動的な状態が発生する。

二〇世紀半ば、第二次世界大戦が終わる頃になると、従来の対外観や植民地論とは違ったないし離れた形で、産業が考えられ始める。ペティの分類を背景にやはりイギリス二〇世紀のコーリン・クラーク（一九〇五～一九八九年）が『経済的進歩の諸条件』（一九四一年）を著し、それが現在、日本でも種々の産業を加えながら用いられる、第一次産業（農業・林業・漁業……）、第二次産業（製造業、建築業、工業……）、第三次産業（商業、金融業、運輸業……）といった産業分類になったとらえである。これらの産業を大摑みにとらえると、

①　流通を拡大すると共に人々の生活自体から離れた資本・金融が上昇する、

②　産業の下位の外化、上位の内化といった傾向が発生する（下位第一次産業は外に、上位第三次産業や金融は内に）、

③従来の「国家」枠が次第に変化しグローバル化し始める、
④産業を動かすものとして、木材・石炭・石油などエネルギー所有の運動が結び付いて展開する、

などが指定できる。「幸福」観もまたこれと結び付いて変容する。むろん大金持ち＝完全な幸福という「考え」もあるだろう。だが、その「富」では、元来の地平を失っているのではないか。それなら、元来の地平、第一次産業（農業・林業・漁業）等に関わるローカルな地平を、人々の営みにおいて改めて結びつけて行くこと、それが求められているのではないか、本論はそう考える。

いまとらえたのは、大きくは西欧の側についてである。ただ、東欧や東洋・日本では一九世紀ころまでは、むしろ西洋におけるアダム・スミスないしそれ以前の構造が残存していた。だとすると、その「近世」ないし前近代「中世」的な意味を見出すことは、課題として大事なのである。

## （3）科学文明史における天地の解体と再生

いま指摘した、産業の動向は、実はさらに「科学」（science）と呼ばれる学問やその運動の在り方と深く結び付いている。そこには、単なる文化以上に大きな時代状況として「文明」また「文明論」がある。この在り様をめぐって、思想史・哲学史を科学史まで結び付けてとらえる重要な論者としてしてアレクサンドル・コイレ（一八九二〜一九六四年）がいる。彼は、『閉じた世界から無限の宇宙へ』（*From the Closed World to the Infinite Universe*, 1957, 横山雅彦訳、一九七三年、『コスモスの崩壊』野沢協訳、一九七四年）で、階層的に限定された天動説としての宇宙が、地動説とともに無限なものへと延長していくことを、思想家の論説によってとらえ描き出す。本書で彼はエネルギーには一部触れるが余り追ってはいない。彼は、「ギリシア的コスモスの破壊がのこした影響」による「自然からの疎外……神について

の形而上学的な不安」を「中心的なテーマ」にしており、彼自身「一種のプラトン主義者」だった、と言われる。[21] 確かに、コスモスの崩壊、天動説の解体、地動説への変化があったとしても、それは世界把握論、立論の仕方であって、物理学・数学自体がそうだとはいえない。近現代、かかる学問を用いながら、天動説を主張することもまた出来る。その方が虚無観を乗り越えるためにはまた大事だ、とフロレンスキイ（一八八二～一九三七年）は『幾何学における虚数性』（一九二二年）などでアリストテレスの宇宙論、ダンテ『神曲論』を引きながら論じた。また、『宇宙における人間の地位』を述べるシェーラーは、カントを評価しながらももっと形成される「共同社会的な真の成長」があることに気づくべきだ、と主張している（一九二七年）。これも、ある程度フロレンスキイと似たやはり人間を位置づける把握だといえよう。[22]

このあたりの「科学」について、二〇世紀半ば以後、科学史家であるトーマス・クーン（一九二二～一九九六年）が、『科学革命の構造』（*The Structure of Scientific Revolutions*, 1962）などで、「パラダイム」としてとらえた展開がある。ただ、パラダイム（大きな枠組、規範、図式）がいかに成り立つかは議論がある。今その詳細には入らないが、ただ大きな「文明」が科学と結び付いてここで形成されていることは、思想文化史的に指摘できるだろう。

だとすると、二〇世紀後半さらに二一世紀の「科学」はどうなるのか、どうあるべきか。中山茂『パラダイムと科学革命の歴史』（講談社学術文庫、二〇一三年）は、クーンは、パラダイム論の展開を放棄したが、自分はそれを持ち続けるという（二二四頁）。その後、中山は、パラダイムを用いながら更に生物・生命またデジタルをとらえる。またパラダイムを知る科学哲学者・野家啓一は更に「物語」をとらえ、また「通約不可能性」の中での「リスク」を持った科学技術の「責任」を強調する。また内井惣七は「「科学が目指すべき目的」という価値判断」を主張する。[23]

このあたりの議論に十分に入ることは、ここでは到底出来ないし不要でもあるだろう。ただ、それでも本論が主張したいが、生きている人間の科学またパラダイムにとって、「目的」また「責任」となる「天地」（コスモス）がそもそもあり、その基礎をまず知るべきである。と同時に、それを越える営みの意味もまたこの基礎と連関させてこそ知るべきである。

そのいわば「地平と超越との連関」が、リスクと共に地球上に位置付くことが大事である。そもそも近代以後の人間の「発展」する「文明」は、「エネルギー」所有の拡大と天地（コスモス）の破壊とが、共に結び付いて展開している。ならば人間は自分たちの位置づけの無さ・異常さを、問題として認知すべきであり、また次の真面目な方向を担うべきだろう。そのことで自分たちの生死の根をまたコスモスを再生すべきではないか。この問題をめぐっては、近現代の歴史の正負を踏み込んで知り、それをまた二一世紀の課題とすべきなのだろう。「日本」列島には現在、完成の方向と破壊の方向とが結び付いている。この両面を理性をもってコスモスにおいて思考することからこそ良き道筋が見えて来るだろう。

## 註

（1）日本の「文化史」を大摑みにとらえまとめた歴史書として西田直二郎『日本文化史序説』（改造社、一九三二年）、村田典嗣『日本文化史概説』（岩波書店、一九三四年）、家永三郎『日本文化史』（岩波新書、一九五九年、第二版 一九八二年）、尾藤正英『日本文化の歴史』（岩波新書、二〇〇〇年）、大隅和雄『日本文化史講義』（吉川弘文館、二〇一七年）などがある。関心や把握が同じでなくとも重要な対話対象となる書物である。

（2）「思想」「思想史」の位置づけを、前章「思想文化史の方法と「日本」」で行っている。

（3）　丸山眞男『日本の思想』（一九六一年）が、近代におけるその位置づけの無さ（座標軸の欠如）に触れている。丸山がとらえるのは、近代・戦後における「天地」の無さだ、ともいえる。近代における「座標軸」はまさに重要なテーマであり、安丸良夫はこれを民衆思想史において追う。谷川健一（一九二一～二〇一三年）は、さらに地層にまで踏み込む民俗の把握を展開している。

（4）　このあたりの言語化しない傾向は、いわば経験主義的な「暗黙知」だといえる。しかし、これに対する経典への纏まりや叙述観の上昇も生まれる。こうしたあり方と相互関係について、本章の第三節、また第八章における第四節の「象徴としての内実に対する思考」を参照していただきたい。

（5）　「日本」では前近代、①の傾向がつよい。これをめぐっては、和辻哲郎『日本倫理思想史』緒、また石井良助『天皇――天皇統治の史的解明』（一九五〇年、『天皇――天皇の生成および不親政の伝統』山川出版社、一九八二年）を参照のこと。この伝統においては、根柢に稲作とその祭祀があり、それを中心とする文化的なホメオスタシス（homeostasis 恒常性）に天皇の祈願があった、ととらえ得る。

（6）　この喪失の状態については、黒住真「自然と人為――つつまれる人／のりこえる人」『日本の思想　第4巻　自然と人為』、岩波書店、二〇一三年）における最終節でとくに述べている。

（7）　ゲーテは、物事を単子と力学に還元することで実際の結晶・生命などの有機的な生成過程を見失うとして、ニュートンからの科学の展開を嫌った。ただ、現代では、生命の「自己組織化」がとらえられ出しており、両者をただ背反すると見るべきではないようである。しかし現在、成長を求めつつ天地の地平が無い中での情報を流通することで物事のデータへの還元が拡大している面が大きくあり、その位置の喪失がまた問題である。

（8）　カントは、人間の義務について「不完全／超義務」（unvollkommene Pflicht）と「完全義務」（vollkommene Pflicht）と分けている（『道徳形而上学原論』）。いま「無限」といったのは前者である。ここでの不完全は、どうしようもない諦めや無関係ではなく、義務としての当のあり方としては完全ではない、ということと考えられる。カントは「愛」についてあまり議論しないが、義務を成り立たせる超越的な光・充溢として神を実感していたのではないか、と想像する。

（9）　この「天地」を越えるものとしての「超自然」という言葉を、概念としてはっきり用いた日本の近代人として大西祝（一八六四～一九〇〇年）（「希臘道徳移于基督教道徳之顛末」一八九〇年講演）また岩下壮一（一八八九～一九四〇年）がいる。この両者の日本近代史的な位置については「近代日本の思想家がとらえる「中世」社会」（倫理学年報64号、二〇一五年）で論じた。

(10) このあたりの把握・議論について、末木剛博『日本思想考究――論理と構造』（二〇一五年）が広く「太極」を始めとする東洋思想からの展開を論ずる。また註4でも触れたが、本書第八章第四節の「象徴としての内実に対する思考」もとらえ叙述を展開している。

(11) この点の特に本居宣長をめぐる議論について、黒住真「日本思想とその研究」（『複数性の日本思想』ぺりかん社、二〇〇六年、二五頁）を参照のこと。

(12) ①は当人にとって不可測性があるにしても具体的な位置づけとしては、誕生したばかり（アルファ）及び死における（オメガ）である。アルファとオメガ（生そのもの、死そのもの）その間に人間性があり、そこに当為ととらえられるものがある。仏教やキリスト教での蓮華や菩薩、マリア、十字架といった象徴、あるいは神道を含め宗教がもつ闇と光は、それを示すのだ、といえるだろう。またその「生」には既に述べたように「エネルギー」が含まれている。

(13) 西欧では、哲学は、現代のように人の心・物事だけに入るのではなく、かつては、信仰論・神義論ともなって哲学が関わる課題となっていた。それゆえ、中世およびこれを継承する哲学は、不可知な不確定性を懐きながらも、「決疑論」において人の生における目的また信仰を位置づける。その哲学では、懐疑ではない不確定性自体が入り込み続ける主たる課題ではなかった。それはギリシア以来あった天地（宇宙）の位置づけまたその地平からの超越だったからだろう。決疑論については、本書第八章「思想文化史の方法と日本」第四節で論じている。

(14) 「終身」の語を含む文章は、『論語』では「子貢問うて曰く「一言にして終身これを行うべき者ありや」。子曰く「其れ恕か。己れの欲せざる所は人に施すこと勿れ」」（衛霊公24）であり、『新約聖書』では「己の欲するところを人に施せ」（マタイ7：12）である。最終的には繋がるにせよ、欲求ないし意志をめぐって「するな」と「せよ」との違いがある。

(15) この類比については、大西祝による「希臘道徳移于基督教道徳之顛末」（一八九〇年）や「早稲田大学講義」（一八九三年頃）（いずれも『大西博士全集』所収）などが、明治二〇年代から既に指摘している。

(16) 受難・殉教については、佐藤吉昭『キリスト教における殉教研究』(二〇〇四年、創文社)がすぐれた把握を行っている。それを含む日本の精神史として、魚木忠一『日本基督教の精神的伝統』(一九四一年)があり、また和辻哲郎「埋もれた日本――キリシタン渡来前後における日本の思想的情況」(一九五一年)が、戦国期から近世への流れをとらえる。キリシタンをめぐる神義論と信仰との関係について、黒住真「キリシタンと仏教」(『新アジア仏教史13　日本Ⅲ　民衆仏教の定着』佼成出版社、二〇一〇年)が、神道を中心とする仏教側の世俗的論理の形成について論じた。聖霊については、近代日本では岩下壮一が重要である(註18)参照。

(17) グノーシスは、実は簡単な把握は出来ない歴史がある。これについては、ハンス・ヨナス、大貫隆訳『グノーシスと古代末期の精神』(『第一部　神話論的グノーシス』、『第二部　神話論から神秘主義哲学へ』ぷねうま舎、二〇一五年)とくに第二部訳者解説を参照。思想史・哲学史の流れを再考させられる書物である。

(18) ギリシアにおける天地(コスモス)また自然的秩序、これに対するキリスト教のアウグスティヌスからトマス・アクィナスによる、コスモスの乗り越えおよびキリスト教教理と信仰また超自然的秩序の完成といった把握については、岩下壮一「自然的秩序と超自然的秩序」(東京帝国大学での東京帝大哲学会例会講演)一九三〇年、また『聖アウグスチヌス　神国論』(岩波「大思想文庫」一九三〇年)などによる(『中世哲学思想史研究』一九四二年所収)。詳細な内容また議論については一九四二年本を参照していただきたい。

また現代においてこれを幸福論として位置づけた書物として、ローベルト・シュペーマン著、宮本久雄・山脇直司監訳『幸福と仁愛――生の自己実現と他者の地平』(東京大学出版会、二〇一五年)(*Glück und Wohlwollen: Versuch über Ethik*, 1989)がある。本書でのギリシアと中世また近代・カントの位置づけが何かは読者各々考えてみていただきたい。

(19) フロレンスキイ『逆遠近法の詩学――芸術・言語論集』(叢書二十世紀ロシア文化史再考、桑野隆・西中村浩・高橋健一郎訳、水声社、一九九八年)、またパーヴェル・エフドキーモフ『ロシア思想におけるキリスト』(古谷功訳、あかし書房、一九八三年、二八四頁以降)などによる。

(20) ペティ『政治算術』(高野岩三郎校閲・大内兵衛訳、統計学古典選集第四巻Ⅴ、大原社会問題研究所編、栗田書店刊、一九四一年)、一三二頁。また思想史・形成史的研究として松川七郎『ウィリアム・ペティ――その政治算術＝解剖の生成に関する一研究』(増補版、岩波書店、一九六七年)が詳しい。

(21)　チャールズ・C・ギリスピー『科学というプロフェッションの出現』(島尾永康訳、みすず書房、二〇一〇年、一七四頁)、またコイレ『プラトン』(川田殖訳、みすず書房、一九七二年、二三九頁)解説によるイヴァン・ペラヴァルのまとめより再引。

(22)　細川瑠璃「パーヴェル・フロレンスキイの天動説」京都大学「東西文化の多様と共存モデル――「東方キリスト教圏」を多角的に考える学際的試み」(二〇一六年一月三一日より)。またシェーラー「哲学的世界観」(『シェーラー著作集13』白水社、二〇〇二年、二四一頁)。

(23)　中山茂『パラダイムでたどる科学の歴史』(ペレ出版、二〇一一年)。野家啓一『物語の哲学――柳田國男と歴史の発見』(岩波書店、一九九六年)。内井惣七『科学哲学入門――科学の方法・科学の目的』(世界思想社、一九九五年、二五七頁)。

# あとがき

本書は、人間における文化またそれを形づける思想が一体どんな事態をなして現在に至るのか、その様相の基礎またその歴史的な変化を全体的にとらえようとした。そこからさらに日本における在り様とその歴史的な課題をもとらえ考えた。いま、基礎といったように本書では、対象に踏み込む際に、まず基本的な事柄として人称性をとらえ、そこから関係や意味を、また物事の在り様や変化を形成において見出そうとする。

ここにある基本的な態度・考え方は、まえがきにも述べたように、誰もが意識しなくても持つものだが、学問としては哲学や倫理学に近い。ただ、もっといえばそれは人間の営みやその意味において、不可測なものたる超越や根源をも消さず関係しようとすることにもなる。だからそれは神学や宗教学にまた繋がっている――このことも最後になるが、あとがきで触れておきたい。

人間の学問にとって、とらえる物事は、資料といい歴史的には史料ともいわれる。それらに関係する際、日本では一般に、資料（史料）は極めて詳細に見出される傾向がつよい。それはよいことだが、他方で、それが大体どのような仕組みにおいて社会的にあるか、それがどんな歴史的な変化を起こして時代的にあるかなど社会的・時代的な視野はあまり持たないことも生まれる。しかしかといって、何らかの決まった主義主張やイデオロギーあるいは形成された地位などをまず重んずる現世的権威がよしあしを判断するなら、当然これまた問題である。

これに対して本書では、出来るだけ広い視点や歴史観をもちながら、翻ってまたより具体的に物事に経験的たろうとする。そしてそこで事柄を納得してゆく実質的でまた理性的な体験が少しずつでも可能なのではないか、と考える。かかる態度・考え方は、右のような哲学や神学またその歴史を帯びた学問とも関係するのではないか――こう思って課題に出来るだけ向かおうと試みた。

とはいえ、こうした通常的・実質的であってかつ哲学や神学にも関係するというがごとき対象への態度・考え方がそれ自体いかに成り立つかは、議論が残るだろう。また、扱う対象について重要と思っていても、それぞれ僅かな一部分である。視野をより持とうとしても地球全体や世界史がどうかはとても問題である。そこにある日本が何か、具体的なものが何かもまた問題となる。だから、まえがきに述べたように真理へと態度を方向づけようとしても、分からないものは残り続けている。ただそれでも本書は、不可測性や相対主義、ただ観念論ないし唯物論、まして浪漫主義や懐疑――これらに向かおうとは思わない。そうではなく、真理を求める理性的な思考はある程度でも具体的に可能ではないか、とやはり考える。

それはなぜなのか、どういうことなのだろうか。これもまたすでに述べた態度の在り方に繋がるが、まとめると、そこには三つの事柄がある。それはとらえる物事について、一つは位置を、もう一つは方向を、最後には目的を、見出すこととなっている。意味も実はそこから来る、と考えている。このことを最後に述べておきたい。

第一の位置とは、本書でも時々述べた天人相関、天地観、その全体性といったことである。これは大宇宙・小宇宙などといって哲学や宗教の根のような場面としてある。ただし、わたし自身、事柄を含め人間の営みは、それと関係してもそれと同一では決してない、と考えている。なぜなら、そもそも誰もが全一では（少なくともまず）無いのだから。自分自身が実際にそうだし、そこには自分とはまた違う多くの人々や物事があるのだから。けれども、まえがきでこの場面を、「によって」といったように、その超越的・根源的な枠組みを人間はもっており、営みはその一端でもある。そのような枠組み自体は、意味とともに消えることはない、と本書では考えている。

第二の方向とは、その枠組みに向かうということである。むろん、そこからの離脱や否定もあるだろう。ただ、人間にとって物事と意味はその方向からくる、また批判もその枠組みから来る、と考えられる。とはいっても、ただ批判だけだと物事に実際には向きえない。理性はとても大事だけれども、理性だけでは物事は分離してしまう。そこに先にふれた観念と唯物の分離、懐疑や幻想も生じるだろう。ただ、理性に行為が結び付くとき意味が生まれて具体的な実践となる。そこに何程であろうとただ観念でも物体でもない役割があり意味が見出せるのではないか。このあたりは、本書でも少しふれたが、三木清やエルンスト・カッシーラーなどが構想力によって物事を根のように形成する働きをとらえたことに繋がる。新渡戸稲造や柳田國男の「地方」（じかた）学も大森荘蔵の「重ね描き」や野家啓一氏の「はざま」の哲学もこれに似る。そこから（本書では扱わなかったが）神話や芸能や物語りまた民俗が哲学と結び付いて見出されるのではないか、と考えている。

第三の目的とは、位置にあって向かうことからの物事の「完成」ということである。先の第一で天人相関、大宇宙・小宇宙などを見た。第二に、分離ではない構想力などをとらえた。このような構造の中には位置づいた中心がある。そこに「完成」があり、従来は「聖」ともとらえられていたのである。本書では、このことに天地における完成をとらえた（第九章）。これは、特別な把握ではなく、老荘思想で各々の生き物に「全生」をとらえ、また宗教が「成徳」を見出すように、やはりわたしたち自身、向かうべき物事として当然のように目的として持っていたのでは、と考えられる。

これらの三つは、ただ観念的な彼方ではなく、足下の地面の現実にどこまでも結び付き、またそうあるべきと考えられる。かかる場面における目的としての中心性は、本書では、そこまでは述べなかったが、かつての宗教がとらえた聖霊、托身、また人称論で十分ふれなかったが三位一体、また霊性における菩薩や大地（鈴木大拙）、このあたりにこそ関係している、とも考えている。この点は、また何時かあらためてとらえさらに考えたい。

＊

以上、本書の最後にあえて捕捉することを述べた。そこからまた、批判をもふくめ考えていただければ、と思っている。本書で最初（第一～四章）から内容的に見出したことにそもそも繋がるが（多人称・融即律・役・平和など）、わたし自身はもちろん、誰もが個体なのだが、また役割を持った一端だともいえる。だから営みはそこでの受容や贈与などの代謝的関係のなかにある。本書の仕事もそうであり、多くの方々から貰ったものとしてこれがある。その意味で、本書の内実も、多くの方々から貰った形態である。そこには妻・父母・親友たちをはじめ、いま無くなっている名すら知らない人々がいる。その方々は、数多く名を付けることも出来ない。またそこには通常の贈与関係だけでない、見えない天と地に結び付くような関係がある。かつて昭和前期・戦時中の真面目な理知を重視する哲学者たちが、場所、無、権威、空などといったのは、こうした関係のことなのかもしれない。それゆえ、この仕事でわたし自身貰ったものが、何かよい意味をもち、手元のひとまた誰かまた見えない方々に渡すことになればと願っている。

＊

本書は、日本学術振興会・平成三〇年度科学研究費補助金（研究成果公開促進費）の交付のもとで、東京大学出版会からの重要な作業をいただいた。また各章には記述したように先行論文がある。これら援助して下さったことに心より感謝申し上げたい。

# 関連初出論文

＊各章に関係する著者の初出論文を載せた。ただし、後の選択が一部であったり変更・加筆も大きく、各章と同じでは全くない。

第一章　人称的想像力と基礎的な働き

「人称的想像力と公共哲学」『公共的良識人』（京都フォーラム）一五一号（第六面）、二〇〇四年六月

第二章　人間関係形成の仕組み――東アジアを視野に

「公共形成の倫理学――東アジア思想を視野に」『公共哲学10　二一世紀公共哲学の地平』東京大学出版会、二〇〇二年七月

右同〔発表・議論〕『千葉大学　公共研究』第二巻第四号、二〇〇六年三月

第三章　人間的営為から平和へ――基本的な諸相

「平和への問い――初期の倫理思想から」『平和研究』Vol. 32　スピリチュアリティと平和、日本平和学会編、早稲田大学出版部、二〇〇七年一一月

第四章　人間における徳の諸相

「人において徳とはなにか――その基礎・思想史への問い」『思想の身体　徳の巻』編序論、春秋社、二〇〇七年三月

第五章　自然と人間の形態また世界史

「自然と人為――つつまれる人／のりこえる人」『日本の思想　第四巻　自然と人為』総論、岩波書店、二〇一三年八月

第六章　近代文化における人間の変容
「情報史からみた人間の変容」『情報社会の文化4　心情の変容』東京大学出版会、一九九八年四月

第七章　近代日本における「思想」への問い
「日本思想とはなにか」『日本の思想　第一巻「日本」と日本思想』総論、岩波書店、二〇一三年四月

第八章　思想文化史の方法と「日本」
「日本思想史の方法――物事の形態と把握の歴史」『日本思想史講座5　方法』ぺりかん社、二〇一五年一一月

第九章　文化史から見た完成の形態――天地・幸福・愛
「文化史から見た「天地」「幸福」「愛」――日本における在り方と近現代」『ODYSSEUS』（東京大学総合文化研究科地域文化研究専攻紀要）第二〇号、二〇一六年三月

**著者紹介**
1950年生まれ．74年東京大学文学部倫理学科卒，80年同大学院博士課程満期退学．東京理科大学助教授，東京大学大学院総合文化研究科・教養学部教授などを経て2014年博士（学術），16年東京大学名誉教授．専門は日本思想史，比較思想宗教，哲学，倫理学．

**主要著書・編著・訳書**
『近世日本社会と儒教』（ぺりかん社，2003）
『複数性の日本思想』（ぺりかん社，2006）
『思想の身体　徳の巻』（編著，春秋社，2007）
『日本思想史講座』全5巻（編集委員，ぺりかん社，2012-15）
『岩波講座　日本の思想』全8巻（編集委員，岩波書店，2013-14）
ヘルマン・オームス『徳川イデオロギー』（共訳，ぺりかん社，1990）
ケイト・W・ナカイ『新井白石の政治戦略　儒学と史論』（共訳，東京大学出版会，2001）など

文化形成史と日本

2019年2月22日　初　版

［検印廃止］

著　者　黒住《くろずみ》　真《まこと》

発行所　一般財団法人　東京大学出版会
代表者　吉見俊哉
153-0041 東京都目黒区駒場 4-5-29
http://www.utp.or.jp/
電話 03-6407-1069　Fax 03-6407-1991
振替 00160-6-59964

印刷所　株式会社平文社
製本所　誠製本株式会社


ISBN 978-4-13-016039-1 Printed in Japan

# 人名索引

## あ 行



## か 行

## さ　行

## は　行



## ま　行



## や　行

## ら　行



## わ　行

# 書名索引

・書物を『　』で，短文・論文・資料を「　」とした．
・ただし，その記載はいずれも慣例により完全ではない．また漢籍や古書では，書名と氏名とがしばしば重なっている．
・副題の——は：で統一．これは本文と同じでない．

## あ　行



## か　行

## さ　行

## た　行



## な　行

## は　行



## ま　行

## や　行



## ら　行



## わ　行